Geistes Gegenwart

THEOLOGIE – KULTUR – HERMENEUTIK

HERAUSGEGEBEN VON
STEFAN BEYERLE, MATTHIAS PETZOLDT UND MICHAEL ROTH

BAND 18

Geistes Gegenwart

Zur religiösen Grundierung der Lebenswelt

Hermann Timm zum 21. Mai 2013

Herausgegeben von Christian Senkel

EVANGELISCHE VERLAGSANSTALT
Leipzig

Die Drucklegung wurde durch die Otto Wolff Stiftung sowie durch die Theologische Fakultät der Ludwig-Maximilians-Universität München gefördert.

Bibliografische Information der Deutschen Nationalbibliothek
Die Deutsche Nationalbibliothek verzeichnet diese Publikation in der Deutschen Nationalbibliografie; detaillierte bibliografische Daten sind im Internet über http://dnb.dnb.de abrufbar.

Printed in Germany · H 7995

Das Buch wurde auf alterungsbeständigem Papier gedruckt.

Cover: behnelux Gestaltung, Halle (Saale)
Satz: Jochen Busch, Leipzig
Druck und Binden: Hubert & Co., Göttingen

ISBN 978-3-374-04185-5
www.eva-leipzig.de

Statt eines Vorworts

1. Zitate

Nicht alles ist Zitat, aber vieles; der Titel ist es, zum Symposion im Mai 2014 und zu diesem Buch.

Hermann Timm hat die Gegenwart des Geistes einmal mit der zitierten Lücke zwischen beiden Begriffsgewalten dargestellt. Nicht mit der Absicht, Gegenwart und Geist nicht wieder zu verknüpfen, doch mit dem Ziel, eine Auseinander-Setzung zu initiieren. Sich auf zusammengeschriebene Geistesgegenwart verlassen zu können ist schön, doch die ein wenig auf Abstand gehaltene Geistes Gegenwart gibt vieldeutig zu denken: Handelt es sich um Geist im diskret-souveränen Umgang mit Forderungen der Gegenwart? Oder um den Geist einer flüchtigen Gegenwart, einer rasch sich wandelnden Epoche? Geht es um die Gegenwart einer vergangenen Geistigkeit? Oder gar um die Gegenwart des Heiligen Geistes? Vielleicht schließt all das einander nicht einmal aus – wie die vorliegenden Buchbeiträge.

»Religiöse Grundierung der Lebenswelt« zitiert Hermann Timms *Zwischenfälle. Die religiöse Grundierung des All-Tags,* zuerst 1983 erschienen. Der Verfasser wendet sich hierin von einer breiten Analyse der Denkfiguren und Schreibweisen von Aufklärung, Klassik und Romantik zur selektiven Anwendung von deren Begriffen, Metaphern und Symbolen auf Gegenwartsthemen. Die Gegenwart kommt dabei gut weg, wird ihr doch nicht einfach ein Erbe aufgenötigt. Vielmehr lichtet sich das Angeeignete in der Gegenwart, durch ihre Anmutungen kommentiert – in den wechselnden Augenblicken der Lichtverhältnisse eines ganzen Tages, aufklärend wie auch romantisierend, in szenisch modellierten Widerfahrnissen und ihren Folgen für Reden und Denken, Tun und Lassen, in passionierter Besinnung und distanzierender Reflexion. Dieser Klassiker der Pneumatologie verwindet seine metaphysische Alternative fröhlich zu ebener Erde und zeigt seinen ethischen Nachbarn, wie das Leben spielt.

2. Geist und Geist

Wenn Geist ein Verhältnis ist, das sich zu sich selbst verhält, hat dieses Selbstverhältnis zwei Möglichkeiten. Es greift um sich, um sich immer besser selbst zu begreifen, und wird dabei auch Gott und die Welt berühren. Oder aber es bleibt mehr verhalten – wenn auch nicht in sich gekehrt, sondern wie nach außen lauernd auf eine Beute des Augenblicks. Im ersten Fall neigt der Geist zum System, zur Selbstauslegung, im zweiten Fall neigt er zu Witz, Gefühl und Fantasie, in jedem Fall aber zur instantanen Anwendung.

Angenommen, der Heilige Geist sei willens, beide Formen des Geistes zu bewohnen, so darf die Pneumatologie sie nicht als ausschließenden Gegensatz behandeln, sondern muss sie miteinander in Beziehung setzen. Dergleichen ist nicht nur aufgrund formaler Widersprüche schwierig, sondern weil sich intellektualgeschichtlich die wechselseitige Exklusion beider Geistverständnisse durchgesetzt hat: Die eine Version gilt bei der anderen als nivellierende Denkmaschinerie, die andere hat bei ihrem Gegenüber den Ruf, flatterhaft die Arbeit an der Wirklichkeit zu versäumen. Dennoch kann Geist zu Geist finden, da jedes Geistverständnis das vom anderen Ausgeschlossene ist. In diesem hermeneutischen Zirkel schlägt Timms alltägliche »Kontingenzwaltung« den besonnenen Blick auf, deutet als System ohne Methodenzwang das Leben *sub specie aeternitatis* und nennt Gelegenheiten zur systematischen Wahrnehmung jenes Augenblicks, in dem die Ewigkeit Ort, Wort und Gegenwart ist. Die Synthese von Geist und Geist ist also *more poetico-theologico* möglich.

Über das moderne Stundenbuch und seine goethezeitlich inspirierte Anfangskunst hinaus bleiben indes Ergänzungen nötig, weil der Logos solch eines Pneumas von innen und außen auf Widerstand stößt. Von innen, sobald doktrinale Satzwahrheiten oder klerikale Routinen die Entzifferbarkeit des Heiligen Geistes prätendieren, seiner Erfahrung, Lektüre und Symbolisierung aber durch »menschen satzunc« im Weg stehen. Von außen, sobald Geist und Leben, beide oder auch nur eines davon, auf szientistische Schwundstufen reduziert werden, was weiter geschieht. Timms programmatische Synthese von Geistverständnissen wird aufgrund dessen nicht ein für alle Mal fertig. Sie treibt immer wieder zur Kritik nach innen und außen, zur Kritik, doch nie ohne konstruktive *Wahr-Zeichen*, wie *wir ins nächste Jahrtausend* kommen, um *diesseits des Himmels* der Apokalyptiker und Entropiker zu leben.

3. Lebenswelt

Mit dem Wissen um die Notwendigkeit für den Geist, in der Gegenwart nicht einmal, sondern immer wieder anzukommen, steigt der Druck, Kennzeichen des Gegenwärtigen anzugeben. Wenn die Gegenwart etwas anderes ist als der zwischen Vergangenheit, Zukunft und ihrem Begreifen rapide schwindende Punkt, so lässt sich ihre Entfaltung nach Art der augenblickshaften Seligkeit jener Alltagsreligion gut vorzeichnen. Doch da Timms Geistverständnis deutungsoffen für Impulse von innen und außen bleiben will, wandeln sich die *Zwischenfälle* zum Präludium einer *Phänomenologie des heiligen Geistes*.

Im Zentrum dieses Projekts steht der Gedanke einer durch Erfahrung nachvollziehbaren, durch Relektüre des *liber naturae* und der Bücher der Offenbarung gestützten und zur Veralltäglichung göttlicher Alterität geneigten *theologia practica*. Doch bildet diese Phänomenologie einen theologischen Gesamtentwurf, der vom kosmologischen Symbolismus des *Weltquadrats* der vier Elemente (Schöpfung) über eine *sprachmorphische Anthropologie* (Inkarnation) in die nachmachbaren *Inszenierungen religiöser Lesekultur* mündet, das pragmatische Glück einer *Geerdete[n] Vernunft* erreicht und einem *evangelischen Sprachenfrühling* (Vollendung) zuarbeitet. Dogmatik wird hier nicht abgeschafft, sondern einer theologischen Kultur ihrer sach- und lebensdienlichen Präsentation anverwandelt. Insofern wird ein Bruch vorausgesetzt, aber auch prospektiv überwunden.

Für Timms Geisttheologie bildet die Lebenswelt den logischen und den empirischen Resonanzraum. Das Erfahrungssubstrat in Schöpfung, Inkarnation und Vollendung ist jenes immer schon Dagewesene, Gewährende, wie die Lebenswelt beim behutsamen Begriffsschöpfer Husserl. Unter den mentalen Gegebenheitsweisen von Welt bildet der »Weltglaube« den Kontext für alle anderen. Timm spricht, Husserl und Areopagrede verknüpfend, vom Worin des Lebens, dessen Vorgängigkeit keine antireflexive Vorrangigkeit sei, sondern mit dessen Reflexion Vertrauen zum Zug komme. So verliert die Kränkung, dass das Bewusstsein aufwacht und nicht immer schon da war, ihren Stachel, zugleich lassen sich von der Lebenswelt her in das Bewusstsein des Bewusstseins (vgl. Geist) gewisse Asymmetrien von der Schöpfung bis zur Erlösung einzeichnen, um jenem Erdung zu vermitteln. So ist in Timms Phänomenologie des Heiligen Geistes die Lebenswelt das Medium schlechthin, in welchem Gott, Mensch und Welt ihr Nicht-Anderssein aneinander erfahren.

4. Religiös grundieren?

»Aber, wenn dieses Bild stimmt, dann ist Religion ja etwas von uns, vom Menschen Gemachtes?!« Nach einer Seminarlektüre staunt eine Studentin über ihre Schlussfolgerung aus einem Bild, einer Metapher: »religiöse Grundierung«. Nun nimmt dieses durchaus handwerkliche Bild Denkfiguren wie die von der vorgängig erschlossenen Lebenswelt auf, ist doch eine Grundierung auch etwas, das schon da sein muss, vor dem Farbauftrag und dem eigentlich darstellenden Handeln. Doch weist das Bild auf entschiedene Tätigkeit hin, die überdies offensichtlich menschlich ist: Gott könnte als Künstler apostrophiert werden, aber religiös ist er dies nun einmal nicht. Das Grundieren spricht die menschliche Sphäre an.

Die Einsicht, Religion sei etwas von Menschen Gemachtes, kann nur überraschen, wo das kulturelle Substrat in aller Religion noch nicht erkannt wäre oder aber, wo die Erwartungen ans Religiöse zu hoch fliegen, weil sich seine sündentheologische Zeichnung als *Auszeichnung* auswirkt. Das religiöse Grundieren ist eine leise, präzise Tätigkeit, metaphorisch der Buch- oder Ikonenmalerei verwandt, skandalträchtig nur für Ikonoklasten. Im Bild vom Grundieren taucht auch ein neuer Gedanke auf: Der Vorgang ist gegenüber theologischen Begründungsgestalten primordial. Diese aufgeklärte Unterscheidung von Religion und Theologie gibt dem tatsächlich Gelebten Raum im theologischen Nachdenken. Religiöse Grundierung ist gewiss von Menschen gemacht, ihre metaphorische Energie trägt aber Sinn in alle Richtungen weiter. So muss sich die theologische Reflexionsgestalt des religiösen Grundierens nicht mit bloßer Reflexion abfinden, sondern kann, darf und soll in Bildern zu denken geben. Sie teilt damit Voraussetzungen der ästhetischen Moderne, ohne mit Letztbegründungsdiskursen in eins zu fallen, und sie setzt auf das im (grundierten) Bild Offenbare, ohne sich in doktrinalem Bescheidwissen zu verschließen.

5. Gegenwart und Schrift

Die Gegenwart zu fassen, ist in allen Zeichenarten schwer, auf Gottes Gegenwart hinzuweisen, am schwersten.

Timms Schriften geben im Wissen darum und um die Gegenwart zu deuten Kennzeichen von Gegenwart an: vom Selbstverständnis der Zeitgenossen, vom Kern gegenwärtigen Geschehens und von jenem Wandel der Begriffe, den man nur bei angehaltenem Atem wahrnimmt. Den Doppelbegriff vom Geist im Rücken und die gelebte Religion vor sich, auf lebensweltlichem Erkenntnisboden stehend und dessen religiöse Grundierung aufspürend, wird Theologie performativ. Sie schafft sich eine Schreibweise.

Die Schreibweise dämpft das Tempo der Zeitdeutungsvirtuosen: Keine finster vorgebrachte Forderung der Gegenwart, nichts vermeintlich Alternativloses ist vor ihrer objektiven Ironie sicher. Sie belebt auch vergangenen Lebensgeist, in Anspielung, Bild und Zitat die orientierende Kraft des Alten erneuernd. Die Schreibweise verfügt über kaum sichtbare Netze: Der Geist einer flüchtigen Gegenwart, der raschen Epoché, verfängt sich darin, wird betrachtet und – freigelassen. Und sie scheut den Vorwurf des Modischen nicht, zieht das Augenblickliche an sich; das Stumpfe, Taube lässt sie fallen, könnte das augenblicklich Ergriffene hingegen als Hinweis auf höchste Gegenwart taugen, lockt die Schreibweise es in ihren klärend-verklärenden Bezirk und macht es erinnerbar als Möglichkeit, auf das Heilige hinzuweisen.

6. Danksagungen

Dem Herausgeber bleibt, allen zu danken, die zu diesem Band und zum vorangegangenen Symposion beigetragen haben.

Hermann und Heide Timm sind zur Freude der Veranstalter des Symposions und aller Anwesenden nach Halle an der Saale gekommen.

Die Evangelisch-Lutherische Kirche in Bayern hat das Symposion im Mai 2014 großzügig ermöglicht. Das hat Markus Buntfuß vermittelt. Der Theologischen Fakultät der Martin-Luther-Universität Halle-Wittenberg gebührt Dank für die freundliche Aufnahme.

Die Drucklegung des Bandes ist in großzügiger Weise von der Otto Wolff Stiftung und von der Theologischen Fakultät der Ludwig-Maximilians-Universität in München unterstützt worden. Die Evangelische Verlagsanstalt in Leipzig hat den Text zuverlässig und zügig in ein Buch verwandelt, wofür Annette Weidhas herzlich gedankt sei. Stefan Beyerle, Matthias Petzoldt und Michael Roth haben das Buch sehr entgegenkommend in ihre Reihe *Theologie – Kultur – Hermeneutik* aufgenommen; auch dafür besten Dank.

Den Beitragenden sei herzlich gedankt für ihre Vorträge, ihre lebhafte Diskussion und ihre eingereichten Texte. Im Verzeichnis am Ende des Bandes stellen sich die Autorinnen und Autoren vor. Ein Extra-Dank geht an Martin Laube (Göttingen), der in einem mündlichen Event die Münchner Systematische Theologie der 1980er und 1990er Jahre dem Publikum vor Augen gemalt hat.

Werden auf einer Tagung Augenblick, Genuss und Muße als Themen der Gegenwart evangelischen Geistes dargelegt, darf der Dank an diejenigen nicht fehlen, die für intermittierende Stärkungen und für den amikalen Abend gesorgt haben: Jessica Ammer, Klara Kettel und das Team vom Restaurant *Delphi*.

Am Sonntag vor dem Reformationstag 2015,
Christian Senkel

Inhaltsverzeichnis

Ästhetischer Protestantismus

Auch eine Umformung des neuzeitlichen Christentums

Markus Buntfuß

Am Anfang derjenigen Epoche, in deren Verlauf das neuzeitliche Christentum herausgefordert wird, die veränderten Rahmenbedingungen seiner theologischen Selbstreflexion anzuerkennen und sich in konstruktiver Weise anzueignen, steht der Paradigmenwechsel von der alteuropäischen Metaphysik zur neuzeitlichen Vernunftkritik und den modernen Erfahrungswissenschaften. Im Zusammenhang dieser zweiten ›kopernikanischen Wende‹ wird die dogmatische Lehrform als Methode der Theologie so problematisch, dass diejenigen Kräfte des neuzeitlichen Christentums, die der Versuchung des Sonderwegs eines aufklärungs- und modernisierungsresistenten Supranaturalismus, Konfessionalismus oder Klerikalismus widerstehen, alternative Reflexionsstrategien entwickeln, um der christlichen Religion die ihr eigentümliche denkende Selbstverständigung auf dem intellektuellen Niveau der Zeit zu ermöglichen.

Um 1800 bieten sich dazu vor allem zwei Wege an, die ihren paradigmatischen Charakter bis in die Gegenwart behalten haben. Im Kontrast zur schwindenden Plausibilität des Dogmatischen setzen sie auf die Evidenz des Ethischen und des Ästhetischen. An die Stelle einer normativ-regulativen Lehre über Gott, Welt und Mensch tritt eine deskriptiv-selbstreflexive Deutungssemantik, die das Christentum als ethisch-ästhetisches Selbst-, Welt- und Gottesverständnis konzeptualisiert. Im Zuge der allmählichen Ablösung der Orthodoxie durch Pietismus, Wolffianismus und Neologie setzt sich in den um Aufklärung bemühten Kreisen die Überzeugung durch, dass das Christentum seine ihm angemessene Reflexionsgestalt nicht mehr in einem konfessionalistisch verhärteten und metaphysisch überholten Lehrgebäude findet, sondern in einer ethisch-ästhetischen Theorie der christlich-religiösen Lebens- und Weltanschauung sowie einer entsprechenden Lebens- und Weltgestaltung. Das Wesen des Christentums findet seine ihm angemessene Darstellungsform demnach nicht mehr in einer von dogmatischen Subtilitäten überbordenden Lehrform, sondern in einer christlich-religiösen Theorie seiner ästhetischen und ethischen Lebensformen.

Ihre Überzeugungskraft gewinnen diese beiden Umformungsparadigmen vor dem geistesgeschichtlichen Hintergrund von Renaissance und Reformation, deutschem Pietismus und europäischer Aufklärung sowie literarischer Klassik und philosophischer Romantik. Als exemplarische Vertreter innerhalb der protestantischen Theologie seien nur Johann Joachim Spalding, Johann Gottfried Herder, Friedrich Daniel Ernst Schleiermacher und Wilhelm Martin Leberecht De Wette genannt. Ihre Namen stehen für den umfassenden Versuch, auf der Epochenschwelle vom 18. zum 19. Jahrhundert die wissenschaftliche Selbstreflexion des Christentums aus der Fixierung auf einen dogmatischen Bezugsrahmen zu lösen und in einen ethisch-ästhetischen Bezugsrahmen einzustellen. Kennzeichnend für diese Gründerzeit der ethisch-ästhetischen Umformung des christlichen Denkens in der Neuzeit ist es, dass sich beide Wege nicht ausschließen, sondern vor dem Hintergrund der gemeinsamen Ideengeschichte einer ›Ethik der Glückseligkeit‹ und einer ›Ästhetik des moral sense‹, wie sie in den Schriften des Earl of Shaftesbury miteinander verbunden worden waren, als komplementär verstanden werden können, was namentlich bei Herder, Schleiermacher und De Wette der Fall ist.

1. Vorurteile und Missverständnisse

Gegenüber dieser ausgeglichenen Anfangskonstellation ist in der darauf folgenden Geschichte der protestantischen Theologie ein starkes Gefälle zugunsten der Ethik festzustellen. So gelingt es dem ethischen Paradigma auch in der zweiten Hälfte des 19. Jahrhunderts, die modernisierungswilligen Vertreter protestantischer Theologie zu befruchten, während dem ästhetischen Paradigma ein prägender Einfluss bis auf wenige Ausnahmen[1] nur außerhalb des Protestantismus, und zwar vor allem in der katholischen Theologie[2] und den sich ausdifferenzierenden Geisteswissenschaften[3] beschieden ist.

---

1 Die einzig nennenswerte Ausnahme ist die Linie Fries-Apelt-Otto; vgl. dazu Heinrich Julius Holtzmann, Die Entwicklung des ästhetischen Religionsbegriffes, in: Zeitschrift für wissenschaftliche Theologie 19 (1876), 1-30, und Jan Rohls, »Sinn und Geschmack fürs Unendliche« - Aspekte romantischer Kunstreligion, in: NZSTh 27 (1985), 1-24.

2 Vgl. die Arbeiten der beiden katholischen Theologen Georg Martin Dursch (1800-1881), Aesthetik oder die Wissenschaft des Schönen auf dem christlichen Standpunkte, Stuttgart/Tübingen 1839; Der symbolische Charakter der christlichen Religion und Kunst. Eine Einleitung in die spezielle Symbolik der christlichen Kunst und ein Beitrag zur Begründung einer christlichen Aesthetik, Schaffhausen 1860; und Martin Deutinger (1815-1864), Das Verhältnis der Kunst zum Christentum, Regensburg 1843; Über das Verhältnis der Poesie zur Religion, hg. von Karl Muth, Kempten/München 1915.

3 Vgl. insbesondere die Schriften von Wilhelm Dilthey und Georg Simmel, die sich nicht nur am Rande mit ästhetischen Phänomenen beschäftigen, sondern im modernen Kunstwerk und im ästhetischen Paradigma einen ihrer zentralen Brennpunkte finden

Die sich in diesem Zeitraum ausbildenden Vorbehalte protestantischer Theologen gegenüber dem Ästhetischen resultieren zunächst aus zwei sich gegenseitig verstärkenden Entwicklungen. Zum einen aus der Verbindung von Katholizismus und restaurativer Spätromantik, die im frühen 19. Jahrhundert zu einigen aufsehenerregenden Konversionen (Friedrich Leopold Graf zu Stolberg, Friedrich Schlegel) und einer heftigen konfessionspolemischen Streitschriftendebatte geführt hatte. Zum anderen aus der Verbindung von Protestantismus und Borussianismus, die eine latente Verengung des Kulturverständnisses auf die Bereiche Staat und Politik zur Folge hatte,[4] weshalb maßgebliche Neuprotestanten wie Richard Rothe und Albrecht Ritschl die Realisierung des Christentums vornehmlich im Staats- und Berufsleben verorten konnten. Im Unterschied zum Norden Deutschlands war der vom Borussianismus weitgehend unbeeinflusste, katholisch geprägte süddeutsche Raum wesentlich empfänglicher für eine Ästhetisierung des Glaubens und der Religion. Bestärkt wurden protestantische Idiosynkrasien gegenüber dem Ästhetischen deshalb nicht zuletzt auch durch restaurative Rekonfessionalisierungsbestrebungen, die der Petrifizierung von Konfessionsklischees (sinnlich-ästhetischer Katholizismus versus worthaft-ethischer Protestantismus) dauerhaft Vorschub leisteten.

Umgekehrt erklärt sich die zunehmend ethische Profilierung des Protestantismus vor dem doppelten Hintergrund eines praktischen Christentumsverständnisses seitens des Pietismus und seiner Wirkungsgeschichte bis in die unterschiedlichen Erweckungsbewegungen hinein sowie eines moralischen Religionsverständnisses seitens der Aufklärung, das in Kants Religionsphilosophie seinen wirkmächtigsten Ausdruck gefunden hatte. Beide Vorgänge wurden von Albert Schweitzer in den größeren theologiegeschichtlichen Zusammenhang einer Umwandlung der ursprünglich eschatologischen Reich-Gottes-Vorstellung in ein ethisches Verständnis des Reiches Gottes gedeutet, die im Protestantismus ihren Gipfelpunkt erreicht.[5]

(vgl. Rudolf A. Makkreel, Dilthey. Philosoph der Geisteswissenschaften, Frankfurt am Main 1991; Klaus Lichtblau, Ästhetische Konzeptionen im Werk Georg Simmels, in: Simmel Newsletter, 1/1991, 22–35; Klaus Ramm, Das relative Soziale. Soziologie und ästhetische Metatheorie bei Georg Simmel, Berlin 1987; Sibylle Hübner-Funk, Die ästhetische Konstituierung gesellschaftlicher Erkenntnis am Beispiel der ›Philosophie des Geldes‹, in: Heinz-Jürgen Dahme/Otthein Rammstedt (Hg.), Georg Simmel und die Moderne. Neue Interpretationen und Materialien, Frankfurt am Main 1984, 183–200).

4 Erkennbar an der klassischen borussischen Geschichtsschreibung eines Ranke, Droysen, Mommsen und Meinecke, die sich auf die Kultursphären von Staat und Politik konzentriert.

5 »So ist der Protestantismus die letzte Etappe in der Ausscheidung der Eschatologie

Vor dem Hintergrund dieser Verschiebungen gibt schon Schleiermacher seine frühe Option für ein im weitesten Sinne ästhetisch konnotiertes Religionsverständnis in den *Reden* (Sinn und Geschmack, Anschauung und Gefühl) zugunsten einer ethischen Wesensbestimmung des Christentums als ›teleologischer‹ Form der Frömmigkeit in der Glaubenslehre auf. Carl Stange ist diesem Sinneswandel nachgegangen und hat einen äußeren Anlass dafür wahrscheinlich machen wollen.[6] Demnach motiviere sich Schleiermachers späte Entscheidung gegen eine Verbindung von Christentum und Ästhetik aus der Tatsache, dass diese von prominenter Seite propagiert worden sei, und müsse deshalb »aus der polemischen Auseinandersetzung«[7] verstanden werden. Den ungenannten Gegner sieht Stange in Friedrich Schiller, der in einem viel zitierten Brief an Goethe über das sechste Buch des Wilhelm Meister das Christentum als »die einzige ästhetische Religion«[8] bezeichnet hat. Möglicherweise hat also unter anderem auch die programmatische Besetzung des Ästhetischen im Umfeld der Weimarer Klassik und ihre Verbindung mit der Religion bei Herder, Goethe und Schiller dazu geführt, dass sich die protestantische Theologie von dieser Liaison distanziert hat.

Symptomatisch ist in dieser Hinsicht die Position Richard Rothes, in der sich die genannten Tendenzen widerspiegeln. Zunächst von der romantischen Vision eines christlichen Europas fasziniert, wie sie ihm bei Novalis begegnet und in Heidelberg von der Spätromantik geprägt, bekehrt sich Rothe als Gesandtschaftsprediger in Rom unter dem lebendigen Eindruck des Vatikanstaats von einer romantischen Verehrung des katholischen Mittelalters und entwirft seine Konzeption einer geschichtlichen Realisierung des Christentums im religiös-sittlichen Kulturstaat, die ihre Leitgedanken aus Hegels Rechts- und Staatsphilosophie bezieht. Dabei spielen ästhetische Anschauungs- und Darstellungsfunktionen keine maßgebliche Rolle mehr, weil Rothe die Kunst nur in ihrer vergangenen Funktion als *ars sacra* wahrzunehmen bereit ist. Einzig in der Beschreibung des individuellen religiösen Bildens, das Rothe als ›Seligsein‹ bestimmt, greift er auf die ästhetische

---

aus dem Glauben. Damit ist der Weg zur ethischen Lebens- und Weltbejahung und damit zur neuen Anschauung vom Reiche Gottes und seinem Kommen frei gemacht.« (Reich Gottes und Christentum, hg. von ULRICH LUZ u. a., München 1995, 347).

6 CARL STANGE, Das Christentum als ästhetische Religion, in: Studien zur systematischen Theologie. FS für Theodor von Haering zum 70. Geburtstag, Tübingen 1918, 95–101.

7 Ebd., 96.

8 JOHANN WOLFGANG GOETHE, Sämtliche Werke, Münchner Ausgabe, hg. von KARL RICHTER in Zusammenarbeit mit HERBERT G. GÖPFERT, NORBERT MILLER und GERHARD SAUDER, Bd. 8.1, 99.

Semantik des Pietismus und der Erweckungsbewegung zurück: »Das Seligsein ist das religiöse Genießen, das Genießen mit dem religiösen Geschmack, mit dem Geschmack für Gott, das Gott Genießen.«[9] Die ästhetischen Konnotationen dieser Semantik werden von Rothe jedoch nicht noch einmal methodisch reflektiert. In der Folge zeichnet sich der von Kants Ethikotheologie einerseits und Hegels Rechtsphilosophie andererseits inspirierte ethikotheologische Protestantismus der zweiten Hälfte des 19. Jahrhunderts durch das weitgehende Fehlen eines ästhetischen Reflexionsrahmens für die Erscheinungsformen neuzeitlichen Christentums und neuzeitlicher Religion aus. Das wird noch bei einem Denker mit so weit gespannten Interessen und Kenntnissen wie Ernst Troeltsch deutlich, der sich in seiner Kulturphilosophie so gut wie nie mit der ästhetischen Dimension von Kultur und Religion befasst hat.

Dauerhaft verdeckt wurde der blinde Fleck des Protestantismus für die sich komplementär vollziehenden ethisch-ästhetischen Umformungsphänomene im neuzeitlichen Christentum außerdem durch Kierkegaards diastatische Verhältnisbestimmung beider Paradigmen nach dem Grundsatz *Entweder-oder*, die einen starken Einfluss auf die deutsche protestantische Theologie des 20. Jahrhunderts ausgeübt hat und teilweise bis heute ausübt. Aus dem durch die *déformation confessionelle* bedingten Fehlen ästhetischer Reflexionsfiguren im ethischen Kulturprotestantismus wird im Umfeld der Wort-Gottes- und Existenztheologie deren programmatische Abweisung. Das Ästhetische, von Kierkegaard wirkmächtig karikiert, gilt dieser Denkrichtung zufolge als dem christlichen Glauben evangelischer Prägung zutiefst wesensfremd.

Zugleich wird die theologische Reflexion auf die ästhetischen Dimensionen des Christentums in der Neuzeit entscheidend erschwert durch das Programm des Ästhetizismus und seine Sakralisierung der Kunst am Ausgang des 19. Jahrhunderts. Auf dem Gipfelpunkt einer Entwicklungslinie von Schopenhauer über Nietzsche zu Wagner fungiert die Kunst als Ersatzreligion: »Die Kunst erhebt ihr Haupt, wo die Religionen nachlassen«,[10] sie ist die »eigentlich metaphysische Thätigkeit des Menschen«[11] und verheißt Erlösung vor allem in Gestalt der Musik und des kultisch inszenierten Gesamtkunstwerks. In Verbindung mit einem radikalen Ästhetizismus ließ auch diese Verdrängungssemantik eine konstruktive Bezugnahme auf die

---

[9] Richard Rothe, Theologische Ethik, Reprint der 2. Aufl. Wittenberg 1869–1871, neu hg. von Jürgen Albert, Waltrop 1990, Bd. 2, § 270, 194.

[10] Friedrich Nietzsche, Menschliches, Allzumenschliches I, Nr. 150, KSA 2, 144.

[11] Friedrich Nietzsche, Die Geburt der Tragödie, KSA 1, 17.

ästhetischen Erscheinungsformen der modernen Religion als unvereinbar mit dem Selbstverständnis des Christentums erscheinen.

Die einzige nennenswerte Ausnahme stellt hier Paul Tillichs Kulturtheologie dar. Noch während des ersten Weltkrieges befasst er sich eingehend mit Malerei, und auf ein offenbarungsartiges Erlebnis vor einem Botticelli-Bild in Berlin folgt die philosophisch-theologische Reflexion. Auf der Basis der Unterscheidung zwischen Form und Gehalt konzipiert Tillich eine eigenständige Kulturtheologie, die ihren ersten Niederschlag in der Schrift *Über die Idee einer Theologie der Kultur* (1919) findet. Die durch äußere Umstände wie Tillichs Emigration sowie durch die kirchenpolitische Konstellation in Deutschland zur Zeit des NS-Regimes erschwerte Rezeption seiner Theologie hat jedoch lange Zeit verhindert, dass Tillichs Konzept einer religiösen Substanz der Kultur einschließlich ihrer ästhetischen Dimensionen[12] die theologischen Selbstverständigungsdebatten des Protestantismus befruchten konnte.

2. Die Wiedergeburt der Ästhetik aus dem Geist der Offenbarungstheologie

Es gehört zu den denkwürdigen Verwerfungen in der Geschichte der neueren protestantischen Theologie, dass sich eine Renaissance der Ästhetik im Umfeld der zweiten und dritten Generation der sogenannten ›Wort-Gottes-Theologie‹ beobachten lässt.[13] Die Gründe dafür liegen in den Schwierigkeiten einer rigiden Offenbarungstheologie begründet, die sich infolge ihrer radikalen Distanzverschärfung zwischen Gott und Mensch jeder Möglichkeit beraubt hatte, Realisierungen des göttlichen Offenbarungshandelns in der Welt und unter den Bedingungen menschlicher Kultur auszusagen. Hatte dies schon bei Karl Barth zu einer Theologie ohne zureichenden Wirklichkeitsbezug geführt, so wird dieser Umstand von seinen Schülern nicht zuletzt aufgrund der sich verschärfenden Kritik an einem geschichtslosen und kulturabstinenten Offenbarungspositivismus als unbefriedigend empfunden.

---

12 Vgl. Markus Buntfuss, Spiritueller Radikalismus. Protestantisches Christentum und ästhetische Moderne bei Paul Tillich, in: Ulrich Barth u. a. (Hg.): Aufgeklärte Religion und ihre Probleme. Schleiermacher – Troeltsch – Tillich, Berlin/Boston 2013, 347–361.

13 Vgl. Hans-Eckehard Bahr, Poiesis. Theologische Untersuchungen der Kunst. Stuttgart 1961; Rudolf Bohren, Daß Gott schön werde. Praktische Theologie als theologische Ästhetik, Gütersloh 1975; Albrecht Grözinger, Praktische Theologie und Ästhetik, Ein Beitrag zur Grundlegung der Praktischen Theologie. München 1987.

In dieser Situation bietet sich die Ästhetik in Gestalt einer modernistischen Kunsttheorie als theoretische Lösungsstrategie spezifischer Probleme nachbarthianischer Offenbarungstheologie an. Denn im modernen Kunstwerk spricht sich dialektischer Kunsttheologie zufolge etwas aus, das die menschliche Lebenswelt mit ihrer Grenze konfrontiert und sprengt. In ästhetischen Erfahrungen und literarisch-poetischen Sprachformen soll annäherungsweise möglich sein, was offenbarungstheologischer Grundüberzeugung zufolge für alltägliche und wissenschaftliche Sprachformen gleichermaßen unmöglich ist. Die protestantische Wort-Gottes-Ästhetik operiert deshalb vorzugsweise mit einem emphatischen Werkbegriff. Das Kunstwerk wird als das ›ganz andere‹ verstanden und die ästhetische Erfahrung in offenbarungstheologischen Kategorien beschrieben. Für diese sich in den 60er Jahren formierende *Offenbarungsästhetik* ist der Einfluss der auf strukturanalogen Voraussetzungen beruhenden Kunsttheorien Martin Heideggers und Theodor W. Adornos nicht zu unterschätzen, zumal besonders Adornos Negative Ästhetik den antibürgerlichen Affekt der dialektischen Neuorthodoxie teilt. Adornos *Ästhetische Theorie* stellt deshalb zentrale Motive bereit, mit der die Wort-Gottes-Ästhetik die Wirkung des Kunstwerks als Kritik und Krise des ›gesellschaftlichen Verblendungszusammenhangs‹, d.h. menschlicher Kulturleistungen deutet. Negative Ästhetik und negative Theologie können vor diesem Hintergrund erstaunliche Allianzen eingehen,[14] die trotz aller Differenzen im Einzelnen in der grundsätzlichen Auffassung von der radikalen Alterität des Kunstwerks übereinstimmen.

Insbesondere die zuletzt skizzierten Ligaturen haben dazu geführt, dass der ästhetische Diskurs seitens des allmählich wieder erstarkenden liberalen Protestantismus nach wie vor kritisch beargwöhnt wird, entpuppt sich ›Ästhetische Theologie‹ doch oftmals als Deckmantel für die Revision offenbarungstheologischer Grundüberzeugungen. Um die dreifache Vorurteilsstruktur des liberalen Kulturprotestantismus gegenüber dem Ästhetischen – katholisch, dekadent, neuorthodox – zu brechen, bedurfte es deshalb erst der Wiederentdeckung jener eingangs genannten Ursprungskonstellation in der sogenannten ›Sattelzeit‹ (Reinhart Koselleck), die sich gerade durch eine irreduzible Doppelreflexion auf die ethisch-ästhetischen Dimensionen neuzeitlichen Christentums ausgezeichnet hatte.

---

14 Horst Schwebel/Andreas Mertin (Hg.): Bilder und ihre Macht. Zum Verhältnis von Kunst und christlicher Religion. Stuttgart 1989; Kirche und moderne Kunst. Eine aktuelle Dokumentation, Frankfurt am Main 1988; sowie Eckhard Nordhofen, Bilderverbot – die Sichtbarkeit des Unsichtbaren, Paderborn 2001.

Diese Wiederentdeckung vollzog sich zunächst und vor allem im Kontext der neueren Schleiermacherforschung. Ein besonderes Verdienst kommt dabei den Bemühungen Thomas Lehnerers um Schleiermachers Kunst- und Religionstheorie zu. Denn er besorgte nicht nur die erste zuverlässige Edition von Schleiermachers Ästhetik,[15] sondern legte auch deren anspruchsvollste Rekonstruktion[16] sowie eine eigenständige theoretische Umsetzung des Schleiermacher'schen Programms in Gestalt einer eigenen Kunsttheorie[17] vor. Darüber hinaus hat Lehnerer auch als Künstler durch programmatische Werke wie die Vitrinenarbeit *Für eine neue, radikal freie Religion aus dem Geist der Kunst* (1990) dazu beigetragen, religiösen und ästhetischen Diskurs unter den Bedingungen der Moderne in neuer Weise aufeinander zu beziehen.[18] Im Anschluss an Lehnerers theoretische Arbeiten kommt inzwischen auch der historischen Erforschung der ästhetischen Dimension der Religion und des Christentums im Anschluss an Schleiermacher eine wachsende Bedeutung zu. Dabei hat auch die bleibende Verbindung zwischen Kunst und Religion bzw. zwischen christlicher Frömmigkeit und ästhetischem Handeln beim reifen Schleiermacher eine verstärkte Aufmerksamkeit gefunden.[19] Denn auch als teleologischer Typus der Frömmigkeit schließt Schleiermachers Christentumsverständnis eine ästhetische Dimension gerade nicht aus, sondern ein. Wenn Schleiermacher in der *Glaubenslehre* (1821/22; 1830/31) die kategoriale Differenz zwischen einer spontan-selbsttätigen und einer rezeptiv-empfänglichen Frömmigkeit mit den beiden Begriffen ›teleologisch‹ und ›ästhetisch‹ bezeichnet und sich bei seiner Wesensbestimmung des Christentums für den Begriff des Teleologischen entscheidet, dann ist damit weder etwas über sein Verständnis von Ästhetik noch etwas über eine mögliche Verbindung zwischen Christentum und Ästhetik ausgesagt. Denn in den *Ästhetik-Vorlesungen* (1819/25) entfaltet Schleiermacher Kunst und Ästhetik gerade unter dem leitenden Gedanken des künstlerischen Handelns und thematisiert an unterschiedlichen Stellen vielfältige Berührungspunkte zwischen christlicher Religion und Ästhetik bzw. Kunst. Außerdem verwen-

15 F. D. E. Schleiermacher, Ästhetik. Über den Begriff der Kunst, hg. von Thomas Lehnerer (PhB 365), Hamburg 1984.

16 Die Kunsttheorie Friedrich Schleiermachers, Stuttgart 1987.

17 Methode der Kunst, Würzburg 1994.

18 Zu Lehnerer vgl. Claudia Gärtner, Gegenwartsweisen in Bild und Sakrament. Eine theologische Untersuchung zum Werk von Thomas Lehnerer, Paderborn 2002.

19 Vgl. Inken Mädler, Kirche und bildende Kunst der Moderne. Ein an F. D. E. Schleiermacher orientierter Beitrag zur theologischen Urteilsbildung, Tübingen 1997; Anne Käfer, »Die wahre Ausübung der Kunst ist religiös«. Schleiermachers Ästhetik im Kontext der zeitgenössischen Entwürfe Kants, Schillers und Friedrich Schlegels, Tübingen 2006.

det Schleiermacher für die theoretische Beschreibung der genuin religiösen Seite des Christentums mit dem Begriff der Darstellung bzw. des darstellenden Handelns eine ästhetische Zentralkategorie. Dort, wo im Wechsel der frommen Gefühlsbestimmungen zwischen Lust und Unlust Momente der Befriedigung eintreten, wird relative Seligkeit empfunden, die ihren Ausdruck im darstellenden Handeln findet, das für künstlerisches und religiöses Handeln gleichermaßen charakteristisch ist. An dem Punkt also, wo die christliche Frömmigkeit annäherungsweise ihre Erfüllung erreicht, nämlich in der Einheit von Selbstbewusstsein und Gottesbewusstsein, treten ethische Handlungsformen zugunsten ästhetischer Darstellungsformen in den Hintergrund. Bekanntlich ist Schleiermachers Theorie des gottesdienstlichen Handelns deshalb durchgängig ästhetisch imprägniert.

Für das in diesen Kontexten zu Bewusstsein kommende Verständnis der ästhetischen Formierung des neuzeitlichen Christentums ist im Unterschied zur negativen Offenbarungsästhetik die Aufhellung der anthropologischen Dimensionen religiös-ästhetischer Darstellungs- und Erfahrungsformen charakteristisch. Ästhetik und Kunsttheorie treten in diesen Zusammenhängen in einen produktiven Austausch mit der Religionsanthropologie anstelle der Offenbarungstheologie.

Um die Rehabilitierung des Ästhetischen im Kontext eines der liberalen und hermeneutischen Tradition verpflichteten Protestantismus hat sich schließlich Hermann Timm in besonderer Weise verdient gemacht. Nach seiner kongenialen und bis heute einschlägigen Studie über die Spinozarenaissance,[20] die für die Erforschung einer ästhetischen Umformung der Religionstheologie der Goethezeit entscheidende Impulse geliefert hat, entwickelte Timm auch seine eigene Theologie im konstruktiven Dialog mit ästhetischen Begriffen und Denkfiguren.[21] Dazu gehört nicht nur die literaturwissenschaftlich ausgewiesene Freilegung einer Tradition genuiner Dichtertheologie seit Klopstocks *Der Messias*,[22] sondern auch die den ästhetischen Geist der 80er Jahre reflektierende Studie *Das ästhetische Jahrzehnt. Zur Postmodernisierung der Religion* (1990) sowie eine ästhetisch-wahrnehmungstheoretisch konzipierte *Phänomenologie des Heiligen Geistes*, die

---

20 Hermann Timm, Gott und die Freiheit. Studien zur Religionsphilosophie der Goethezeit, Bd. 1: Die Spinozarenaissance (Studien zur Philosophie und Literatur des neunzehnten Jahrhunderts, Bd. 22), Frankfurt am Main 1974.

21 Hermann Timm, Das ästhetische Jahrzehnt. Zur Postmodernisierung der Religion, Gütersloh 1990.

22 Vgl. Hermann Timm, Dichtung des Anfangs. Die religiösen Protofiktionen der Goethezeit, München 1996.

in zwei Bänden erschienen ist.[23] Auf den Spuren Timms hat schließlich Klaas Huizing eine dreibändige *Ästhetische Theologie*[24] vorgelegt, die ihre theoretischen Impulse für eine Neubesinnung auf die ästhetische Dimension sowohl der Gründungsurkunden als auch der gegenwärtigen Erscheinungsformen des Christentums aus dem Gespräch mit Literatur, Medien und Theater bezieht.

Vor diesem Hintergrund lässt sich inzwischen auch unter liberalprotestantischen und kulturhermeneutischen Vorzeichen eine Rück- und Neubesinnung auf die geschichtlichen wie gegenwärtigen Phänomene der Ästhetisierung der modernen Religion und des neuzeitlichen Christentums einschließlich seiner theoretischen Selbstreflexion konstatieren.[25] Das hat nicht nur eine alternative Lesart des religiös-ästhetischen Diskurses der Gegenwart ermöglicht, sondern auch die Erforschung derjenigen geistes- und theologiegeschichtlichen Konstellationen begünstigt, die sich durch eine wechselseitige Befruchtung zwischen Ästhetik, Religionstheorie und Theologie auszeichnen.[26] Für eine christentumstheoretische Perspektive auf diesen Zusammenhang aufschlussreich ist dabei insbesondere die zeitliche Koinzidenz und sachliche Wechselwirkung zwischen der Formierung des neuzeitlichen Christentums und der Geburt der Ästhetik als einer eigenständigen Disziplin seit der Mitte des 18. Jahrhunderts.

3. Das neuzeitliche Christentum und die Geburt der Ästhetik

Einen markanten Auftakt zu dieser Geschichte wechselseitiger Befruchtung stellt die neue Dichtungstheorie der beiden Züricher Johann Jakob Bodmer[27]

---

23 Hermann Timm, Das Weltquadrat. Eine religiöse Kosmologie, Gütersloh 1985; Ders., Von Angesicht zu Angesicht. Sprachmorphische Anthropologie, Gütersloh 1992.

24 Klaas Huizing, Ästhetische Theologie, 3 Bde.; Bd. 1: Der erlesene Mensch. Eine literarische Anthropologie, Stuttgart 2000; Bd. 2: Der inszenierte Mensch. Eine Medien-Anthropologie, Stuttgart 2002; Bd. 3: Der dramatisierte Mensch. Eine Theater-Anthropologie. Ein Theaterstück, Stuttgart 2004.

25 Vgl. Volker Drehsen u.a. (Hg.), Protestantismus und Ästhetik. Religionskulturelle Transformationen am Beginn des 20. Jahrhunderts, Gütersloh 2001; sowie Wilhelm Gräb u.a. (Hg.), Ästhetik und Religion, Frankfurt am Main 2007.

26 Vgl. Markus Buntfuss, Die Erscheinungsform des Christentums. Zur ästhetischen Neugestaltung der Religionstheologie bei Herder, Wackenroder und De Wette (Arbeiten zur Kirchengeschichte, Bd. 89), Berlin/New York 2004.

27 Critische Abhandlung von dem Wunderbaren in der Poesie, 1740.

und Johann Jakob Breitinger[28] sowie die im gleichen Zeitraum sich vollziehende Ästhetisierung der christlich-religiösen Semantik im Pietismus seit dem Ende des 17. Jahrhunderts dar. Im Zuge eines deutschen Nachspiels zur französischen *Querelle des anciens et des modernes* grenzen sich die Schweizer mit ihrer Forderung nach einem christlichen Epos von der herrschenden Schule Johann Christoph Gottscheds[29] und seiner klassischen Regelpoetik ab, um für eine poetische Darstellung der christlichen Mythologie zu plädieren, die der produktiven Einbildungskraft des Dichters entspringt. Das neue Verständnis des Dichters als Schöpfer und die Ersetzung der antiken Mythenstoffe durch die christliche Heilsgeschichte haben zur Folge, dass die Poesie den religiösen Charakter einer Schöpfung mit Offenbarungscharakter annehmen kann.

Die poetische Darstellung der christlichen Mythologie auf der Grundlage des schöpferischen Genies weist insofern nicht nur poetologische, sondern auch weitreichende religions- und christentumstheoretische Implikationen auf. Diese treten umso stärker hervor, als sie begleitet und unterstützt werden durch die pietistische Imprägnierung der christlichen Glaubenssprache mit einer Semantik der sinnlichen Wahrnehmung und Anschauung, die der lebendigen Vergegenwärtigung des Erlösers dient. Dieser Zusammenhang wird auch durch die ausdrückliche Abneigung der Pietisten gegenüber den schönen Künsten und Wissenschaften nicht widerlegt. Handelt es sich dabei doch eher um einen religiös-ästhetischen Stilwechsel als um eine generelle Verurteilung ästhetischer Vermittlungsfunktionen in Glaubenssachen. Die pietistische Polemik gegen den schönen Schein ist deshalb als Abkehr von einer als äußerlich empfundenen aristokratisch-höfischen Repräsentationskunst zugunsten einer neuen Form innerlich empfundener Herzenskunst zu verstehen. Im Zuge der religiösen Verinnerlichung treten die ästhetischen Ideale von Schlichtheit und Bescheidenheit an die Stelle von Glanz und Eloquenz.[30] Der Witz als Inbegriff des dichterischen Vermögens wird durch das Herz als Organ des ästhetischen Ausdrucks und Eindrucks abgelöst. Das

---

28 Critische Dichtkunst, 1740.

29 Versuch einer critischen Dichtkunst vor die Deutschen, 1730.

30 In Bezug auf die pietistische Kritik an der klassischen Rhetorik hat Wolfgang Martens (Literatur und Frömmigkeit in der Zeit der frühen Aufklärung, Tübingen 1989) unter Verweis auf Reinhard Breymayer (Die Erbauungsstunde als Forum pietistischer Rhetorik, in: Rhetorik. Beiträge zu ihrer Geschichte in Deutschland vom 16.–20. Jahrhundert, hg. von Helmut Schanze, Frankfurt am Main 1974, 87–104) darauf hingewiesen, »daß hinter der pietistischen Ablehnung von Künstelei und Schmuck der Rede und der Forderung nach ungekünsteltem wahrem Herzensausdruck sich uralte rhetorische Argumentationsweisen verbergen und daß in den pietistischen Erbauungsversammlungen eine Konventikelrhetorik durchaus lebendig war« (ebd., 6).

Bemühen um artifizielle Effekte weicht einer religiös-ästhetischen Kultur authentischer Affekte, so etwa, wenn August Hermann Francke die Aufgabe der Schriftauslegung im Rahmen einer religiösen Affektenlehre (*sacra pathologia*) bestimmt. Er ersetzt damit in programmatischer Weise die dogmatische Rede vom Gottessohn durch eine auf affektvolle Darstellung abzielende Rede von der lebendigen Gegenwart des Erlösers.

Dieses Junktim zwischen moderner Dichtungstheorie und affektivem Frömmigkeitsverständnis kulminiert schließlich in Friedrich Gottlieb Klopstocks *Messias* (1748-73), der das in seiner nachträglich verfassten Vorrede skizzierte religiös-ästhetische Programm *Von der heiligen Poesie*[31] in epochemachender Weise einlöst. Dabei wird nicht nur die Leistungskraft der Poesie für die Darstellung des Heiligen herausgestellt, sondern auch das Ungenügen der orthodoxen Lehrmethode kritisiert: »Die Religion ist, in der Offenbarung selbst, ein gesunder männlicher Körper. Unsre Lehrbücher haben ein Gerippe daraus gemacht.«[32] Im Unterschied zum theologischen Dogmatiker geht es dem christlichen Dichter deshalb nicht darum, den Inhalt des Glaubens lehrmäßig zu fixieren, sondern »nach poetischer Denkungsart dasjenige, was uns die Offenbarung lehrt, weiter zu entwickeln«.[33] Begabt mit ›Genie und Geschmack‹[34] vermag der Dichtertheologe im Medium der heiligen Poesie den Inhalt der Offenbarung so darzustellen, dass die himmlisch gestimmte Seele in den Zustand frommer Erregung versetzt wird. Die ästhetische Darstellung des Heiligen bewirkt die religiöse Wirkung der Dichtung. Verbindet sich Klopstocks theoretischen Überlegungen zufolge mit dem Darstellungsbegriff die beste Art, über Gott zu denken,[35] so ist damit auch eine religionsästhetische Neufassung des Offenbarungsbegriffs verbunden.[36] Im Umfeld der neuen Dichtertheologie übernimmt die religiös-ästhetische

---

31 Erstdruck als Vorrede zum 1. Band von *Der Messias*, Kopenhagen, 1755.

32 Von der heiligen Poesie, in: Klopstock. Gedanken über die Natur der Poesie. Dichtungstheoretische Schriften, hg. von WINFRIED MENNINGHAUS, Frankfurt am Main 1989, 195.

33 Ebd., 188f.

34 Vgl. ebd., 189.

35 Vgl. seine Essays *Von der besten Art über Gott zu denken* (1758), *Von der heiligen Poesie* (1755) und *Von der Darstellung* (1779), in: Klopstock. Gedanken über die Natur der Poesie. Dichtungstheoretische Schriften, hg. v. WINFRIED MENNINGHAUS, Frankfurt am Main 1989.

36 So bestimmt etwa ULRICH BARTH den modernitätstheoretischen Gehalt des Offenbarungsbegriffs als »die intersubjektive Mitteilung ursprünglicher Darstellungen subjektiv-religiösen Erlebens« (Schleiermachers Reden als religionstheoretisches Modernisierungsprogramm, in: Ästhetische Moderne in Europa. Grundzüge und Problemzusammenhänge seit der Romantik, hg. von SILVIO VIETTA/DIRK KEMPER, München 1998, 441–474. Ebd., 459).

Frage nach der angemessenen Darstellung des Undarstellbaren die Funktion der in die Kritik geratenen Lehre von der Verbalinspiration als dogmatischer Begründung der Offenbarung.[37]

Die produktive Allianz zwischen einer neuen Kunsttheorie, die sich vom Prinzip der auf Naturnachahmung beruhenden Regelästhetik distanziert, und einer ästhetischen Religionstheorie, die die Vorherrschaft der orthodoxen Lehrform und der ihr entsprechenden konfessionellen Kirchengestalt relativiert, setzt sich bei den Begründern der wissenschaftlichen Ästhetik und den Vertretern einer modernen Religions- und Christentumstheorie gleichermaßen fort: Alexander Gottlieb Baumgarten, Georg Friedrich Meier, Karl Philipp Moritz, Johann Gottfried Herder und Friedrich Daniel Ernst Schleiermacher haben ihre geistigen Wurzeln nicht nur in einer pietistisch eingefärbten Frömmigkeit, sondern stellen in ihren Schriften auch die gedanklichen und begrifflichen Mittel bereit, um die innere Affinität zwischen Religion und Sinnlichkeit, zwischen Christentum und Kunst sowie zwischen der Erfahrung des Göttlichen und der des Schönen bzw. Erhabenen theorie- und theologiefähig zu machen.

Die elaborierteste Gestalt einer theoretischen Synopse von ästhetischem und religions- bzw. christentumstheoretischem Diskurs liegt dabei zweifelsohne in dem facettenreichen Werk Johann Gottfried Herders vor. Denn indem Herder den inneren Zusammenhang zwischen sinnlichen Wahrnehmungsweisen und künstlerischen Darstellungsformen untersucht, leistet er nicht nur einen entscheidenden Beitrag zur modernen Kunstwissenschaft, sondern begründet die Kunst auch als exemplarischen Ausdruck der sinnlichen Natur des Menschen. Im Unterschied zur rationalistischen Aufklärungsästhetik versteht Herder die Kunst nicht mehr als regelgeleitete Hervorbringung von schönen Artefakten, sondern als natürliche Lebensäußerung und exemplarische Manifestation der menschlichen Welterschließung. Herders Ästhetik und Geschichtsphilosophie hängt deshalb auch aufs Engste mit seiner Religions- und Christentumstheorie zusammen. Weil Sinnlichkeit sowohl ontogenetisch wie phylogenetisch mit Ursprünglichkeit korreliert und die sinnliche Orientierungsleistung der Religion in ausgezeichneter Weise den Anfang der Menschheitsgeschichte prägt, geht Herder von einer genetischen Zusammengehörigkeit von Kunst, Religion und Christentum aus.

Herders ästhetischer Religionsbegriff steht damit im Kontext einer umfassenden Humanisierung der Religionsbegriffe, die er selbst als Kenn-

---

37 Vgl. Petra Bahr, Darstellung des Undarstellbaren. Religionstheoretische Studien zum Darstellungsbegriff bei A. G. Baumgarten und I. Kant, Tübingen 2004.

zeichen der neuzeitlichen Religionsgeschichte erkannt hat. Das zeigt sich insbesondere auch an der veränderten Hintergrundmetaphorik der Gotteserkenntnis. Stellt die Gottesidee bei Descartes noch die klarste und deutlichste Idee überhaupt dar, in der das Denken qua Gottesbeweis gipfelt, so fungiert Gott bei Herder im Anschluss an Baumgarten als dunkler Grund der Seele (*fundus animae*) und des Seins, der sich zuerst der sinnlichen Wahrnehmung und darüber hinaus nach Maßgabe des am Menschen orientierten Analogieprinzips erschließt. Das Mittelglied für diese semantische Umformung bildet die Leibniz'sche Metaphysik, in der die höchste Stufe der Erkenntnis nicht mehr als *clare et distincte,* sondern als kontinuierliche Steigerung bis zur *cognitio symbolica et intuitiva* bestimmt wird.

Sinn und Geschmack fürs Unendliche stellen sich bei Herder deshalb nicht primär auf der Ebene des logisch-rationalen Denkens, sondern auf der Ebene der sinnlichen Anschauung und der lebendigen Einbildungskraft ein. Vor diesem Hintergrund erklärt sich auch die Karriere einer ästhetischen Gefühlsreligion im Anschluss an Baumgarten und Herder bei Schleiermacher und De Wette. Insofern die spezifische Leistung der klaren und deutlichen Erkenntnis zugleich einen Verlust mit sich bringt, nämlich die Einschränkung auf bestimmte Erkenntnisgegenstände bzw. Vorstellungen, kommt der zunächst nur als Defizienzmodus der deutlichen Erkenntnis verstandenen verworrenen und dunklen Erkenntnis als sinnlicher Erkenntnis und Gefühl eine neue Dignität zu. Die Religion erfährt dadurch eine Neubegründung im Rahmen der Ästhetik, insofern sich die bei Leibniz als *cognitio symbolica et intuitiva,* bei Baumgarten als *cognitio sensitiva* und bei Herder als *Gefühl* bezeichnete Wirklichkeitswahrnehmung aus dem reichhaltigen *fundus animae* speist und auf eine ganzheitliche Weltsicht drängt.

Eine neue Form erfahren diese Tendenzen auf der Schwelle zur Frühromantik – etwa in den von Wilhelm Heinrich Wackenroder und Ludwig Tieck gemeinsam verfassten *Herzensergießungen eines kunstliebenden Klosterbruders* (1797) und den *Phantasien über die Kunst für Freunde der Kunst* (1799), die als Gründungsurkunden der romantischen Kunstreligion gelten. Hier verschiebt sich der Schwerpunkt von einer ästhetischen Theorie der Sinnlichkeit zur ästhetischen Kunsttheorie, bzw. zu einer literarischen Künstlerästhetik. Mit Hilfe des bewussten Stilmittels der Autorfiktion in Gestalt eines Geistlichen werden Kunst und Religion direkt miteinander ins Verhältnis gesetzt: »Ich vergleiche den Genuß der edleren Kunstwerke dem Gebet.«[38] Entgegen einem hartnäckigen Missverständnis in der Wackenro-

---

[38] Wilhelm Heinrich Wackenroder, Sämtliche Werke und Briefe. Historisch-kritische Ausgabe, 2 Bde., hg. von Silvio Vietta/Richard Littlejohns, Heidelberg 1991, Bd. 1, 106.

der-Forschung wird die Kunst dabei jedoch nicht auf das anachronistische Programm einer *ars sacra* verpflichtet, sondern – ebenso wie die Religion – als Sphäre eigenen Rechts erwiesen. Das bedeutet jedoch nicht, dass beide beziehungslos nebeneinanderstünden. Die Metapher von der ›Kunstreligion‹ hat in diesem Kontext ihre Berechtigung nur unter der Bedingung, dass sie als Interaktionsmetapher und nicht als Substitutionsmetapher interpretiert wird. Kunst und Religion werden zum Zweck ihrer jeweiligen Neubeschreibung in ein Verhältnis semantischer Wechselwirkung *versetzt*, ohne dass dabei ein Konzept durch das andere *ersetzt* wird.[39]

Damit soll nicht geleugnet werden, dass es – insbesondere im geistesgeschichtlichen Umfeld der Romantik – zu solchen Ersetzungsbestrebungen gekommen ist. Rangiert etwa die Kunst in Hegels System noch als vorletztes Stadium auf dem Weg des Geistes zu sich selbst, so besetzt sie in Schellings Philosophie der Kunst die höchste Systemstelle und bezeichnet das Organon des Absoluten schlechthin. Damit ist der Gipfelpunkt idealistischer Kunstmetaphysik erreicht, der als Ausgangspunkt für die ästhetizistische Apotheose der Kunst bei Arthur Schopenhauer, Friedrich Nietzsche und Richard Wagner dient. Nur in diesem Zusammenhang einer Kunstreligion im engeren Sinn hat die ansonsten inflationär gebrauchte Ersetzungstheorie ihr Recht, wonach sich in bestimmten Strömungen der modernen Geistesgeschichte nicht nur die Ersetzung des Christentums durch eine natürliche, freie und individuelle Religion, sondern die Ersetzung der Religion überhaupt durch die Kunst vollziehe. Mit dieser analog zur Säkularisierungsthese gebildeten Substitutionsthese lassen sich jedoch weder die Kontinuitäten zwischen neuzeitlichem Christentum und moderner Religion noch die Beziehungen zwischen neuzeitlichem Christentum und ästhetischem Religionsverständnis in angemessener Weise wahrnehmen und verstehen.

4. Schluss

Mit der Absicht einer Korrektur von einseitigen Deutungsmustern, die das Verhältnis von neuzeitlichem Christentum und moderner Ästhetisierung nur in den Kategorien von Ausdifferenzierung, Autonomisierung und Säkularisierung zu deuten vermögen, leistet eine christentumstheoretische Perspektive die Beschreibung der konstruktiven Wechselwirkung zwischen

---

39 Vgl. Markus Buntfuss, Tradition und Innovation. Die Funktion der Metapher in der theologischen Theoriesprache (Theologische Bibliothek Töpelmann, Bd. 84), Berlin/New York 1997.

neuzeitlichem Christentum und moderner Ästhetisierung als Transformationsprozess, derzufolge hier kein Abbruch zu diagnostizieren, sondern eine Entwicklung festzustellen ist, die dem Selbstverständnis des neuzeitlichen Christentums entspricht. Demnach reagiert das neuzeitliche Christentum auf die moderne Historisierung, Individualisierung und Privatisierung nicht nur mit einer grundlegenden Ethisierung, sondern ebenso mit einer umfassenden Ästhetisierung seiner Glaubensgehalte und Erscheinungsformen.

Die ästhetische Umformung des neuzeitlichen Christentums darf deshalb nicht als Anbiederung an den Zeitgeist oder Ausverkauf der christlichen Wahrheit, sondern muss als wesentliche Umformungsstrategie verstanden werden. Indem sich das neuzeitliche Christentum nicht nur im kirchlichen und im staatlich-politischen Leben, sondern auch im kulturellen und künstlerischen Leben realisiert, entspricht es der modernen Historisierung, Individualisierung und Privatisierung religiöser Lebensdeutungen und Weltanschauungen in spezifischer Weise. Die symbolische Deutung seiner Glaubensaussagen und deren Kommunikation in Gestalt ästhetischer Darstellungsformen lässt das neuzeitliche Christentum auch unter modernen Bedingungen als überzeugendes und erschließungskräftiges Selbst-, Welt- und Gottesverständnis erscheinen. Davon zeugt die vielfältige Durchdringung der modernen Kultur mit christlich-religiösen Motiven und Figuren ebenso wie die ästhetische Gestaltung des neuzeitlichen Christentums hinsichtlich seiner symbolischen, narrativen und rituellen Erscheinungsformen. Dass damit nicht nur Randphänomene, sondern Grundsachverhalte berührt sind, belegt die mittlerweile hochgradig ausdifferenzierte Erforschung dieser wechselseitigen Durchdringung, die sich keineswegs auf die Fachtheologie beschränkt, sondern in sämtlichen Geistes- und Kulturwissenschaften erfolgreich betrieben wird.

Der junge Hegel und Schleiermacher
Dissense um Rationalitätsmuster des Romantischen[1]

Jörg Dierken

1. Fallhöhe des Geistes oder Gipfellauf mit Kehren?

Hermann Timm hat in einer Vielzahl von Arbeiten die religiöse Phänomenologie unserer Alltags- und Lebenswelt mit ihren vielsinnigen kleinen Transzendenzen beleuchtet. Darin verschwand das Buch der Natur nicht hinter dem des Lebens in der Sphäre des Geistes. Geradezu zum Markenzeichen avancierten dabei die Grenzüberschreitungen zwischen Theologie und Literatur, zwischen Poetik und Reflexion. Das war und ist Programm, jedenfalls in meiner Wahrnehmung. Ein Programm freilich, das sich im Vollzug entfaltet und nicht in scholastischen Formeln präsentiert wird. Die Begriffsform wurde eher und zunehmend auf Distanz gehalten. Das gilt allerdings nicht für deren gedankliche Gehalte. In den 1980er Jahren lasen wir in Timms Heidelberger Seminaren, die zu den attraktivsten Orten für intellektuelle Diskurse in der Theologischen Fakultät zählten, Dichtertheologen der Goethezeit, aber auch Hegels Ästhetik. Thematisch war stets das Romantische im Fokus, und zwar nicht nur in einer historischen Perspektive, sondern auch im Blick auf Zeitdiagnostik und Gegenwartsgestaltung in der postmodernen Ära. In diesem Sinn hatte die Erinnerung an die Denk- und Ausdrucksgestalten des Romantischen zugleich einen prospektiven Charakter. Wie es eine Korrektur der Aufklärung auf dem Boden ihres Erbes ist, nicht aber ihr Widerruf, so sollte auch die Rationalität der Moderne nicht einfach postmodern ausgekehrt werden.

Denk- und Ausdrucksformen des Romantischen stehen auch im Mittelpunkt von Timms frühen Studien zur ›heiligen Revolution‹, die die Totalitätsideen des Religiösen in Verbindung mit den neuen Individualitätsvorstellungen befassen. Neben Novalis und Schlegel steht Schleiermacher im Fokus, aber auch der junge Hegel. Die Konstellation der Letzteren möchte ich im Folgenden etwas beleuchten. Dabei sei über das Datum hinausgeblickt, das den Endpunkt von Hegels frühen und clandestinen Studien zu Vereinigung und

---

[1] Mein Beitrag greift auf frühere Überlegungen zurück. Vgl. Der Frankfurter Hegel in seinem Kontext, hg. von Thomas Hanke und Thomas M. Schmidt, Frankfurt am Main 2015, 251 ff.

Vereinzelung, zum All des Lebens in Gefühl und Anschauung mitsamt seiner zertrennenden Vergegenwärtigung im Medium der Reflexion bildet. Timm hatte hierfür die prägnante Metapher von der ›Fallhöhe des Geistes‹ kreiert. Deren Pointe ist ersichtlich, auch wenn sich für Hegel nach seinem öffentlichen Outing als Mitstreiter derjenigen Denkrichtung, die das Romantische in die Begriffsform des Spekulativen überführte, die frühen Aufstiegsversuche auf dem absturzgefährdeten Grad als Bestandteile eines Gipfellaufs darstellten, dessen Zickzackkehren mit ihren Abwegen nun freilich überwunden seien. Faktisch bleiben sie aber präsent, auch wenn die Ankunft auf den spekulativen Gipfelhöhen sie hinter sich gelassen zu haben scheint. Das erhellt in besonderer Weise aus Hegels polemischer Kritik an Schleiermachers *Reden*. Dieser monumentale romantische Auftritt präsentiert Intuitionen und Motive, die denen Hegels vielfach ähnlich sind, und Schleiermachers literarisches Debüt rekurriert mit den Figuren von Anschauung und Gefühl auf konzeptuelle Begriffe, mit denen Hegel selbst experimentiert hat, bevor er sie auf Distanz brachte oder neu verortete. Insofern lässt sich die Polemik auch als Teil der Aneignung des eigenen verschlungenen Denkwegs verstehen – wie überhaupt der zeitlebens gepflegte Dissens zwischen den nachmaligen Kollegen an der Berliner Universität nicht über innere Affinitäten hinwegtäuschen darf, – mitsamt den als Abgrenzung inszenierten Selbstkorrekturen. Die Abgrenzungen zeigen freilich auch, dass die Affinitäten in Grundmotiven unterschiedlich verfolgt werden.

Dass es zu kurz greift, aus den Dissensen auf gänzlich andere Denkwelten zu schließen, hat Emanuel Hirschs große Ideengeschichte mit dem Bild eines »Hauskriegs« umschrieben.[2] Er setzt Gemeinsames voraus. Es liegt nicht nur in der gemeinsamen Erbschaft von Aufklärung und Kritizismus, die beide trotz erheblicher Kritik antraten, sondern auch in einer Fundierung von allem Mentalen einschließlich seiner kulturellen Gestaltung in Vollzügen des Bewusstseins. Hegel wie Schleiermacher sind Denker des für die Moderne maßgeblichen Paradigmas der Subjektivität – das freilich sogleich auf Intersubjektivität hin geöffnet ist. Damit sind vermögenspsychologische Differenzen nicht ausgeschlossen, wie sie sich in den späteren Streitigkeiten um das Gefühl als subjektiver Ort von Religion zeigten. Dieser Streit betraf weniger den Status von ehedem ›höheren‹ und ›niederen‹ Vermögen, von Intellektualität und Emotivität. Dass Religion als komplexes kulturelles Phänomen mit beidem zu tun hat und haben muss, ist nicht wirklich kontrovers

---

2 Vgl. Emanuel Hirsch, Geschichte der neuern evangelischen Theologie, im Zusammenhange mit den allgemeinen Bewegungen des europäischen Denkens, Bd. IV, Gütersloh 1952, 341.

– wie auch immer deren Ordnung im Einzelnen bestimmt sein mag. Strittig ist vielmehr, ob und wie im Vollzug subjektiver Fähigkeiten und Vermögen das Allgemeine, Umfassende oder Ganze manifest wird und ob und wie die überindividuelle Struktur des Subjektiven ein solcher Ankerpunkt für Prozesse der Individuation darstellt, dass jenes Allgemeine, Umfassende oder Ganze zugleich vom Einzelnen vergegenwärtigt wird und sich darin darstellt. Damit ist grundsätzlich auch der Weg zur Anerkennung von Freiheit gebahnt, und zwar in dem breiten Spektrum ihrer Bedeutungen zwischen Selbstübereinstimmung und Abweichen. Die Fortschreibung einer überkommenen Autoritätskultur war jedenfalls weder Schleiermachers noch Hegels Sache.

Die Grundlinien von Hegels Kritik an Schleiermacher zeigen ebenso Affinitäten wie Abgrenzungen, und sie lassen sich auch als systematisch-rückblickende Kommentierungen eigener Denkwege im Modus eines polemischen Dissenses lesen. Der Friedrich Heinrich Jacobi gewidmete Teil von Hegels Abhandlung *Glauben und Wissen* von 1802 gipfelt in einer knappen Auseinandersetzung mit Schleiermachers *Reden über die Religion*, allerdings ohne ihren Autor zu nennen. Hierin sei das Jacobische Prinzip einer in sich zwar lebendigen, mithin an sich unendlichen Subjektivität, die aber im Verhältnis zu einem sie übergreifenden Unendlichen als Absolutem im Modus bloßen Sehnens verbleibt, noch einmal potenziert. Damit werde das Charakteristikum des neueren Protestantismus, »im Diesseits Versöhnung« zu suchen,[3] auf die Spitze getrieben, insofern das Göttlich-Unendliche von der tatsächlich im Endlichen verbleibenden Subjektivität einzelner Individuen vertreten sei. Im Hintergrund steht Hegels kritische Sichtung des Prinzips der Reflexionsphilosophie. Danach werden die durch den Vollzug des subjektiven Bewusstseins ermöglichte Synthesis seiner sinnlich vermittelten Gehalte und die aus diesem Vollzug erfolgende Weltgestaltung einseitig verstanden, nämlich nach Maßgabe ihrer differenten Glieder und in einer endlich-verständigen Optik, nicht jedoch aus der unendlichen Einheit der Synthesis selbst heraus. Diese wird damit zu einem Jenseits des Diesseits, obwohl sie hierin schon beansprucht ist. Während Jacobi nun das Diesseits der subjektiven Synthesis dadurch verendliche, dass er ihr ein unerreichbares, jenseitiges und göttliches anderes als eigentlichen Ort von Einheit entgegensetze, habe Schleiermacher »die Scheidewand zwischen dem Subjekt oder dem Erkennen und dem absoluten unerreichbaren Objekte niedergerissen« (ThWA 2, 391). Sein Jenseits

---

[3] Vgl. G. W. F. Hegel, Glauben und Wissen oder die Reflexionsphilosophie der Subjektivität in der Vollständigkeit ihrer Formen als Kantische, Jacobische und Fichtesche Philosophie (1802), in: ThWA 2, 287–433; hier 391. – Die folgenden Klammernachweise im Text beziehen sich auf dieses Werk.

ist zugleich ein Diesseits, sein ›Universum‹ steht nicht dem subjektiven Bewusstsein in seinen verschiedenen Vollzügen gegenüber, sondern wird vielmehr in diesen selbst manifest. Das unterscheide ihn von Jacobi, der gegen spinozistische Konsequenzen nur ein intuitionistisch verpacktes Differenzprinzip des ›Glaubens‹ an ein Jenseitiges aufbietet. Schleiermacher kenne demgegenüber eine »Subjekt-Objektivität der Anschauung des Universums« (ThWA 2, 391). Damit bestätigt Hegel grundsätzlich den spekulativen Charakter von Schleiermachers Denken – gemessen an Hegels eigenen kategorialen Kriterien. Hinter der Schelling'schen Kunstformel der ›Subjekt-Objektivität‹ steht ein differenzbefassendes, aber ihr zugleich überhobenes Absolutes als Totalitätsidee, und die auf das Universum bezogene Anschauung hat einen Zug zur intellektuellen Potenzierung – sei es im Sinne der an Kant und Fichte angelehnten intellektuellen Anschauung, deren Vollzug alle diskursiven Differenzen transzendiert, sei es im Sinne von Spinozas ›dritter Erkenntnisart‹, die als intellektuelle Gottesliebe sich ganz den inneren, gleichsam göttlichen Prinzipien der natürlichen Weltordnung angleicht und in deren immanenter Sittlichkeit vollendet.

Sosehr Hegel den grundsätzlich spekulativen Charakter von Schleiermachers Konzept anerkennt, sosehr sieht er diesen auch reflexionsphilosophisch hintertrieben. Denn die Anschauung bleibe »doch wieder ein Besonderes und Subjektives« (ThWA 2, 391). Denn Schleiermacher binde sie zurück an eine tendenziell willkürliche Vielheit individueller religiöser Akte. Deren Spektrum ist von den Endpunkten einer ›begeisternden‹ religiösen Virtuosität und einer beliebigen »Atomistik« von Responsen gekennzeichnet (ThWA 2, 390; 392). Indem Schleiermacher das Spekulative seines Denkens in soziologische und vermögenspsychologische Figuren überführt, kommt es nach Hegel zu einer unabschließbaren Fülle asymmetrischer und mithin kontingenter Konstellationen, die den »Figuren eines dem Spiel der Winde preisgegebenen Sandmeeres« ähneln (ThWa 2, 392). Die Virtuosen akzentuierten ihre idiosynkratische Besonderheit, indem sie die Anschauung des Universums in willkürlich-besonderen Brechungen präsentierten, und die ›Gemeinden‹ der Empfänger ihrer Ergüsse bildeten je eigene ›Gemeindchen‹ in höchst fluiden Formationen. Deren wechselvolle Konstellationen lassen keine universale Gestalt erkennen, sondern nur eine unendliche Reihe von Modifikationen und Umbildungen ohne allgemeines Prinzip. Das ist für Hegel das religionssoziologische Pendant zu dem begrifflichen Sachverhalt, dass die Anschauung des Universums »wieder zur Subjektivität gemacht« sei (ThWA 2, 393). Schleiermacher stellt für Hegel eine subjektivistisch überdehnte Variante des reflexionsphilosophischen Verhältnisses zum Absoluten dar, das sich dadurch auszeichnet, die unter dem Titel des Absoluten namhafte Struktur einer letzten, freilich immer schon beanspruchten Synthesis nicht als solche *in* ihrem Vollzug und mithin *aus* ihr selbst heraus zu explizieren, sondern *sub specie* ihrer Abschattung in partikularen, endlichen und subjektiv gebrochenen Konfigurationen. Anders als im religiös unbefangenen Glauben, der sich unter Verlust seines reflexiven Wissens gleichsam mystisch ganz dem Absoluten hingibt, sei der reflexionsphilosophisch angekränkelte Glaube eine Bewusstseinsgestalt, die das Verhältnis zum Absoluten nur in der Form der Differenz kennt und die an sich beanspruchte Identität vergessen macht. Damit wird gleichsam das Absolute am Ort des Endlichen thematisch und den Vollzügen subjektiver Universumsanschauungen in ihrer unermesslichen Vielheit übereignet – und tendenziell unkenntlich gemacht und in ein bloßes »Suchen des Sehnens« überführt (ThWA 2, 393).

Gegen diese Konstellation bringt Hegel seine Einsicht zur Geltung, dass das Absolute in spekulativer Form zu denken und damit an ihm selbst, mithin an seinem eigenen Ort zu fassen sei. Im Blick auf die Religion kann das freilich mit einem objektivistischen Missverständnis einhergehen – jedenfalls dann, wenn die gegenständlich-gehaltliche Seite nicht ebenso in ihren verwickelten Bezügen zur Subjektivität des Bewusstseins entfaltet wird. Hegel deutet in seiner Schleiermacher-Kritik einige Konturen der von ihm favorisierten Alternative an. Es sei darum zu tun, die religiöse Individualität »unter dem Leib einer objektiven Darstellung großer Gestalten« namhaft zu machen und ihren lyrischen Ausdruck in erinnerbare »allgemeine Rede« zu überführen (ThWA 2, 392). Es gehe um ›Gestalt‹ und ›Werk‹ und nicht nur fluide ästhetisch-religiöse Vollzüge. Hegel kann gar von der »Objektivität« einer allgemeinen, der Sittlichkeit des Staates verbundenen Kirche sprechen (ThWA 2, 392). Wenngleich solche Wendungen auch eine Transformation gegenüber dem Objektivismus der alten Dogmatik beinhalten, bleibt auffällig, dass und wie Hegel die Vollzugsstrukturen des subjektiven Bewusstseins aus dem Fokus rückt. Das zeigt insbesondere die Ausblendung von Schleiermachers Gefühlsbegriffs in Hegels Kritik. Er findet darin keine Erwähnung, obwohl schon ein oberflächlicher Blick in Schleiermachers *Reden* zeigt, dass das Gefühl als Komplement zur Anschauung fungiert. Diese Ausblendung des Gefühls ist kein Zufall, sondern verweist auf ein begriffliches Problem. Denn dem Gefühl kam eine markante Stellung auf Hegels Weg zur spekulativen Begriffsform zu. Das gibt Anlass zur Relektüre.

2. Problemähnlichkeiten: Gefühl und Anschauung auf Hegels Weg zur Spekulation

Bereits in seinen frühen Berner Fragmenten legte Hegel den Akzent auf die subjektive Seite von Religion. Sie sei Herzenssache und betreffe insbesondere die affektiv-emotiven Seiten des menschlichen Daseins.[4] Hegel richtet seinen scharfen Widerspruch nicht nur gegen die objektive Religion der alten Kirchenlehre, sondern auch gegen eine auf die Klugheit des Verstandes reduzierte Aufklärungstheologie. Mit seiner Entgegensetzung von Religion und Theologie folgt er allerdings selbst aufklärerischem Denken. Nur wenn Religion auch Fantasie und Herz anspreche, könne sie überdies einen öffentlich-sozialen Charakter als ›Volksreligion‹ annehmen. Eng verbunden mit der natürlichen Moralität des Menschen, obliege solcher Religionspraxis die Bildung der moralischen Impulse im Inneren ihrer Anhänger, was zugleich mit deren Vergemeinschaftung einhergeht. Diese Religion komme daher mit der praktischen Vernunft überein und betätige sich als deren soziale Stütze. Hegel verortet sich selbst im Gefolge Kants – wenngleich er in der Vorstellung eines natürlichen moralischen Gefühls von der kantischen Begriffsbildung abweicht. Dieses liege im empirischen Charakter des Menschen, der auch die vernunftanaloge Liebe umschließt, in der der Mensch »im anderen sich selbst findet« (ThWA 1, 30). Indem er gleichsam »in anderen lebt, empfindet und tätig ist«, verbindet sich der empirische Charakter zugleich mit der »intelligiblen Welt« (ebd.). Damit ist ein Gefälle von den subjektiven Vollzügen von Religion, die auch Gefühl und Empfindung einschließen, hin zu einer Vereinigungsdynamik im Intersubjektiven angezeigt, die überdies noch die empirische und intellektuelle Welt umfasst. Das ist, wenn man so will, Hegels frühe Version des romantischen Ideals.

Dieses Vereinigungsmotiv leitete Hegels weitere Entwicklung. Nachdem sein Versuch, die Religion Jesu und das daran gemessene Christentum als volkspädagogisches Introduktionsvehikel der Kantischen Moral zu deuten, nicht nur an den Differenzen zum Sittengesetz, sondern auch an der sich durch alle Funktionalisierung hindurch erhaltenden autoritativen Objektivität und Positivität der christlichen Religion gescheitert war,[5] kommt diesem

---

4 Vgl. G. W. F. Hegel, Fragmente über Volksreligion und Christentum (1793–94), in: Ders., Frühe Schriften, ThWA 1, 9 ff. 37 ff. Die folgenden Klammernachweise im Text beziehen sich auf diese Fragmente.

5 Vgl. G. W. F. Hegel, Die Positivität der christlichen Religion (1795/96), in: ThW 1, 104–190; Ders., Das Leben Jesu, in: Gesammelte Werke Bd. 1: Frühe Schriften I, hg. von Friedhelm Nicolin und Gisela Schüler, Hamburg 1989, 207–278.

Vereinigungsmotiv geradezu eine Schlüsselrolle in Hegels Denkentwicklung zu. Die Liebe, sodann das Leben und schließlich der Geist gelten zumeist als die begrifflichen Einkleidungen dieses Motivs auf den weiteren Stufen von seinem Denkweg. Das ist nicht falsch, aber unpräzise. Denn diese begrifflichen Formen vermögen die innere Dynamik des Vereinigungsmotivs nur in Verbindung mit subjektiv-mentalen Vollzügen deutlich zu machen. Deren gedankliche Einholung konfrontiert Hegel jedoch auf immer subtilere Weise mit dem Problem der ›Reflexion‹. Sie misst im Versuch, Vereinigung als solche zu denken, diese gerade an etwas anderem und lässt sie damit als solche entgleiten.

Im Zentrum der subjektiven Vollzugsformen für Hegels Vereinigungsmotiv steht eine ästhetisch imaginierte Moralität. Sie basiert indes nicht auf einem Imperativ, sondern fällt letztlich mit der Verbindung von Subjektivität und Sozialität zusammen. Darum kann die Moralität von Hegel in seiner Frankfurter Zeit mit dem Geschehen von Liebe parallelisiert werden. Solche Liebe sei nichts »Begrenztes« oder »Endliches«, ihr eigne vielmehr eine innere Unendlichkeitsdimension.[6] Darum ist Liebe nicht »Vernunft« oder »Verstand«, deren Synthesis stets mit bestimmender Verneinung einhergeht, sondern »ein Gefühl« (ThWA 1, 246). Das Gefühl steht für die innere Unendlichkeit der Liebe. Dieser Unendlichkeit entspricht eine Dynamik von innerer Entgrenzung des Gefühls, das Differenzen von Selbst und Anderem unterläuft. Hinter der Mannigfaltigkeit einzelner Gefühle steht letztlich ein Ganzes. Hegel beschreibt es mit dem Begriff des Lebens, das sich in der Liebe selbst findet (vgl. ThWA 1, 246). Liebe wird zu einem Organ des Prozesses des Lebens, der gedanklich an jedem Liebesakt immer schon vorausgesetzt und beansprucht ist: Die Prozessualität des Lebens erscheint im Geschehen von Liebe – und *vice versa*. Da dieses Wechselverhältnis für Hegel die innere Struktur der Wirklichkeit ist, hat es einen unhintergehbaren, gleichsam absoluten Charakter. Seine Intersubjektivität kongruiert mit der Synthese von Subjekt und Objekt, Freiheit und Natur (vgl. ThWA 1, 242). Darum ist es für Hegel ›Sein‹ und hat einen göttlichen Status. Das lässt das Problem aufkommen, dass auch das Göttliche, wenn es irgendwie vorgestellt wird, in die Fänge der Reflexionsunterscheidung von allem Nichtgöttlichen gerät. Damit ist Gott aber nicht mehr das, was er ist: das Ganze. Dieses Problem könnte mit der Gefühlsform umgangen werden, insofern sie jede bestimmende Differenz unterläuft. Im Gefühl sind Form und Inhalt, Subjekt und Objekt aktual ununterscheidbar.

---

[6] G. W. F. Hegel, Entwürfe über Religion und Liebe (1797/98), in: ThWA 1, 239–254; hier 246. Die folgenden Klammernachweise im Text beziehen sich auf diese Entwürfe.

Darum passt es zu einem Vereinigungsdenken, für das das Absolute zum Inbegriff allumfassender Einheit in Lebens- und Liebesakten wird. Auch die Anschauung übrigens kann im Zeichen solcher Entgrenzung verstanden werden. Bereits in dem an Hölderlin gerichteten Gedicht *Eleusis* von 1796 beschreibt Hegel, dass sich der Sinn, also das Sinnliche, im »Anschaun« verliere: »Was mein ich nannte, schwindet, / Ich gebe mich dem Unermeßlichen Dahin, / Ich bin in ihm, bin alles, bin nur es.«[7] Anschauung wie Gefühl tragen eine nichttheistische Religiosität des all-einen Lebens, das in vielfältigen Modifikationen präsent ist und sich in deren Liebesgeschehen wiederfindet. Sein begriffliches Kennzeichen ist allerdings, dass sich die Prinzipien dieser lebendigen All-Einheit dem Begriff entziehen. Auch das mag man im Horizont des Romantischen verorten.

Diese Antinomie wird in Hegels weiteren Frankfurter Schriften immer weiter ausgearbeitet, aber nicht überwunden. In den wohl bedeutendsten religionsphilosophischen Fragmenten des vorspekulativen Hegel, die unter dem Titel *Geist des Christentum und sein Schicksal* versammelt wurden,[8] wird die Begrifflichkeit von Leben und Liebe noch um Schönheit und Bild sowie Geist und Gestalt angereichert. Das Göttliche wird in Bildern als Schönes imaginiert, und es ist der Geist, welcher in Gestalten angeschaut wird. Über beides schält sich ein Muster des Vorstellens heraus, das später Hegels Verständnis des Religiösen prägen wird. Zugleich bleibt jedoch das »Einssein mit Gott« dem »Verstande [...] das Unbegreiflichste« – wie umgekehrt »dem Gemüte die Entfernung von Gott« unnachvollziehbar ist (ThWA 1, 385). Die gleichsam mystische Teilhabe und Vereinigung mit der Gottheit gelingt nicht durch begriffsnahe mentale Vermögen, sondern ist mit dem ›Gemüt‹ und seinen Liebesvollzügen verbunden. Darin spielen Gefühl und Anschauung eine Rolle. »Gott lieben ist sich im All des Lebens schrankenlos im Unendlichen fühlen« (ThWA 1, 363), und Liebe ist das »Gefühl des Lebens, das sich selbst wiederfindet« (ThWA 1, 346). Für einen solchen inneren Rückbezüglichkeitsbogen steht auch das »angeschaute Leben«, das aus seinem Verlust in schicksalshafte Entzweiung zurückkehrt (ThWA 1, 345 f.). Allerdings zeigen diese vor- und nachreflexiven Einheitsvollzüge in Fühlen und Anschauen feine Spalten und Risse. Das Gefühl kann, wie etwa an der Sehnsucht nach Verlorenem erahnbar, sich gerade auch im Negativ des »Verlusts des Lebens« melden (ThWA 1, 345), und die Anschauung fixiert ihr Bild, wenigstens momentan. Insbesondere das Abendmahl zeigt für Hegel, dass die angeschauten Elemente bloßes

---

[7] G. W. F. Hegel, Eleusis. An Hölderlin (1796), in: ThWA 1, 230–233; hier 231.

[8] G. W. F. Hegel, Der Geist des Christentums und sein Schicksal (1798–1800), in ThWA 1, 274–418. Die folgenden Klammernachweise im Text beziehen sich auf diese Fragmente.

Brot und bloßer Wein bleiben und eben nicht das Göttliche durch die Negation ihrer äußerlichen Gestalt in sinnlicher Aneignung vergegenwärtigen. Die Vereinigung von »Anschauung und Gefühl« in der »Einbildungskraft« wird durch die vereinzelte Objektivität von Hostie und Kelch hintertrieben: Angeschautes und genossenes Brot und Wein »können nicht die Empfindung der Liebe erwecken«, und das »Gefühl [... des] wirklichen Aufnehmens« von solchen »angeschauten Objekten« widerspricht sich im Vorgang ihres »Subjektivwerdens« (ThWA 1, 368 f.). Es bleibt am Ende beim Hiat von »Wirklichkeit und Geist« (ThWA 1, 368; 417 u. ö.).

Gegen Ende seiner Frankfurter Zeit erachtete Hegel daher Anschauung und Gefühl nicht mehr als maßgebliche Formen für die göttliche All-Einheit. Auch sie vergegenwärtigen nicht den Vollzug *von* Einheit *als* Einheit. Damit geraten sie in eine strukturelle Parallele zur gedanklichen Reflexionsform, obwohl Anschauung und Gefühl gerade das Reflexionsprinzip der beziehenden Unterscheidung in der prä- oder postreflexiven Unmittelbarkeit ihrer Aktualität hintergehen sollten. In dem sogenannten ›Systemfragment‹ von 1800 zieht Hegel daraus die Konsequenz, dass er das Gefühl explizit mit Reflexion verbindet, während die Anschauung zurücktritt.[9] »Göttliches Gefühl, das Unendliche vom Endlichen gefühlt, wird erst dadurch vervollständigt, daß Reflexion hinzukommt« (ThWA 1, 423). Doch die über dem Gefühl »verweil[ende]« Reflexion ist nur ein »Erkennen desselben [sc. des Gefühls] als eines Subjektiven« (ebd.). Damit tritt für die Reflexion der Gegensatz der Subjektivität des Gefühls gegen die Objektivität seines unendlichen, göttlichen Gehalts wieder auf. Hegel zieht daraus die Konsequenz, dass er nunmehr der Reflexion die Aufgabe zuweist, den Weg zum Unendlichen zu bahnen. Ermöglicht sei er durch ein unendliches »All des Lebens«, das auch das Endliche umfasst (ThWA 1, 421). Für ihren Weg zum Unendlichen hat die Reflexion zum einen in einer Art negativen Dialektik in allem »Endlichen die Endlichkeit aufzuzeigen« (ThWA 1, 423). Neben diese Figur, die den Nukleus von Hegels nachmaliger Methodik der immanenten Kritik enthält, tritt zum anderen ein Setzen des Unendlichen durch das Reflexionsverfahren der Entgegensetzung. Das in diesem Sinn gesetzte Unendliche – sei es als Natur oder Gott – hat allerdings »für die Reflexion« nur einen einzigen Charakter: nämlich »daß es ein Sein außer der Reflexion ist« (ThWA 1, 422). Es ist *für* die Reflexion – *außer* der Reflexion. Da Hegel noch nicht die zur Spekulation führende Einsicht in die Verbindung beider Reflexionsfiguren in einer Logik der Selbstbezüglichkeit von Reflexion gewonnen hat, bleibt dieses Absolute für die gedankliche Re-

9 G. W. F. Hegel, Systemfragment von 1800, in: ThWA 1, 419–427. Die folgenden Klammernachweise im Text beziehen sich auf dieses Fragment.

flexion ungreifbar. Nur die Religion könne es in irgendeiner ›Erhebung‹ des Menschen zum Unendlichen aus dem Sterblichen und Vergänglichen ›herausheben‹ und Gott nennen. Da die Reflexion das Leben nur als iterierenden Progress der »Verbindung der Verbindung und der Nichtverbindung« kenne (ThWA 1, 422), müsse die Religion über die Reflexion gehoben werden und die Philosophie folglich mit der Religion aufhören. Angesichts der bereits eingesehenen Aporetik von Gefühl und Anschauung als Religionsformen und angesichts ihres Reflexionsgegensatzes zu aller Reflexion verliert sich diese Religion mitsamt ihrem Gott freilich in Abstraktion. Der Reflexion ergeht es in ihrer Antinomik indes nicht besser.

In der ›Differenzschrift‹, Hegels philosophischem Erstling, tritt die systematische Bedeutung des Gefühlsbegriffs dann fast vollständig zurück.[10] Sein Ort ist nurmehr der reflexionsferne ›gesunde Menschenverstand‹. Er habe ein Wahrheitszutrauen, »weil ihn das Absolute in einem Gefühl [...] begleitet«, und seine von der Reflexion bedrängten Aussprüche würden »durch die dunkle, als Gefühl vorhandene Totalität« unterstützt (D, 20 f.). Darin sei zwar das Absolute der Spekulation präsent, aber »diese Identität [...] bleibt ein Inneres, ein Gefühl«, und zwar ein »unerkanntes« (D, 21). Die Struktur dieses simplen Verstandes ist der Glaube als »Beziehung der Beschränktheit auf das Absolute«, in der nur die »Entgegensetzung im Bewußtsein ist«, während über die Identität »Bewußtlosigkeit« herrscht (D, 22). Dementsprechend drücke der Glaube auch nicht das »Synthetische des Gefühls oder der Anschauung aus«, da er im Reflexionsverhältnis zum Absoluten verbleibt (ebd.). Das Gefühl wird nunmehr von Hegel dem auf Differenz abstellenden Gegenständlichkeitsprinzip der Reflexion zugeschoben, während es ihm zuvor entgegenstand. Diese Selbstkorrektur Hegels geht mit einer programmatischen Distanzierung von Schleiermacher einher, welcher seinerseits wie Hegel zuvor selbst das Gefühl – und auch die Anschauung – zum Organ des spinozistischen HEN KAI PAN erhoben und zum Korrektiv des gegenständlichen objektiven Bewusstseins gemacht hat. Die *Reden über die Religion* gingen, so Hegel in der ›Vorerinnerung‹ zu seinem Werk, zwar das »spekulative Bedürfnis nichts an« (D, 5). Doch ihre Aufnahme zeige ein »Bedürfnis nach einer Philosophie«, die anders als die reflexionsphilosophischen Systeme Kants und Fichtes auch Poesie und Kunst erhalten könne, indem sie Natur und Vernunft versöhnt. Der Überbietungsanspruch gegenüber Schleiermacher ist ebenso unverkennbar

---

[10] G. W. F. Hegel, Differenz des Fichteschen und Schellingschen Systems der Philosophie (1801), in: Ders., Jenaer Kritische Schriften I, hg. von H. Brockard und H. Buchner, Hamburg 1979 (= D). Die folgenden Klammernachweise im Text beziehen sich auf dieses Werk.

wie Hegels Selbstdistanzierung von seinem in Teilen ähnlichen früheren Programm.

Im Unterschied zum Gefühl wird die Anschauung nun dezidiert aufgewertet. Das geht zum einen mit einer Verschiebung von ihrer sinnlichen zur intellektuellen Form einher, und zum anderen wird diese Anschauung mit der inzwischen selbstbezüglich auf sich gewendeten Reflexion verbunden. Die Komplementarität von intellektueller Anschauung und von einer negationsdialektisch erweiterten Reflexion steht für das Absolute der Spekulation, dessen mentale Form das Wissen ist. Im Hintergrund dieser Wendung Hegels steht insbesondere Schellings Figur der intellektuellen Anschauung des Absoluten als Identität von Subjekt und Objekt, die durch Akte mehrfacher Indifferenzierung erreicht wird, daneben jedoch auch Fichtes dynamisch-spannungsvolle Verbindung von intellektueller Anschauung des Ichs in seinem Selbstvollzug mit dessen reflexiver Einholung, die stets Bestimmungsdifferenzen gegenüber Formativen von Nicht-Ich impliziert. Die Voraussetzung von Hegels eigenem spekulativem Denken des Absoluten ist die neue Einsicht, dass das Prinzip der Reflexion, das Unterscheiden im Beziehen, auf sie selbst anzuwenden ist. Indem die Reflexion in einer Rückbezüglichkeit des Unterscheidens gedoppelt wird, ist in solchem Unterscheiden des Unterscheidens der Nukleus der nachmaligen selbstbezüglichen Negation gefunden. Diese Grundfigur der Reflexion wird von Hegel virtuos zu einer negativen Dialektik ausgearbeitet, die mit dem Aufweis von allem Endlichen in Entgegensetzung zum Absoluten sich »das Gesetz der Selbstzerstörung« gibt (D, 18). Die von der Reflexion einsehbare, freilich im Absoluten gehaltene Wahrheit kongruiert mit dem »Vernichten« jener Reflexion als ihrem Selbstvollzug (D, 19). Diese in vielen Variationen durchgespielte Figur vermag zwar mit der negierenden Einsicht in die »Grundlosigkeit« der Beschränkungen zugleich die eigene »Begründung« der Reflexion im Absoluten zu ergründen, doch sie kann als nur ›negative‹ Kraft des Absoluten dieses nicht in spekulativem Zugleich von Identität und Differenz erfassen (D, 9; vgl. 16 u.ö.). Letzteres wird jetzt zur Aufgabe der intellektuellen Anschauung. Sie ist imstande, der Leere zu wehren, die durch die reflexive Konstruktion des Absoluten im Bewusstsein durch Negation von dessen Unterschiedenheit gegenüber dem Absoluten entsteht. Und sie kann die immer schon beanspruchte Voraussetzung des Absoluten, also seine nicht-konstruierte Synthesis-Struktur, für alles Konstruieren des Bewusstseins festhalten – einschließlich der Konstruktion des Absoluten im Bewusstsein als etwas Nicht-Konstruiertes (vgl. D, 14ff.). Es geht in ihr mithin um eine »Selbstkonstruktion des Absoluten« durch Indifferenzierung von Reflexionsgegensätzen, welche zugleich mit der Anschauung des sich selbst »gestaltenden« und »findenden«, mithin sich im Anderen seiner selbst anschauenden Absoluten einhergeht (D, 94). Damit kommt über die Anschauung die Differenz nunmehr ins Absolute selbst hinein. Das kann Hegel am Schluss seiner Systemskizze in der ›Differenzschrift‹ in der religiösen Figur einer »Anschauung der ewigen Menschwerdung Gottes« ausdrücken (ebd.). Damit bricht eine Spannung auf zu dem spinozistischen Motiv eines prozessierenden einheitlichen All-Lebens, das allerdings selbst letztlich bewusstlos bleibt. Neben jener Einsicht in die Selbstbezüglichkeit von Reflexion ist mit Hegels Übergang zur Spekulation die Einsicht verbunden, dass im Absoluten nicht nur Identität, sondern ebenso Entzweiung und Differenz zu denken ist. Ohne solche Differenz ist das romantische Ideal nicht in der Form des begreifenden Denkens zu haben – mag es damit auch ein anderes werden.

In seiner knappen, an Schelling angelehnten Systemskizze beschreibt Hegel näherhin Kunst und Spekulation als Formen dieser Anschauung des Absoluten. Während sie in der Kunst in engerem Sinn eher punktuell im Werk konzentriert sei, gehe ihre Dynamik in der der Kunst zugeordneten Religion eher in »lebendiges Bewegen« ins Innere des Subjekts ein (D, 94). Der Modus dieses Inneren wird nicht genauer beschrieben. Denn für die Anschauung des Absoluten in der Form des Bewusstseins ist die Spekulation reserviert. Sie bilde zusammen mit der Kunst in ihrem Wesen den »Gottesdienst«, beide sind für Hegel »ein lebendiges Anschauen des absoluten Lebens und somit ein Einssein mit ihm« (D, 94). Wie die Selbstanschauung des Absoluten als Menschwerdung Gottes kommen diese gleichsam rational-mystischen Anschauungen von Kunst und Spekulation in einer religiösen Symbolik zur Sprache. Die subjektiven Formen dieser ästhetisch-spekulativen Religiosität des im Menschlichen zur Anschauung gelangenden Absoluten werden von Hegel nicht weiter expliziert. Dafür dürfte ein Grund darin liegen, dass Hegel schließlich auch den reinen Selbstvollzug der Spekulation in der Perspektive und in den Formativen der philosophischen Wissenschaft thematisiert. Indem sie die intellektuelle Anschauung des Absoluten in die duplizitären Figuren eines subjektiven und eines objektiven Subjektobjekts, als Ich und Natur, differenziert und aufeinander bezieht, bleibt auch in der philosophischen Vernunfttätigkeit ein Moment der Differenz zum Absoluten: Ihre Form ist eine sich gedanklich stets neu erzeugende Gegensatzeinheit, die sich für die Reflexion als »Antinomie« darstellt (D, 96). Noch in Hegels philosophischer Wissenschaft schimmert mithin transzendentalphilosophisches Erbe durch, auch ihr Bewusstsein ist nicht ohne Endlichkeitsbrechung, mag Hegel auch der Suggestion erlegen sein, diese Brechung abzuarbeiten. In beidem zeigt sich subkutan ein Motiv, das Schleiermacher in anderer Weise nachdrücklich akzentuiert.

3. Die Konstellation von Hegel und Schleiermacher: differenzhermeneutische Aufschlüsse

Die Ausgangsprobleme der im Werden begriffenen Konzeptionen von Hegel und Schleiermacher weisen einige zentrale Ähnlichkeiten auf. Diese betreffen schon romantische Ausgangsimpulse und sodann den subjektivitätstheoretischen Ansatz vor kritizistischem Hintergrund, auf den jeweils meta-kritisch reagiert wird. Hinzu kommt ein in weitestem Sinn spinozistisch geprägtes Verständnis des Religiösen mit entsprechenden gedanklichen Implikationen. Dabei treten Bemühungen um ein gleichsam subjektivitätsmetaphysisch imprägniertes Verständnis der Totalität des Wirklichen an die Stelle eines doktrinalen Supranaturalismus. Im Fokus stehen Denk- und Handlungsvollzüge menschlicher Subjekte, einschließlich der ästhetischen oder symbolischen Vergegenwärtigung von deren innerer Spontanität und Reflexivität. Damit kommt zudem bei beiden die kulturelle Form der Religion ins Spiel, welche ihrerseits zum Ausgang komplexer, schließlich auch über die Religionsform hinausführender Begriffsformative wird. Sie ist bei Schleiermacher wie Hegel um die innere Dynamik lebendiger Vollzüge zentriert. Das belegen einerseits Totalitätsbegriffe wie Leben und Universum, andererseits vermögenspsychologische Figuren wie Anschauung und Gefühl.

Ähnlichkeiten fordern den Blick auf Differenzen heraus. Die Beleuchtung der Konzeptionen vor dem Schatten der jeweils anderen lässt die spezifischen Konturen trennschärfer hervortreten. So hebt Schleiermacher bekanntlich mit einer scharfen Abgrenzung von Religion gegenüber Metaphysik und Moral an.[11] Religion gehört nicht dem objektiven Bewusstsein an wie begriffliche Lehrgebäude, und sie ist auch kein Instrument zur Implementierung von Sittlichkeitsimperativen. Diese Distanzierung teilte übrigens auch Hegel. Gegen eine Konzentration von Religion auf die Sphäre des Verstandes setzte er zwar zunächst auf ihre Anschlüsse an die Moral, um jedoch bald festzustellen, dass diese sich autonom und ohne volksreligiöse Popularitätsstützen realisieren müsse. Freilich hat Hegel sodann die Religion an die Spekulation herange-

---

11 Vgl. F. D. E. Schleiermacher, Über die Religion. Reden an die Gebildeten unter ihren Verächtern (1799), zit. nach der Ausgabe von H.-J. Rothert, 1958/1970, 20.24 ff./Originalpaginierung 37; 41 ff. (= R). Die folgenden Klammernachweise im Text beziehen sich auf dieses Werk.

rückt. Nach seiner negationsdialektischen Einsicht in die Rückbezüglichkeit der Reflexion sollte die Spekulation allerdings selbst die Dynamik des Lebens manifestieren. Und für Schleiermacher gilt, dass religiöse Bewusstseins- und Sozialformationen von Religion Interferenzen zu den kulturellen Sphären von Wissen und Handeln aufweisen und diese in ihrem Inneren ›aufregen‹ und modifizieren.

Die wesentlichen Differenzen dürften wohl darin liegen, dass Hegel seine Begriffe des Absoluten gleichsam an ihnen selbst gedanklich erfassen will, während Schleiermacher sie im Spiegel ihrer Spuren und Wirkungen im Endlichen darstellt. Für Ersteres steht Hegels Programm der Spekulation – und sei es im Negativ von dessen Scheitern angesichts reflexionsphilosophischer Fehlgriffe gegenüber dem All-Leben; Letzteres lässt sich beschreiben als Schleiermachers reflexionsvermitteltes Verständnis des Universums – sei es im Sinne eines perspektivischen Blicks auf seine Aktivität in »Darstellungen und Handlungen«, die es zu »belauschen« gilt, sei es im Sinne einer passivischen Hinnahme seiner ›Abdrücke‹ und ›Wirkungen‹ (R, 29 f./ 50 ff.; 32/56). Nicht strittig ist indes, dass es um ein Einbilden des Unendlichen ins Endliche – um mit Schleiermacher zu sprechen – oder eine Erhebung des Endlichen zum Unendlichen – um an Hegel anzuschließen – geht. Für beides gibt es bei beiden Umkehrfiguren. Strittig bleibt angesichts eines spekulativen Konzepts des Absoluten im Denken einerseits und seiner reflexionsvermittelten Peilung von endlicher Warte her andererseits, dass sich in jenem negationsdialektisch gedachten Lebens-Absoluten selbst Differenz – und *cum grano salis*: Endlichkeit – geltend macht, während dieses durch Reflexion beschriebene Universum durch innere Einheitlichkeit und Ganzheit ausgezeichnet ist. Es bleibt für die Reflexion eben ein anderes der Reflexion. Gerade an Schleiermacher bewährt sich Hegels Formel präzise.

Das ermöglicht es Schleiermacher allerdings, seine subjektivitätstheoretischen Formen von Gefühl und Anschauung in einer deutlichen Endlichkeitsbrechung zu explizieren. Die Anschauung bleibe etwas »einzelnes, abgesondertes«, sie wolle die »unendliche Natur des Ganzen, des Einen und Allen« gerade »im Einzelnen anschauen« (R, 29/50; 33/58). Auch die Gefühle seien unmittelbar und einzelne in unendlicher Variation. Diese Nähe zum endlichen Erleben prägt Schleiermachers Begriffe von Gefühl und Anschauung als ein Grenzwert auf einer auf beiden Seiten offenen Skala. Im anderen Grenzwert schatten sich gleichsam Unendlichkeitsmerkmale des Universums im Subjektiven ab. So werde im Gefühl die Differenz von Fühlendem und Gefühltem unterlaufen, so dass es gewahr wird, »Teil des Ganzen« zu sein (R, 35/64). In der Anschauung werde das Einzelne auf das Ganze hin durchsichtig, insofern das Einzelne als Darstellung des Ganzen ›hingenommen‹ wird (R, 32/56). Freilich kommt ein solcherart gleichsam umgekehrter intellektueller Charakter der Anschauung erst dadurch zustande, dass sie sich mit dem Gefühl verbindet. Damit greift eine »Veränderung« im »innern Bewußtsein« Platz (R, 37/66). Gemäß der Indifferenz von Subjekt und Objekt, Bewusstsein und Gehalt entspricht diese Veränderung dem Übergang von überwiegender Passivität zu überwiegender Selbsttätigkeit. Der Indifferenzpunkt bleibt jedoch verborgen. Eine Ungetrenntheit von Anschauung und Gefühl, von Schleiermacher in erotischen Bildern umschrieben, ist die »Geburtsstunde alles Lebendigen« in der Religion (R, 42/73). Doch fassbar wird dieser Augenblick erst, wenn er vergangen ist und seine einheitliche Unmittelbarkeit aus dem Abstand des Auseinandertretens von Anschauung und Gefühl wahrgenommen – oder wohl besser: indirekt durch »eine notwendige Reflexion« erschlossen wird (R, 40/72).

Schleiermachers Konzept von Anschauung und Gefühl ermöglicht Zugänge zum Phänomen des Individuellen. Es steht geradezu im Zentrum von seinem Religionsverständnis und motiviert die durchgehenden Endlichkeitsbrechungen, in denen das Universum in Gefühl und Anschauung manifest wird. Zugleich bildet das Individuelle den komplementären Gegenpol zum all-einen Universum. Es vergegenwärtigt gewissermaßen das Absolute im Negativ des Relativen, da es durch das, was es nicht ist, mit allem anderen verbunden ist. Das Individuelle ist beim frühen Hegel weniger im Fokus, sosehr er romantische Intuitionen teilt. Hegel gewinnt eine gedankliche Form für das Individuelle erst mit der Ausarbeitung seines begriffslogischen Formativs des Allgemeinen und des Besonderen, deren differenzvermittelte Einheit das Einzelne ist. Phänomenal lassen sich zwar Linien von Hegels bereits früh angelegtem Motiv der ›Gestalt‹ zum Individuum ziehen, das übrigens manche Analogie bei Schleiermacher hat. Aber dennoch bleibt es bei Hegels deutlichen Reserven gegenüber einem Denken des Individuellen.

Er verortete es in der protestantischen Religion des westlichen Nordens, das nach dem aufklärerischen Ende des objektivistischen Doktrinalismus in den Reflexionsphilosophien der Subjektivität ihren Ausdruck gefunden habe. Wenn Hegel sie als einseitige Gestalten der Bildung beschreibt und in der Form der Kritik als Stationen auf seinem Weg zum System begreift, erhebt sich die Frage, ob und wie deren Themen *systematisch* aufgehoben werden. Die Beantwortung dieser Frage führt zu Hegels systematischem Begriff des Geistes. Dessen Grundstruktur besagt, nur im Anderen bei sich zu sein. Dies kann nur realisiert werden, wenn die Alterität des Anderen kein bloß transitorisches Moment ist. Das hat die systematische Konsequenz, dass die

Unendlichkeit des Geistes zu phänomenologischen Konfigurationen im Endlichen hinführt – und seine Allgemeinheit auf Gestalten des Individuellen verweist. Mit Hegel und gegen ihn selbst lassen sich mithin systematische Gründe für eine phänomenologische Explikation des Geistes geltend machen, gleichsam als zu Ende gedachte Konsequenz der spekulativen Fassung des Romantischen – unbeschadet der ›Beisetzung der Romantiker‹ in Hegels Phänomenologie. Doch das sind Themen, die weit über die Anfänge einer der wohl fruchtbarsten Konstellationen des modernen Denkens hinausgreifen.

Die Präsenz des Religiösen

Kulturhermeneutische Reflexionen zur religiösen Grundierung der Lebenswelt[1]

Wilhelm Gräb

1. Die Reichweite der These Hermann Timms von der religiösen Grundierung des Alltags

Hermann Timm hat die Theologie als einer der ersten auf die Präsenz des Religiösen in den alltäglichen Erfahrungen des Lebens aufmerksam gemacht.[2] Er tat dies in den 1970er und 1980er Jahren, als sich die Theologie in Deutschland noch einer kirchlich einigermaßen stabilen Welt sicher wähnte und in der aufgeheizten Atmosphäre der Friedens- und Ökologiebewegung trotz ihrer offenbarungstheologisch übersteigerten Ansprüche durchaus noch mit gesellschaftlicher Resonanz rechnen konnte. Eine religiöse Hermeneutik der Alltagskultur war vor mehr als 30 Jahren, als Hermann Timm diese Pionierarbeit leistete, freilich bereits so nötig, wie sie es heute für Theologie und Kirche auch ist. Denn sie erst bringt Theologie und Kirche auf die Spur der gelebten Religion. Sie rückt die Erfahrungen des Lebens in den Blick, die Menschen nach religiösen Sinndeutungen ausgreifen lassen. In den »Zwischenfällen« des Alltags, so zeigte Hermann Timm, werden Menschen sensibel für das Unverfügbare ihres Daseins. An den Sollbruchstellen der Lebensgeschichte entsteht in ihnen das Verlangen nach einer Deutung des Lebens, die es aller Fragmentarizität, der Erfahrung des Scheiterns und der Schuld zum Trotz, in ein dennoch gewährtes Sinnganzes hinein aufhebt. Auf zugleich theologisch tiefgründige Weise, in eine die diesseitige Gegenwart des Göttlichen entfaltende Geistlehre weiterführend, gab Hermann Timm vielfältige Anstöße zu einer religiösen Hermeneutik der Alltagskultur, die deren »kleine Transzendenzen«[3] aufzuspüren erlaubt und so die Theologie zu einer Behebung

---

1 Vortrag auf dem Symposion zum 75. Geburtstag von Hermann Timm, 2.–3. Mai 2014, an der Theologischen Fakultät der Martin-Luther-Universität Halle/Wittenberg.

2 Vgl. Hermann Timm, Zwischenfälle. Die religiöse Grundierung des All-Tags, Gütersloh 1983.

3 Vgl. Klaas Huizing u.a., Kleine Transzendenzen. Festschrift für Hermann Timm zum 65. Geburtstag, Münster u.a. 2003.

ihres schon in den 1970er Jahren beklagten »Erfahrungsdefizits«[4] sollte befähigen können.

Die in den Zwischenfällen des Alltags und an den Sollbruchstellen der Lebensgeschichte sichtbar werdende religiöse Grundierung des Alltags, auf die Hermann Timm bereits in den 1970er bzw. 1980er Jahren aufmerksam machte, fand damals, wenn auch ebenfalls sehr zögerlich, lediglich in der Praktischen Theologie einige Beachtung. Denn man war dort darauf aufmerksam geworden, dass die kirchlichen Übergangsrituale, die sogenannten Amtshandlungen bzw. Kasualien, an eben diesen lebensgeschichtlichen Einbrüchen der Transzendenz angelagert sind.[5] Auch die kirchliche Begehung der Lebensrituale hat jedoch lediglich den Verweis auf eben denjenigen religiösen Vollzug einer religiösen Lebensdeutung bei sich, der aus den alltäglichen Erfahrungen des Lebens selbst seine Motivation empfängt und in diesen seinen phänomenalen Rückhalt behält. Die religiöse Grundierung des Alltags, die dort sichtbar wird, wo die Praxis des Lebens mit den ihr selbst manifest werdenden Kontingenz- und Transzendenzerfahrungen in die Deutung drängt, bleibt auf die explizite Wahrnehmung und ein bewusstes Verständnis ihrer selbst, gerade auch ihres religiösen Gehaltes, angewiesen. Die »religiöse Grundierung des Alltags« kommt, sofern sie nicht auf dem Wege einer theologischen Religions- und Kulturhermeneutik, wie Hermann Timm sie betrieben hat, ausdrücklich gemacht wird, gewissermaßen jener »unsichtbaren Religion«[6] gleich, von der damals auch der Soziologe Thomas Luckmann sprach. »Unsichtbar« war für Luckmann die Religion insofern geworden, als ihre institutionalisierte, kirchliche Verfassung die Biografienähe verloren hat. Die institutionell sichtbare Religion galt ihm nicht mehr ausschließlich als diejenige, die sich mit ihren Lebenssinndeutungen in den Alltag der Menschen zwanglos einzeichnet. Um diese in den alltäglichen Lebensvollzug integrierte, auch noch in den Grenzerfahrungen auf die transzendente Sinnganzheit des Lebens ausgreifende und das Sinnvertrauen erhaltende Religion ging es Timm mit seiner These von der »religiösen

---

4 Vgl. Gerhard Ebeling, Die Klage über das Erfahrungsdefizit in der Theologie und die Frage nach ihrer Sache. Vortrag auf dem Gründungskongress der Wissenschaftlichen Gesellschaft für Theologie am 3.4.1973 in Göttingen, in: Ders., Wort und Glaube, Bd. III, Tübingen 1975, 3–28.

5 Vgl. Wilhelm Gräb, Rechtfertigung von Lebensgeschichten. Erwägungen zu einer theologischen Theorie der kirchlichen Kasualpraxis. in: PTh 76/1987, 21–36. Ders., Religion als Deutung des Lebens. Perspektiven einer Praktischen Theologie gelebter Religion, Gütersloh 2006.

6 Vgl. Thomas Luckmann, Die unsichtbare Religion, Frankfurt am Main 1991 (Engl. Orig. The invisible Religion, 1967).

Grundierung des Alltags« – gegenüber dem Soziologen Luckmann allerdings mit dem Unterschied, dass er, von theologischen Deutungsinvestitionen Gebrauch machend, in der die alltäglichen Lebensvollzüge durchdringenden Religion die Gegenwart des göttlichen Geistes meinte erkennen zu können. Beiden jedoch, dem Soziologen Luckmann wie dem Theologen Timm ging es um die Behauptung der Präsenz des Religiösen in der Alltagskultur und dabei zugleich darum, diese Behauptung auch dann noch aufrechterhalten zu können, wenn, aus welchen Gründen auch immer, das sichtbare Vorkommen der institutionalisierten Religion sich als Schwundphänomen darstellen sollte.

Die den Alltag und damit alle Lebensvollzüge durchdringende und begleitende Religion macht jedoch keinen eigenständigen Bereich der Alltagskultur aus. Sie hat selbst keine institutionalisierte Gestalt, zeigt sich aber sehr wohl auf geprägte Deutungstraditionen und vorgegebene rituelle Muster, die die aktualisierende Übernahme von traditionellen religiösen Deutungsmustern ermöglichen, angewiesen. Auch wenn es die Menschen lediglich in den Grenzerfahrungen und an den Übergängen ihrer Lebensgeschichte danach drängt, die religiöse Grundierung ihrer alltäglichen Lebenspraxis ausdrücklich werden zu lassen und in explizite Deutungen von der allumfassenden Gegenwart des Göttlichen einbezogen zu werden, ist sie es doch, die alle ihre Lebensvollzüge durchdringt und ihnen als die Quelle ihrer Daseinszuversicht und ihres Lebensmutes auch zu Bewusstsein kommt. Die den Alltag grundierende Religion ist die Religion, die den Vollzügen jedes bewussten Lebens inhärent ist, indem sie den das Selbst- und Weltvertrauen tragenden und recht eigentlich allererst handlungsfähig machenden Glauben an den Sinn des Ganzen ermöglicht und aufrechterhält.

Die den Alltag grundierende Religion kommt nicht nur in rituellen Praktiken zum Vorschein, auch wenn deren Begehung insbesondere an den besonders einschneidenden und die Kontingenzsensibilität steigernden Wechselfällen des Lebens erfolgt. Die den Alltag grundierende Religion ist dennoch überall, wo ein sinnbewusstes Leben sinnorientiert und sich Zwecke setzend geführt wird. Nur weil der alltägliche Lebensvollzug, sofern er sich in seinem Sinnbewusstsein Zwecke setzt und Ziele verfolgt, immer schon von einer religiösen Sinngrundierung getragen ist, führen Erfahrungen des Sinnwidrigen und Ungeheuren nicht zwangsläufig in einen jeden Lebensmut erstickenden Sinnverlust. Erfahrungen und Begebenheiten, die den Rhythmus und die Routinen des Alltags unterbrechen, lassen, besonders dann, wenn sie als sinnverwirrend erlebt werden, nach expliziten, das Sinnvertrauen erneuernden Sinndeutungen Ausschau halten. Immer aber setzen die expliziten religiösen Sinndeutungen, wie sie gerade auch in der kirchlichen Kasualpraxis zur Ausführung kommen, auf der implizit religiösen Grundierung der Alltagskultur auf. Ihre Leistung besteht darin, auch noch die Einbrüche des Ungeheuren, angesichts derer ein Handlungssinn nicht mehr gefunden werden kann, die sich also mit keiner Bedeutung oder einem Zweck, an dem wir interessiert sein könnten, mehr in Beziehung bringen lassen, in religiös begründete Sinndeutungen einzuholen.

Immer schon speist sich somit die religiöse Grundierung des Alltags vom Vertrauen auf einen Sinn, der in seiner Unbedingtheit und Unendlichkeit nicht gegeben ist, der auch nicht erfahren werden kann, sondern der ein letztlich grundloses Grundvertrauen darstellt bzw. als ein reiner, nicht intentional verfasster, sondern auf sich selbst gehender Glauben vollzogen wird bzw. vollzogen werden muss. Die religiöse Grundierung des Alltags, auf die Hermann Timm aufmerksam gemacht hat, so kann man vielleicht auch sagen, verwirklicht sich in einem alle bewussten Lebensvollzüge begleitenden Sinnvertrauen.

Aus der religiösen Grundierung des Alltags speist sich unser lebensführungspraktisch so notwendiges Sinnvertrauen. Seine Gefährdungen entspringen den verstörenden Einbrüchen in die Rhythmen und Routinen des Alltags. Gerade in ihnen muss sie deshalb in ihrer lebensführungspraktischen Bedeutung auch zur Präsenz im Bewusstsein kommen. Dass dies geschieht, dafür zu sorgen, ist die Aufgabe explizit religiöser Sinndeutungsvollzüge, wie sie die institutionalisierte Religionspraxis zur Mitteilung bringt. Dennoch möchte ich mit Hermann Timm auch schon im Blick auf die religiöse Grundierung des Alltags von der Präsenz des Religiösen sprechen. Gemeint ist damit eine in allen Erfahrungen des Lebens mitlaufende und in allen Sinnfeldern aufscheinende Erfahrung eines alle Sinnerfahrung tragenden Sinnganzen. Es ist die Präsenzerfahrung eines ganzheitlichen und unbedingten Sinns, der in allen Sinnerfahrungen und auf allen Sinnfeldern deshalb in Anspruch genommen wird und in Anspruch genommen werden muss, weil ohne ihn jedem partikularen und bloß relativen Sinnbezug die Sinngewissheit verlorenginge. Nur im Vertrauen darauf, dass das Ganze Sinn macht, kann das lebensführungspraktisch notwendige Sinnbewusstsein auch noch in den Einbrüchen des Sinnwidrigen und Absurden durchgehalten werden. Nur aufgrund dieser Präsenz des Religiösen, dann jedenfalls, sofern sie zu einer Präsenz im Bewusstsein wird, ist in den Zwischenfällen des Alltags und an den Sollbruchstellen der Lebensgeschichte, dann auch in den die Gesellschaft insgesamt erschütternden Einbrüchen des Absurden und Ungeheuren, die Möglichkeit einer Erhaltung und Erneuerung der Lebenssinngewissheit gegeben.

Die Rede von der Präsenz des Religiösen markiert einen heftigen Unterschied zur Rede von der Gegenwart und Zukunft der Religionen und der Kirchen. Denn die Präsenz des Religiösen ist eine Präsenz im Bewusstsein. Für deren Erhalt und Erneuerung haben die institutionalisierten Kirchen und Religionen zu sorgen, aber sie ist nicht mit deren empirischen Vorkommen oder der Teilhabe an ihren rituellen Vollzügen gleichzusetzen. Es gibt das Religiöse nicht, so dass man darauf zeigen könnte, wie man auf ein Kirchengebäude, auf ein Kreuz, auf den Halbmond oder betende Hände zeigen kann. Die Präsenz des Religiösen ist der vorprädikative, im individuellen Gefühlsbewusstsein gegebene Sinn für den Sinn. Sie aber stiftet allen Sinnerfahrungen und Sinnerwartungen allererst ihre Verlässlichkeit ein.

Wie aber nun zeigt sich die Präsenz des Religiösen in der Alltagskultur? Zunächst, so denke ich, ist für die Einsicht zu werben, dass das Religiöse durchaus in unserem Verhalten, in unseren Interaktionen und in unseren Kommunikationen immer dann zum Vorschein kommt, wenn wir der darin sich ereignenden Sinnerfahrungen und der dabei mitlaufenden Sinnerwartungen ansichtig werden. Die Präsenz des Religiösen kommt gewissermaßen der Unterstellung gleich, dass das Ganze unseres Lebens in dieser Welt wirklich Sinn macht, obwohl dieser Sinn uns in den sinnwidrigen Ereignissen und den sinnleeren Alltagserfordernissen immer wieder entgleitet. Aber wer, so frage ich, lebt nicht aus und mit dieser Unterstellung? Alle gesellschaftlichen Prozesse in Politik und Recht, Bildung und Wissenschaft tun dies. Jeder Einzelne, sofern er morgens aufsteht und sein Tagwerk beginnt, tut dies.

Alle menschliche Kommunikation, all unser Wissen und Handeln, alle gesellschaftlichen Prozesse vollziehen sich im Medium von Sinn. Aber diesen Sinn gibt es nur, wenn das Ganze Sinn macht. Da uns aber das Ganze nie gegeben ist, lebt alle Sinngewissheit und damit auch die Zielbestimmtheit in der alltagspraktischen Lebensführung wie dann auch in den verschiedenen gesellschaftlichen Sinnfeldern vom Vertrauen in den Sinn des Ganzen. Alle gesellschaftliche Kommunikation, alles menschliche Wissen und Verhalten ist von diesem Sinnvertrauen getragen.

2. Zusätzliche soziologische Hinweise auf die von Hermann Timm entdeckte religiöse Grundierung der Alltagskultur

Der Kultursoziologe Gerhard Schulze hat der gesellschaftlichen Differenzierung in die verschiedenen Sinnfelder und kulturellen Milieus besondere Aufmerksamkeit geschenkt.[7] Dennoch, und das macht seine Untersuchungen zugleich religionshermeneutisch interessant, stößt auch er auf so etwas wie eine Sinngrundierung der Alltagswelt, die über alle milieuspezifischen und funktional-gesellschaftlichen Differenzierungen hinaus den Individuen ein Bewusstsein vom Sinn des Ganzen ermöglicht.

Schulze spricht freilich von »Lebensphilosophien«, in denen die Menschen sich die Sinngrundierung ihrer Alltagswelt und die eigene Stellung in ihr mehr oder weniger ausdrücklich machen.[8] Er kann zudem von »existentiellen Anschauungsweisen« sprechen:

> »Implizit enthalten die vielen situationsspezifischen Orientierungen, mit denen wir täglich unserer Arbeit nachgehen, konsumieren, Kontakte pflegen usw., eine übergreifende Auffassung darüber, wozu wir überhaupt leben. Die zahllosen aneinandergereihten und sich überlagernden Einzelaktivitäten des Alltags stehen in einem kaum bewußten, mehr gefühlten Zusammenhang mit der persönlichen Grundeinstellung zum Sinn des Lebens schlechthin. Zwar sind nur wenige Menschen dazu in der Lage, über diese Grundeinstellung spontan auf Befragen Auskunft zu geben, gleichwohl verfügen sie darüber. Leben bedeutet immer den Versuch, sinnvoll zu leben.«[9]

Die »persönliche Grundeinstellung zum Sinn des Lebens«, die der gesamten Lebensführung die Sinngewissheit einstiftet, ist zumeist kaum bewusst, wie Schulze feststellt. Sie ist es gerade deshalb nicht, weil wir uns auf vorreflexive Weise vom Sinn getragen wissen. Schulze fügt hinzu, es seien »nur wenige Menschen dazu in der Lage, über diese Grundeinstellung spontan auf Befragen Auskunft zu geben«. Von einer »Grundeinstellung zum Sinn des Lebens« ist gleichwohl zu reden, eben weil es sich um eine Form des Bewusstseins handelt. So ist die Schlussfolgerung naheliegend, mit der auch der

---

7 Gerhard Schulze, Die Erlebnisgesellschaft. Kultursoziologie der Gegenwart, Frankfurt am Main/New York [2]1992.

8 Schulze, a.a.O., 112–123. »Lebensphilosophie bezeichnet im Rahmen dieser Untersuchung eine Bedeutungsebene persönlichen Stils, auf der grundlegende Wertvorstellungen, zentrale Problemdefinitionen, handlungsleitende Wissensmuster über Natur und Jenseits, Mensch und Gesellschaft angesiedelt sind« (112).

9 Schulze, a.a.O., 232.

Kultursoziologe auf den Sachverhalt aufmerksam macht, wonach die immer partikularen, fragmentarischen, nie das Ganze der Alltagswelt umgreifenden Sinnbezüge, einen Glauben an den Sinn des Ganzen implizieren. Wenn »Leben immer den Versuch [bedeutet,] sinnvoll zu leben«, dann zeigt sich in allem bewussten menschlichen Leben die Präsenz des Religiösen.

Auffällig bleibt gleichwohl, dass Gerhard Schulze offensichtlich davon Abstand nimmt, im Blick auf die unserer Lebensführung inhärente Sinngewissheit von »Religion« zu sprechen. Stattdessen redet er von »Lebensphilosophien« oder von der »persönlichen Grundeinstellung«.

Der entscheidende Grund dafür scheint mir darin zu liegen, dass ihm die »Religion« mit dem kirchlichen Symbol- und Ritualsystem zusammenfällt, und religiös zu sein insofern bedeutet, im kirchlichen Verständnis gläubig zu sein. Für Schulze stellt explizit religiös zu sein eine Option dar, die man in seine Lebensführung einbauen kann, aber nicht muss.[10] Zudem liegt ihm der Gedanke, dass Religion und Kirche etwas mit jener »persönlichen Grundeinstellung« zu tun haben könnten, ohne die ein sinnbewusstes Leben gar nicht möglich ist, eher fern.

Schulze sieht zwar, dass die Kirche immer noch den Anspruch erhebt, existenzielles Wissen und damit umfassende Sinnorientierungen hohen Kollektivitätsgrades zu repräsentieren. Aber er meint zugleich feststellen zu müssen, dass die Kirche und damit überhaupt die institutionalisierte Religion in der heutigen Gesellschaft keine nennenswerte Rolle mehr spielt. Das aber heißt dann für ihn, ähnlich wie Thomas Luckmann das gesehen hat, dass die kirchlich gelehrte und verkündigte Religion aufgehört hat, lebensführungspraktisch wirksam zu sein, somit aufgehört hat, im strengen Sinne Religion zu sein. Zwar seien weit über die Kirchenspaltung des 16. Jahrhunderts hinaus »die normativen Begriffe der christlichen Religion wie Sünde, Schuld, gute Werke, Erlösung, Vergebung im kollektiven Weltbild der Menschen verankert geblieben«.[11] Inzwischen jedoch sei dieses »metaphysisch dimensionierte Weltbild [...] zerfallen«[12]. »Religiosität«, so Schulze, sei »zur Privatsache geworden«.[13] Und er folgert daraus: Es »verschwindet die metaphysische Dimension aus dem Leben vieler Menschen gänzlich, und wenn nicht, so begründet sie doch nicht mehr Gemeinsamkeit von Subjektivität auf hohem Allgemeinheitsniveau«.[14]

---

[10] Schulze, a. a. O., 269.

[11] Ebd.

[12] Ebd.

[13] Ebd.

[14] Ebd.

Damit diagnostiziert Schulze möglicherweise einigermaßen zutreffend die alltagskulturelle Randständigkeit des kirchlichen Christentums. Er verkennt jedoch die alltagskulturelle Bedeutung der kirchlichen Kasualpraxis sowie der ihnen funktional äquivalenten Lebensrituale, die mit ihrem Sinndeutungspotenzial auf die Grenz- und Übergangserfahrungen der Lebensgeschichte bezogen sind.

Ob Menschen von der Möglichkeit Gebrauch machen, in die Begehung dieser Rituale einbezogen zu werden, mag als deren Option betrachtet werden, aber die Gründe für die Veranlassung, sie wahrzunehmen, liegen auf einer tieferen Ebene, die auch den Kultursoziologen Schulze dahin führt, die Alltagskultur als prinzipiell religiös grundiert aufzufassen. Die Marginalisierung der alltagskulturellen Präsenz des kirchlichen Christentums darf nicht allzu schnell mit dem Verschwinden der religiösen Sinndimension aus der Alltagskultur gleichgesetzt werden.

Setzt man, Schulze durchaus folgend, an die Stelle seiner Rede von »Lebensphilosophien« die von der »Religion« in der Alltagskultur, dann unterstützt er durchaus die These von der Präsenz des Religiösen in der Alltagskultur. Auch Schulze verweist dann darauf, dass sich zwar die Religion vom dominanten kirchlichen Modell weg und hin zu einer Diffundierung religiöser Sprachen und Sinnmotive in vielfältige Symbolwelten verlagert hat. Aber auch so artikuliert sie noch dasjenige, was den Menschen letzthinsichtlich wichtig ist und somit ihnen das Gefühl für den Sinn ihres Lebens gibt. Wenn Schulze von den Bedeutungen, die Menschen bestimmten alltagskulturellen Praktiken geben, auf deren »Lebensphilosophie« zurück schließt, dann insistiert er im Grunde darauf, dass Literatur und Kunst, Film und Disko, Fußballstadien und Theater auch religiös relevante Erfahrung von Lebenssinnerfüllung gewähren.

Was diesen alltagskulturellen Sinnwelten und Praktiken dabei keineswegs fehlt, ist die metaphysische Dimension. Es bleibt allenfalls die gesellschaftsintegrative Allgemeinheit und Verbindlichkeit defizitär, vielleicht auch die persönliche Nachhaltigkeit. Aber dies ist eben ein Kennzeichen der modernen Kultur überhaupt. Nicht nur auf der Ebene der Funktionssysteme und ihrer Expertenkulturen ist die Gesellschaft hochgradig ausdifferenziert und mobilisiert. Sie ist es ebenso in ihren Alltagswelten. Auch in ihnen bewegen wir uns in einer Vielfalt von Sinnfeldern. Sie differenzieren sich nach individuellen Präferenzen und erfahren ihre Verallgemeinerung eher milieuspezifisch. Die metaphysische, religiöse Dimension der Alltagskultur muss deshalb jedoch nicht verlorengehen. Sie kann in einer populären Eventkultur auch andere als institutionell getragene Medien ihres Ausdrucks finden. Es bilden sich außerdem immer wieder neue religiöse Bewegungen und Gemeinschaften, die in eine lebhafte Konkurrenz zueinander treten.

Schließlich gilt es, darauf hinzuweisen, dass die metaphysisch-religiöse Dimension auch durch das traditionelle kirchliche Symbol- und Ritualsystem einschließlich vieler säkular-religiöser Äquivalente alltagskulturell vorkommt und an ihm insbesondere in den Grenz- und Übergangserfahrungen der Lebensgeschichte partizipiert wird. Das eben macht die alltagsreligiöse Bedeutung der kirchlichen Kasualpraxis aus, dass sie für viele Menschen ihre sinnstiftende Kraft an den Passagen und Übergängen in der individuellen Lebensgeschichte behält.

Die religiöse Sinngrundierung des Alltags muss uns freilich alltagspraktisch auch nicht immer bewusst sein. Darauf hat, deutlicher als Gerhard Schulze, Thomas Luckmann unter Aufnahme der Phänomenologie der Lebenswelt von Alfred Schütz, aufmerksam gemacht.[15] Längst nicht immer geht es ja im Alltag um die Bewältigung von Grenz- und Übergangserfahrungen. Luckmann spricht von den kleinen und mittleren Transzendenzen, vor die wir uns alltagsweltlich gestellt finden. Gemeint sind unsere zeitliche und räumliche Standortgebundenheit und Begrenztheit, dann die Begegnung mit Fremdem, dem Angesicht des anderen. Auch zur Bewältigung dieser kleinen und mittleren Transzendenzen strukturiert sich unsere Alltagswelt sinnhaft auf der Basis zahlreicher Rituale und ihrer symbolischen Codierungen. Sie fangen die Irritationen auf, die ein ungeregelter Tagesablauf, die Konfrontation mit unseren Mitmenschen ansonsten auslösen würden. Auch dabei ist es ein symbolisch-rituell vermittelter Deutungssinn, z.B. der der Morgenzeitung auf dem Frühstückstisch, der das Sinnverwirrende der Transzendenzerfahrung (des Erwachens) abfängt bzw. in verhaltensorientierenden Deutungssinn überführt. Solche rituell-symbolische Bewältigung kleiner und mittlerer Transzendenzen gelingt, auch ohne auf die metaphysisch-religiöse Dimension auszugreifen, ohne dass Gott angerufen wird, obwohl dies wiederum auch keineswegs ausgeschlossen ist und in Bayern z.B., wo man sich ein »Grüß Gott« zuruft, nach wie vor alltagskulturell praktiziert wird.

Die religiöse Sinngrundierung ist gewissermaßen doch alltagskulturell ständig präsent. Auch Theater und Literatur, Kino und Disko, Musik und Kunst sind so in den Alltag eingelassen, dass sie ihn zugleich unterbrechen, Auszeiten gewähren, in denen sich jeweils ein symbolisches Universum aufbauen kann, das dem Alltag insgesamt seine sinnhafte Grundstruktur wie

15 Thomas Luckmann, Die unsichtbare Religion (1967), Frankfurt am Main 1991; Alfred Schütz/Thomas Luckmann, Strukturen der Lebenswelt (1952), 2 Bde. Bd. 1, Frankfurt am Main 1979, Bd. 2, 1983.

unter Umständen auch eine neuen Sinn generierende Antistruktur einzeichnet. Darauf hat Victor Turner mit seiner die Transformationen der Religion in der modernen Kultur erfassenden Ritualtheorie hingewiesen.[16]

Zur Bewältigung kleiner und mittlerer Transzendenzen muss die religiöse Dimension des Alltags unter Umständen auch gar nicht artikuliert werden. Anders sieht es hingegen aus, wenn es zu jenen Schwellensituationen in den Zwischenfällen des Alltags kommt, die vor die großen Transzendenzen stellen. In ihnen stellen sich diejenigen Sinnfragen, die wir als die eigentlich religiösen anzusprechen auch gewohnt sind. Sie stellen sich in Erfahrungen, die die alltagskulturell in der Regel dominante Grundannahme radikal infrage stellen, dass das Leben begreifbar sei und dass wir uns mit Hilfe unserer alltagskulturellen Ritualpraktiken sinnvoll in ihm orientieren und verhalten können[17]. In solchen Fällen braucht es deshalb nach wie vor die Symbolisierungs- und Ritualisierungsleistungen der kirchlichen Religionskultur oder auch funktional äquivalenter Ritualpraktiken.

Der Kulturanthropologe Clifford Geertz sieht in seinen Überlegungen zur Religion als »kulturellem System« in der rituell-symbolischen Verarbeitung radikal sinnverwirrender Widerfahrnisse diejenige Leistung, die spezifisch das Religionssystem alltagskulturell erfüllt.[18] Die Explikation der metaphysischen Dimension der Alltagskultur muss das Religionssystem vor allem dann erbringen, wenn es zu lebensgeschichtlichen Widerfahrnissen kommt, »für die es nicht nur keine Interpretation, sondern auch keine *Interpretationsmöglichkeit* gibt«.[19] Dann braucht der Mensch die religiöse Symbol- und Ritualkultur mitten in seinem Alltag: »an den Grenzen seiner analytischen Fähigkeiten, an den Grenzen seiner Leidensfähigkeit und an den Grenzen seiner ethischen Sicherheit«.[20] Wie umzugehen sei mit »Verwirrung« und »Lei-

---

16 VICTOR TURNER, Vom Ritual zum Theater. Der Ernst des menschlichen Spiels, Frankfurt am Main/New York 1989.

17 Auf diese »Kehrseite von Unalltäglichem«, wie sie sich an den Grenzen des Alltäglichen zeigt, weist BERNHARD WALDENFELS hin: Vgl. BERNHARD WALDENFELS, Alltag als Schmelztiegel der Rationalität, in: DERS., Der Stachel des Fremden, Frankfurt am Main 1990, dort 193: »An den Grenzen der vertrauten Welt lauert Unbekanntes und Unverfügbares, das uns verlockt und bedroht, und beides oft in einer delikaten Mischung aus Überraschendem und Übermächtigem. Dies betrifft in erster Linie die Entstehung, Wandlung und Gefährdung der individuellen und kollektiven Lebensordnungen selber, nämlich Geburt, Geschlechtsreife, Krankheitsfälle, Traumflüge und Tod sowie Stadtgründung, Kriege und Revolutionen, Weltentstehung, Naturkatastrophen.«

18 CLIFFORD GEERTZ, Religion als kulturelles System, in: Dichte Beschreibung. Beiträge zum Verstehen kultureller Systeme, Frankfurt am Main 1987, 44–95.

19 GEERTZ, a.a.O., 61.

20 Ebd.

den«, wie mit dem »Gefühl eines unauflöslichen ethischen Widerspruchs«, darauf eine Antwort zu geben, diesem Anspruch muss »jede, auch die ›primitivste‹ Religion irgendwie genügen«.[21]

Es stellt denn auch zu Recht gleichsam den Common Sense der Religionssoziologie seit Max Weber dar, dass das Religionssystem in der modernen Kultur gar nicht mehr alle alltagskulturellen Sinnwelten mit seinen Symbolen und Ritualen überformen kann und muss. Die alltagskulturelle Präsenz des Religiösen muss aber immer noch dort ausdrücklich werden, wo es um die Symbolisierung der großen, lebensgeschichtlichen Kontingenzen und Transzendenzen geht.

Religion macht, wie Max Weber meinte, die Sinnganzheit der Welt vorstellig. Sie erbringt die Kosmisierung der sozialen Gefüge bei Peter L. Berger. Sie bietet nach Niklas Luhmann Formeln für die Bestimmbarkeit des Unbestimmbaren an. Sie bewältigt schließlich Kontingenzen, die nicht mehr in Handlungssinn reintegrierbar sind, sondern nur durch die symbolisch-rituell ausgearbeitete Kultur einer Praxis ihrer Anerkennung bearbeitet werden können, wie Herrmann Lübbe meint. Immer sieht die Religionssoziologie das Religionssystem in unseren alltagskulturellen Sinncodierungen dort in Funktion treten, wo die Alltagswelt in der Erfahrung von Abbrüchen und Umbrüchen fraglich wird, also an den Schnittstellen der verschiedenen Sinnwelten, vor allem in den riskanten Übergängen der Lebensgeschichte. Die Leistung spezifisch religiöser Symbolisierungen wird darin gesehen, dass sie sowohl die Zufälligkeit sinnwidriger Erfahrungen von Leiden und Ungerechtigkeit, in ihrer faktischen Unumgänglichkeit anzuerkennen erlauben, als sie auch den Einspruch gegen diese Erfahrungen artikulierbar machen, christlich-theologisch formuliert: die Artikulation der Sünde wie die Hoffnung auf Erlösung.

Die der religiösen Symbolisierung eigentümliche, antinomische Struktur ist freilich von den genannten Religionssoziologen nicht immer hinreichend thematisiert worden. Auf sie aufmerksam zu machen, dürfte denn auch eine spezifische Herausforderung für eine Theologie sein, die nach einer vom Selbstverständnis des christlichen Glaubens inspirierten Erschließung der alltagsweltlich gelebten Religion sucht.[22] Eine solche Religionstheologie kann deutlich machen, wie die christliche Religion Kontingenz in Notwendigkeit überführt, etwa indem sie Krankheit als prinzipielle Störanfälligkeit unserer

---

21 Ebd.

22 Darauf hat auch Henning Luther treffend hingewiesen: Schwellen und Passagen. Alltägliche Transzendenzen, in: Ders., Religion und Alltag. Bausteine zu einer Praktischen Theologie des Subjekts, Stuttgart 1992, 212–232.

irdischen Leiblichkeit verstehen lässt, Sterben als Widerfahrnis unserer Endlichkeit, Ungerechtigkeit als Resultat des in die Conditio humana fallenden Selbsterhaltungsstrebens. Das ist jedoch nur ihre eine Stoßrichtung. Eine solche Religionstheologie zeigt ebenso, wie die christliche Religion in die kontingenzverarbeitenden Deutungszuschreibungen zugleich immer auch eine Reflexionskehre einbringt. Sie tut dies, indem sie in der Perspektive der Rechtfertigung bzw. des Reiches Gottes die Symbolisierung eines alles umgreifenden Sinnganzen aufbietet. Von ihm her ist der Widerspruch gegen die Erfahrungen von Endlichkeit und Ungerechtigkeit möglich. Er stellt so die Grundannahme wieder her, dass die sinnwidrigen Züge dieser Welt insgesamt keineswegs eigen sind und sie überwunden werden können: »Wir sind zwar gerettet, doch auf Hoffnung. Die Hoffnung aber, die man sieht, ist nicht Hoffnung; denn wie kann man hoffen auf das, was man sieht?« (Röm 8, 24).

Nur weil die christliche Religion im Aufbau ihrer symbolischen Sinnwelt nicht allein die Praxis der Anerkennung von Kontingenz ist, sondern von ihrem Entwurf eines Sinnganzen her zugleich den Widerspruch zu ihr symbolisiert, kann ihrer Ritualpraxis immer auch die Generierung von Antistrukturen zu einer in ihrer Faktizität und Endlichkeit sich beruhigenden Alltagskultur zugeschrieben werden. Den Anomieerfahrungen setzt sie Rechtfertigungszusagen, Erlösungs- und Heilshoffnungen entgegen.

In dieser Gestalt ist die kirchlich-christliche Religion heute immer noch die in der Alltagskultur präsente Religion. Sie ist die Religion auch der Alltagskultur der Menschen mit ihren an den Krisen und Wenden des Lebens- und Jahreszyklus angelagerten Lebensritualen. In der Teilnahme an diesen Lebensritualen, zu denen als eines ihrer wirkungsmächtigsten nicht zuletzt das Weihnachtsfest gehört,[23] lassen die Menschen sich einbeziehen in die Lebensdeutung der christlichen Religion. Es wird dabei, immer wieder, bei Gelegenheit, für die beteiligten Menschen selber diejenige religiöse Grundierung ihres Alltags explizit, die das christliche Symbolsystem auf spezifische Weise artikuliert.

Die kirchliche Religion macht den Menschen ihre alltagskulturelle Vorzüglichkeit heute jedenfalls am ehesten mit den Ritualen im Lebenslauf, an den lebensgeschichtlichen Passagen und Übergängen erkennbar. Sie hat allerdings auch darauf kein Monopol. Zudem sind die Abgrenzungen von den kleinen und mittleren Transzendenzen in der Alltagswelt fließend und damit auch von der Vielfalt der Symbolwelten, die in der Alltagskultur das Leben der Menschen strukturieren. Auch das große Kino entwirft Lebensdeutun-

[23] Vgl. Matthias Morgenroth, Weihnachts-Christentum. Moderner Religiosität auf der Spur, Gütersloh ²2003.

gen, die eine vertiefte Selbstbegegnung ermöglichen.[24] Auch die Werbung arbeitet mit Mythen, die Lebensvorstellungen und -einstellungen generieren, Stimmungen und Motivationen in den Menschen hervorrufen, die sie glauben machen, dass ihre Vorstellungen von der Wirklichkeit mit dieser selber übereinstimmen.[25] Auch das Erlebnis einer Theateraufführung kann den Alltag so unterbrechen, dass die, die sie leibhaft mitgemacht haben, mit anderen Augen wieder in ihn zurückkehren.[26] In dem allem liegt die Möglichkeit von sinnerfüllenden Erfahrungen, die uns nicht nur von »Lebensphilosophien« reden lassen sollten, sondern auch von Alltagsreligion. Die alltagspraktisch relevante Kultur lebensgeschichtlicher Sinndeutung ist Religion in der Alltagskultur, sei sie nun von größerer oder geringerer Transzendenzspannweite. Für sie der Theologie die Augen geöffnet zu haben und religionssoziologisch angereicherte religionshermeneutische Studien zur Aufgabe einer Theologie als Religionstheologie erklärt zu haben, bleibt das große Verdienst Hermann Timms.

---

24 Vgl. Wilhelm Gräb u. a. (Hg.), »Irgendwie fühl ich mich wie Frodo …!« Eine empirische Studie zum Phänomen der Medienreligion, Frankfurt am Main u. a. 2006; Inge Kirsner, Erlösung im Film. Praktisch-theologische Analysen und Interpretationen (Praktische Theologie heute, Bd. 26), Stuttgart 1996; Martin Ammon/Eckart Gottwald (Hg.), Kino und Kirche im Dialog, Göttingen 1996; Georg Seesslen, Kino der Gefühle. Geschichte und Mythologie des Film-Melodrams. Reinbek 1980; Ders., Das Kino und der Mythos, in: EvErz 44, 1992, 537–549.

25 Vgl. Jo Reichertz, Religiöse (Vor-)Bilder in der Werbung. Zu Anzeigen von Benetton, Kern und Diesel, in: medien praktisch (1994) H.2, 18–23; Eckart Gottwald, Your own rhythm? – Kritische Beobachtungen zur Darstellung von Religion und Kirche in der ›Emma‹, in: Lutz Friedrichs/Michael Vogt (Hrg.), Sichtbares und Unsichtbares. Facetten von Religion in deutschen Zeitschriften, Würzburg 1996, 205–221.

26 Vgl. Erika Fischer-Lichte, Ästhetische Erfahrung als Schwellenerfahrung, in: Joachim Küpper/Christoph Menke (Hg.), Dimensionen ästhetischer Erfahrung, Frankfurt am Main 2003, 138–161.

Schweigen als Grenzfall von Theologie

Meditationen in praktisch-theologischer Absicht

Hans-Günter Heimbrock

1. Vom Störfall zum Zwischenfall

Die technische Entwicklung in postindustrialisierten Gesellschaften hat mit Verbesserungen der Lebensqualität zugleich vielfältig negative Folgekosten für menschliches Leben verursacht. Der fortgeschrittene Ausbau des Frankfurter Flughafens etwa ist Teil eines Verkehrskonzeptes, dessen Annehmlichkeiten sich zwar viele Bürgerinnen und Bürger bedienen, dessen schädliche Konsequenzen mittlerweile aber immer deutlicher zutage treten. Lärm macht krank und verletzt das Recht auf körperliche Unversehrtheit. Auf dem Hamburger Kirchentag 2013 erklärte der Präses der Synode der EKHN Ulrich Oelschläger, nicht jede Kirchengemeinde müsse auf Art. 4 (2) GG klagen, »jedoch ist von jedem Glied der Kirche Solidarität beim Kampf um das Recht auf Ruhe und Stille zu erwarten«.[1]

Gegen die Beeinträchtigung der Lebensqualität ist hier vor allem die Solidarität der Kirche mit den in dieser Art geplagten Menschen in der Region gefragt. Gegen solche Lärmbelästigung durch immer höheren Lärmpegel auf Straßen, Schienen und in der Luft engagieren sich neben Bürgerinitiativen deshalb auch christliche Gemeinden und Landeskirchen. Dass sie auch in dieser Angelegenheit in ethischer Hinsicht für den Schutz des Lebens aller Menschen einzutreten haben und sich deshalb öffentlich zu Wort melden, findet auf allen Ebenen kirchlicher Institutionen weite Zustimmung.

Es wird also von Christenmenschen ein »Recht auf Stille« für alle reklamiert. Das geschieht allerdings inmitten einer Kultur, die immer stärker Front macht gegen kulturelle Errungenschaften von Religion, nicht zuletzt gerade im Blick auf gesetzlich bislang geschützte Ruhe und Schweigen in Gestalt etwa der »stillen Feiertage«. Vielleicht nötigt gerade solche mediengewaltig vorgetragene Polemik an kultureller Prägekraft von christlicher Religion auch protestantische Kirchen vermehrt dazu, Stille als Moment in der eigenen Religionspraxis wieder- bzw. neu zu entdecken. Da wird ein Jahr

---

1 http://www.verkehrslaerm.info/files/130506_Pressemitteilung_Laermhaus_nach_dem_Kirchentag.pdf, download 15.9.2013.

der Stille ausgerufen. Und hierzulande haben inzwischen evangelische Landeskirchen zur Ermöglichung intensiver Erfahrungen der Stille und ihrer spirituellen Kraft, z. B. in Schweige-Exerzitien, ein »Haus der Stille« eingerichtet.[2] Die Programme knüpfen an den Gedanken an: »Du aber steh jetzt still, dass ich dir kundtue, was Gott gesagt hat.« (1.Samuel 9,27).

Es wäre allerdings plakativ und kurzschlüssig, moderne Lärmgesellschaft in toto gegen antik-biblische Ruhebedürfnisse und Ruhegebote ausspielen zu wollen. Schweigen als wirksamer Ausdruck des politischen Protestes wird mitunter auch in säkularer Kultur in Anspruch genommen, so jüngst z. B. in der Türkei, wo sich ein Mann bewegungslos und still auf dem Taksim-Platz in Istanbul postiert hat, um stumm gegen die repressive Politik der Regierung Erdoğan zu protestieren. Der Choreograph Erdem Gündüz verharrte sechs Stunden unbemerkt in seiner stehenden Position (türkisch »Duran adam«, »Stehender Mann«) und starrte auf die türkische Fahne und auf ein Porträt des Staatsgründers Mustafa Kemal Atatürk, bevor er von der Polizei verhaftet wurde.

Sind kulturelle und religionskulturelle Formen von Stille und Schweigen über ethische Perspektiven hinaus auch im engeren Sinne theologisch und praktisch-theologisch von Belang? Gelten im wortbezogenen Protestantismus neben den angestammten Devisen wie *Hören und Handeln*[3] oder *Sage und Schreibe*[4] auch »Staune und Schweige«? Ist Schweigen eher Störfall von Protestantischer Theologie oder vielleicht denk-würdiger Zwischen-Fall im Sinne Hermann Timms, der sagt:

> »Zwischenfälle ereignen sich, unverhofft und wider Erwarten, werden aber zu Denkerlebnissen, die mit eingehen in die Art und Weise, wie der Normalverlauf des Gang und Gäbe bewußtseinsmäßig restituiert wird: nämlich in gesteigerter Qualität. Insofern sind sie gerade durch ihre Andersartigkeit dem Allgemeinen verbunden. Man trägt den Eindruck davon, dort allererst mit der Wirklichkeit selbst in Berührung gekommen zu sein [...].«[5]

Es scheint mir an der Zeit, über Schutzwürdigkeit von Ruhezonen und inspirierende Praxis der Stille hinaus theologisch und praktisch-theologisch

---

2 So in der (damaligen) Pommerschen Ev. Landeskirche, in der EKHN und in der EKiRh.

3 Helmut Gollwitzer/Hellmut Traub (Hg.), Hören und Handeln. Festschrift für Ernst Wolf zum 60. Geburtstag, München 1962.

4 Hermann Timm, Sage und Schreibe. Inszenierungen religiöser Lesekultur, Kampen 1995.

5 Hermann Timm, Zwischenfälle. Die religiöse Grundierung des Alltags, Gütersloh ^{3}1986, 13.

zurückzufragen nach der Bedeutung von Schweigen. Ich tue es mit dem bekannten philosophischen Schweigegebot des jungen Wittgenstein im Hinterkopf. Schwerer wiegt m.E. dabei allerdings das phänomenologische Risiko, mit dem Reden über das Schweigen gerade das Phänomen zu verfehlen, um das es gehen muss.

2. Religionsphänomenologisches: Schweigen im Kult

Versuchen wir eine erste Annäherung an Phänomene. Stille herrscht an manchen Orten und in manchen Situationen des Lebens, in gedanklicher Konzentration auf eine Denkaufgabe, beim andächtigen Lauschen auf den Pianisten im Konzert, bei wohltuender Entspannung in der Sauna, als konzentrierte Vorbereitung auf eine körperliche Höchstleistung vor dem 100-Meter-Lauf, vor dem Richter im Gerichtssaal, der die Anklage verliest. Geschwiegen wird am offenen Grab, wenn wir jemand beerdigen. Schweigen wird mitunter als angemessen oder wohltuend erlebt, zuweilen als beklemmend.

Zum Kronzeugen für die religiöse Valenz des Schweigens scheint sich eine ehrwürdige religionsphänomenologische Tradition geradezu aufzudrängen. Schweigen hat kulturhistorisch seinen festen Platz im Kult. Alle Hochreligionen kennen kultisches Schweigen. Das Phänomen charakterisierte der niederländische Religionswissenschaftler Gerardus van der Leeuw in seinem klassischen Lehrbuch schon vor drei Generation treffend so:

> »Dieses kultische Schweigen ist nicht ein Fehlen des Lautwerdens, es hat nicht negativen, sondern positiven Wert. Genau wie in der Musik die Pausen manchmal den stärksten Eindruck und den reichsten Ausdruck vermitteln [...], wirkt das Schweigen im Kult nicht nur als Ausdruck der größten Ergriffenheit, sondern auch als Vermittlung der tiefsten Offenbarung. Das Schweigen im Kult bedeutet nicht die leeren Momente der Frömmigkeit, sondern die erfüllten«.[6]

Welche Rolle das Schweigen im Kult Israels spielte und in den Riten der jungen christlichen Gemeinden, wissen wir kaum. Dass Menschen schweigen, vor Gott verstummen, wird in geschichtlichen und weisheitlichen Texten des Alten Testaments hin und wieder thematisiert. Der semantische Befund ist, wenn man den Hebraisten folgt, dabei außerordentlich heterogen, um nicht

---

6 Gerardus van der Leeuw, Phänomenologie der Religion, Tübingen 1933, 492. Im letzten Satz zitiert van der Leeuw einen Gedanken aus Henri-Frédéric Amiel, Fragmente d'un journal intime, 1883, II, 159.

zu sagen unübersichtlich,[7] so dass sich schon von daher zu schnelle theologische Systematisierungen verbieten. »Schweigen« reicht vom Unterlassen des Sprechens über die Unfähigkeit zur Kommunikation bis hin zum Verstummen angesichts erwarteten Unheils oder einer Heilsoffenbarung.

Vom Begründer des Daoismus, dem Philosophen Lao-Tse, ist der Ausspruch überliefert: »Die größte Offenbarung ist die Stille.« Im Zen-Buddhismus ist die Öffnung für das Schweigen in sich selbst Weg und Ziel. Das Schweigegelübde ist seit dem frühen Mittelalter ein wesentliches Element in der Gestaltung des monastischen Tagesablaufs, etwa bei den Karthäusern in der Tradition des Heiligen Bruno. Für die Moderne kann innerhalb christlicher Kirchen als ›sprechendes‹ Beispiel für den Rang der Stille sodann der Gottesdienst der Quäker gelten. Zumindest in der liberalen europäischen Quäker-Tradition versammelt man sich in der Regel in einem schlichten Raum zu einer etwa einstündigen schweigenden Andacht, in der die Gläubigen versuchen, sich für die Gegenwart Gottes zu öffnen. Aus der Stille heraus ist es jedem Mitglied der Versammlung erlaubt, das Wort zu ergreifen, falls es sich dazu gedrängt fühlt. Andachten der Quäker verlaufen jedoch oftmals in vollständigem Schweigen.[8]

Es ist hier nicht der Ort, die Fülle der entsprechenden Phänomene auszubreiten. Gustav Mensching, Kollege und Zeitgenosse von van der Leeuw, beschrieb in seiner großen Studie »Das heilige Schweigen« die relevanten Formen näher, unterschied dabei ein vorbereitendes, ein sakramental-einendes, ein kontemplatives, ein anbetendes, ein harrendes und ein mönchisch-asketisches Schweigen.[9]

In systematisierender Weise kann man dem hinzufügen: Schweigen im Horizont von Religion lässt sich dreifach bestimmen:

- Es kann die Ergriffenheit des Menschen vom Aktionszentrum der Gottheit zum Ausdruck bringen.
- Durch Schweigen kann Gottes Erhabenheit geehrt werden.
- Schließlich kann Schweigen im Kult als symbolischer Verweis auf die Un-Sagbarkeit Gottes gelesen werden, wie dies vor allem in mystischen Traditionen verschiedenster Religion anzutreffen ist.

---

7 Vgl. Baumann, Art. דום/דמם/דמה, in: ThWAT Stuttgart 1977, Bd. II, 277 ff., sowie Mathias Delcor, Artikel schweigen, in: Ernst Jenni/Claus Westermann, Theologisches Handwörterbuch zum Alten Testament, Bd. I, München/Zürich 1984, 639 ff.

8 Zur entsprechenden Theologie vgl. Rachel Muers, Keeping God's Silence. Towards a Theological Ethics of Communication, Oxford 2004.

9 Gustav Mensching, Das heilige Schweigen. Eine religionsgeschichtliche Untersuchung. (Religionsgeschichtliche Versuche und Vorarbeiten 20,2), Gießen 1926.

Solche religionsphänomenologische und religionsästhetische Bestimmung will Religion gegen soziologische oder politische Reduktion auf Funktionen als eigene Sphäre des Lebens zur Geltung bringen und hat darin ihr Recht. Im Fokus stehen hier kollektive religiöse Formen, nicht deren individuelles Erleben. Damit steht solche Betrachtung allerdings in der Gefahr, mit der Konstruktion der Kategorien wie »Kult« oder »kultisches Schweigen« von der Dynamik des Lebensprozesses zu isolieren, in den die sogenannten kultischen Vollzüge und alles Erleben des Einzelnen immer schon eingebettet sind. Darauf komme ich zurück.

Auch die Frömmigkeitspraxis in den unterschiedlichen nachreformatorischen Konfessionen und Denominationen des Christentums einschließlich derjenigen des Protestantismus könnte sinnvoll auf die genannten Phänomene und Strukturmomente des kultischen Schweigens hin befragt und durchmustert werden. Seit den Tagen, da Martin Luther seine Anleitung zum Studium der Schrift und indirekt auch zur Predigtvorbereitung mit der Verwendung der überkommenen monastischen Trias von »oratio, meditatio und tentatio« beschrieb,[10] ist Stillewerden *ein* Ausdruck im Spektrum evangelischer Frömmigkeit neben anderen. Und bis heute finden sich in jeder gottesdienstlichen Agende protestantischer Landeskirchen Markierungen für Momente der Stille. Moderne protestantische Spiritualität ist gerade dabei, Stille neu zu entdecken und zu kultivieren.[11]

Ein Praxisfeld, auf dem im jüngeren Protestantismus die heilsame Kraft des Schweigens am intensivsten wiederentdeckt worden ist, stellt zweifellos die Seelsorge dar. Das ist nicht selbstverständlich angesichts der Konjunktur, die ein pastoralpsychologisches Konzept wie *Seelsorge als Gespräch*[12] über viele Jahre hatte. Bemerkenswerterweise wurde allerdings von kundigen Vertretern der Pastoralpsychologie vor einigen Jahren die These aufgestellt, der Ursprung christlicher Seelsorge liege nicht im Reden, sondern im Schweigen, so etwa bei Ellen Stubbe. »Es gab Zeiten, in denen Seelsorge aus dem Schweigen heraus geschah.«[13] In Stubbes Seelsorgekonzept werden Schweigen und Reden nicht kurzschlüssig gegeneinander ausgespielt, sondern aufeinander

---

10 Martin Luther, Vorrede zum 1. Band der Wittenberger Ausgabe der deutschen Schriften 1539, WA 50, 29 ff.

11 Vgl. Stephanie Dietrich, Das schweigende Gebet. Zur Grundlage des Verständnisses von schweigendem Gebet in ökumenischem Blickwinkel, Leipzig 2000.

12 Joachim Scharfenberg, Seelsorge als Gespräch. Zur Theorie und Praxis seelsorgerlicher Gesprächsführung (1972), Göttingen [5]1991.

13 Ellen Stubbe, Schweigen, in: Klaus Eulenberger u. a. (Hg.), Gott ins Spiel bringen. Handbuch zum Neuen Evangelischen Pastorale. Gütersloh 2007, 118–123, Zitat 120; vgl. Dies., Jenseits der Worte. Gebet, Schweigen und Besuch in der Seelsorge, Zürich 2001.

bezogen im Sinne einer »Hermeneutik des Schweigens«, geleitet von der Einsicht, dass Schweigen Verstehen bewirken kann. Dann gilt: »Menschen, die ihr Leben im Schweigen eingerichtet haben, werden zu einer Art innerem Resonanzraum für den anderen. Hingegeben an den Grund ihres Lebens haben sie sich geöffnet und bewegen lassen.«[14] Die zeitgenössische Notfallseelsorge macht in ihrer alltäglichen Arbeit von diesen Einsichten regen Gebrauch.

Man wird gleichwohl nicht behaupten könnten, der Protestantismus sei die Religion des Schweigens. Die religionsphänomenologische Hochschätzung des Schweigens lässt sich nicht bruchlos in eine protestantisch-theologische überführen, weil der Vorbehalt gegenüber dem kultischen Verhalten nicht außer Acht gelassen werden darf. Als Bestandteil kultischen Verhaltens kommt das Schweigen theologisch nicht als Inkarnationsereignis in Betracht.

Hinzu kommt noch etwas. Schweigen ist anthropologisch betrachtet ein Verhalten. Das Grundverhalten im christlichen Gottesdienst, so hat Manfred Josuttis in seiner großen Arbeit zum Gottesdienst auf verhaltenswissenschaftlicher Grundlage gezeigt, ist jedoch nicht das Schweigen, sondern die Bewegung, die Begehung.[15] Mit der spannungsreichen Pointe, dass im Protestantismus mit der Einführung der Kirchenbänke die innere Bewegung in den Vordergrund rückt, der Körper weitgehend stillgestellt wurde.

3. Schweigen phänomenologisch

Gehen wir von der religionsphänomenologischen Betrachtung zurück auf die phänomenologische, nehmen wir das Schweigen als anthropologisches Phänomen genauer in Augenschein, widersprüchlich, aber gleichwohl angemessener formuliert: hören wir besser hin auf Menschen, die schweigen!

Eine gängige Gegenüberstellung von Dialog und Schweigen besagt: »Wer schweigt, redet nicht, oder nicht mehr.« Dass der damit insinuierte Gegensatz zu kurz gegriffen ist, darüber belehrt uns schon die nicht gerade für tiefschürfende Analysen bekannte Internet-Enzyklopädie *Wikipedia*. Dort heißt es:

> »Schweigen ist eine Form der nonverbalen Kommunikation, bei der nicht gesprochen wird und bei der auch keine Laute erzeugt werden. Im Allgemeinen können trotz des Schweigens vom Individuum als ein Sender bestimmte Informationen mitgeteilt und Bedeutungen gezeigt werden«.[16]

---

14 Stubbe, Schweigen, 122.

15 Manfred Josuttis, Der Weg in das Leben. Eine Einführung in den Gottesdienst auf verhaltenswissenschaftlicher Grundlage, München 1991, 119.

16 Wikipedia-Art. Schweigen, http://de.wikipediaorg/wiki/Schweigen, download 26.4.2014

Das ist sicher eine sehr simple informationstheoretische Betrachtung; im Kontext eines elaborierten Verständnisses von Kommunikation ist über dieses Sender-Empfänger-Modell hinaus zum Schweigen erheblich mehr zu sagen. Schweigen kann kommunikative Valenzen haben, man erlebt es mitunter als ›höchst beredt‹. Das Verhältnis von Schweigen, Sprache und Erfahrung muss gerade auch in der religiösen Praxis der Kirche weiter dimensioniert gedacht werden. So geht es praktisch nicht einfach um Tipps dazu, hin und wieder mehr Pausen einzulegen im kirchlichen Redeschwall. Auch nicht vorzugsweise darum, Störungen der religiösen Kommunikation mit technisch wirksamen Mitteln beseitigen zu wollen. Natürlich will ich nicht der sinnvollen Bemühung um Verständigung widersprechen. Und gewiss ist Stärkung der »kommunikativen Kompetenz« von PfarrerInnen und LehrerInnen angezeigt. Aber das scheint mir phänomenologisch wie theologisch eine nur begrenzt aufschlussreiche Perspektive für den Umgang mit dem Schweigen.

In einer Begegnungssituation verstummt mein Gegenüber plötzlich an einer bestimmten Stelle, hüllt sich in Schweigen und gibt mir damit Rätsel auf. Sein Schweigen kann höchst ausdrucksstark wirken. Er schweigt »beredt«, sagen wir. Was aber bedeutet sein Schweigen? Wir lesen das Schweigen eines anderen in unterschiedlicher, teils klarer, teils fraglicher Bedeutung, gleichwohl oft als be-deutsam. Ich kann das Schweigen eines anderen als Verweigerung des Redens auffassen, als Ver-Schweigen, wo ich annehme oder weiß, dass mein Gegenüber absichtlich eine Aussage zurückhält. Schweigen kann bedeuten: eine Denkpause einlegen. So empfehlen wir anderen und auch uns selbst gelegentlich, »einfach mal die Klappe zu halten«, den Redefluss zu unterbrechen, zu verstummen. Es stellt einen Herrschaftsakt dar, wenn ich jemand anderem das Wort entziehe und ihn zum Schweigen bringe. Ich kann Schweigen eines anderen allerdings immer auch missverstehen.

Mit der Begegnung kommt eine Lebenspraxis in Sicht, die weiter reicht als Informationsaustausch und Informationsunterbrechung. Martin Buber unterschied in seiner bekannten Schrift *Zwiesprache* Meinungen weiterzugeben von Religionsgesprächen. Dabei fokussiert er »das mitteilende Schweigen«, bemerkt dazu nicht ohne Ironie:

> »Wie auch das eifrigste Aufeinanderzu-Reden kein Gespräch ausmacht (am deutlichsten zeigt das jener absonderliche Sport einigermaßen denkbegabter Menschen, den man zutreffend Diskussion, Auseinanderschlagung, nennt), so bedarf es hinwieder zu einem Gespräch keines Lauts, nicht einmal einer Gebärde.«[17]

---

[17] Martin Buber, Zwiesprache (1929), Gütersloh 2006, 141.

Folgen wir dem Phänomen weiter: Vor der funktionalen Bestimmung steht die Aufmerksamkeit auf die Vielschichtigkeit der Phänomene. Man kann die Abwesenheit von Geräuschen als negatives Schallereignis messen. Schweigen lässt sich so als physikalisches Phänomen beschreiben. Was aber erfahre ich im Schweigen? Schweigen ist ein Element im Repertoire des menschlichen Verhaltens, neben anderen, vor anderen und nach anderen. Mancher schweigt, der mit erhöhter Aufmerksamkeit die Dinge der Umgebung verfolgt, alle Außenweltreize abhängt. Wer zuhört, schweigt, aber nicht jeder der schweigt, hört auf anderes, Externes. Wir erfahren das Phänomen als höchst ambivalent: als gespenstische oder beklemmende Stille, die sich plötzlich im Raum ausbreitet, mitunter aber auch als wohltuende Stille, in der ich mich geborgen fühle, zuweilen gerade in schweigender Gegenwart anderer Menschen, z.B. in schweigendem Einklang mit unserem Liebespartner.

Schweigen geschieht nicht im luftleeren Raum, sondern geschieht in situativen Kontexten und ist mit bestimmt und vorgeprägt von weiteren kulturellen Kontexten. Schweigen hat einen Raum, ist ein räumliches Phänomen wie der Klang, erlebbar nur im Raum. Dass mit dem Raum nicht nur physikalisch-akustische Bedingungen angesprochen sind, sondern auch kulturelle, wird sinnfällig, wenn man sakrale Räume als originäre Orte des Schweigens mit in Betracht zieht. Schweigen ist fluide in Raum und Zeit, noch weniger greifbar als Worte, nicht zitierfähig. Die sprachliche Differenz zwischen Schweigen und Stille im Sinne von einerseits Aktion und andererseits Schwebezustand, dem ein Ich begegnet, verschwimmt, wenn man die räumliche Dimension mit berücksichtigt.

Außerordentlich instruktiv und vor allem eindrücklich ist der Versuch ausgefallen, das Schweigen zu repräsentieren. Das versuchte der Regisseur Philip Gröning in seinem Film *Die große Stille*,[18] ein einzigartiger Dokumentationsversuch zum Leben der Mönche in der Grand Chartreuse im Felsmassiv der Alpen bei Grenoble. Der Film verzichtet durchgängig auf Musik als Klangkulisse und ist doch kein Stummfilm. Bevor das erste Wort verlautet, haben Zuschauer und Zuschauerinnen 20 Minuten tonlose Bilder mit ruhigen Einstellungen zu sehen bekommen. Schier unendlich gedehnte Sequenzen des Gebets in einer Einzelzelle, unterbrochen nur vom Blättern im Lektionar oder vom Nachlegen eines Holzscheites im simplen Zimmerofen. Setzt man sich dem Film als Betrachter aus, so fällt auf, wie sehr man hier Stille im Zusammenspiel mit anderen Sinnen wahrnimmt, koenästhetisch. Es braucht Zeit, bis man die akustische Irritation überwindet, das Warten auf verbale Kommentare innerlich abhängt, auch die Hintergrundgeräusche im Bild und

[18] Philip Gröning, Die große Stille, 2005.

in der eigenen Kinoumgebung nicht mehr fokussiert und sich dem Fluss der Kameraeinstellungen hingeben kann. Die Stille wird präsent nicht einfach durch weitgehenden Wegfall des Sprechens, sondern genauso durch die Art der Bildsprache, welche eben nicht in brillantem Technicolor daherkommt, sondern differenziert, in Grauschattierungen samt grobkörniger Naheinstellungen. Dieser Film zur Dokumentation des Schweigens verzichtet nicht nur sehr extensiv auf gesprochene Sprache, sondern auf eine narrative Struktur von Wort und Bild insgesamt. Damit versucht er zugleich, die spezifische Zeiterfahrung dieses Alltags im Schweigen präsent zu halten. Der Regisseur »rafft die Klosterzeit und bremst die Kinozeit, bis beide synchron laufen«.[19]

Der Regisseur Gröning zeigt im Film Normalität, betont den Aspekt des Alltäglichen. Gemessen an unseren landläufigen Mustern der Lebenspraxis wird in diesem Film das Schweigen sicherlich als ein Grenzfall des Alltäglichen wahrnehmbar. Kaum jemand außerhalb der Klostermauern dürfte so lange schweigen. Kaum einer schweigt unablässig, aber vom Film her gedacht erweist sich Schweigen nicht immer nur als die kleine Pause nach der einen Redesequenz und vor dem nächsten Redeschwall, mehr als das Innehalten zwischen dem einen und dem anderen Akt. Vom religionsphänomenologischen Ansatz her gedacht müsste man sagen: Der Film vollzieht m. E. keine religiöse Überhöhung menschlichen Schweigens, aber er erschließt Schweigen als eigene Ausdrucksgestalt.

Wir fokussieren hier Phänomene des Schweigens, aber wir leben, wie eingangs angesprochen, in einer Kultur, in der die Stille nicht hoch im Kurs steht, vielmehr die unablässige Beschallung im Alltagsleben, dies nicht zuletzt im Mainstream-Kino. Meditation, Einkehr, Schweigen sind nicht gerade en vogue im Kino von heute. Der Kulturphilosoph Günter Anders hat für solche Phänomene bereits vor vielen Jahren die Metapher der »akustischen Leine« geprägt.

> »In demjenigen Augenblick, in dem ein Individuum dazu verurteilt ist, in einer Welt zu leben, in der es, weil ihm kein stiller Platz übrigbleibt, hören muß, bleibt ihm auch nichts anderes übrig, als dieser Welt zuzugehören, ihr gehorsam oder gar hörig zu werden.«[20]

Da wäre Schweigen-können und -dürfen geradezu ein Freiheitsgewinn.

---

19 Hanns-Georg Rodek, Die Welt, 9.11.2005.

20 Günter Anders, Die Antiquiertheit des Menschen. Band II: Über die Zerstörung des Lebens im Zeitalter der dritten industriellen Revolution, München 1980, 242; vgl. in ähnlicher Aussagerichtung, allerdings aus politisch-konservativer Position Max Picard, Die Welt des Schweigens, Zürich 1977.

4. Sprache und Schweigen

Schweigen ist ambivalent und, begriffstheoretisch gesprochen, unterbestimmt. Der Grund- und Schlusssatz der analytischen Sprachphilosophie des jungen Wittgenstein schaffte sich das Problem mit rigoroser Lösung vom Hals: »Wovon man nicht sprechen kann, darüber muß man schweigen.«[21] Das mag konsequent erscheinen für ein analytisch-positivistisches Denken, in dem die Welt ohne Zwischenfälle gedacht wird und nur aus einzelnen Sachverhalten besteht, die durch propositionale Sätze beschrieben werden können. Was sich nicht durch propositionale Aussagen sagen lässt, lässt sich dann logischerweise schlichtweg nicht sagen und der *Tractatus* endet entsprechend.

Wenn es aber mit Blick auf die zweifellos in der Welt anzutreffende Religion den »Vorbehalt gegen die Zulänglichkeit des Satzwissens«[22] gibt, weil diese eben nicht als ein Sachverhalt im Sinne dessen, »was der Fall ist«, gilt, was dann? Hier ist vom Grenzfall der Religion aus anthropologische Auskunft darüber hilfreich, wie Schweigen und Sprache zusammenhängen.

Diese Frage kann man entwicklungspsychologisch und sprachphilosophisch angehen. Der Therapeut Johannes Cremerius macht in seinem Essay zum Schweigen als Problem der psychoanalytischen Technik darauf aufmerksam:

> »Schweigen ist eine zweite Ausdruckswelt, die nicht weniger mannigfaltig und deutlich zu sein scheint als die verbale. Der Unterschied zwischen beiden liegt vor allem darin, dass das eine die Sprache der Begriffswelt, der Vernunft, des Ordnens und Forschens, das andere die Sprache des Fühlens, der emotionalen Nähe, der frühen Fusion, der Empathie ist, jene Sprache, die das Kind mit der Mutter verbindet, lange bevor die verbale Verständigung die Zweierbeziehung in ihrer einmaligen Intimität auflöst und eine Kommunikationsform schafft, die von draußen kommt und nach draußen führt.«[23]

Diese psychologische Einsicht erscheint mir vorausgesetzt und zugleich weiter geklärt in sprachphänomenologischer Analyse des Schweigens. Auch dabei ist mehr als das physikalische Phänomen des Schweigens im Fokus.

---

21 Ludwig Wittgenstein, Tractatus logico-philosophicus 7 (1921), Frankfurt am Main 1984, 85.

22 Hermann Timm, Zwischenfälle. Die religiöse Grundierung des Alltags, Gütersloh 1986, 11.

23 Johannes Cremerius, Schweigen als Problem der psychoanalytischen Technik, in: JAP 6 (1969), 69–103.

Wir reden für gewöhnlich mehr oder weniger unablässig. Aber dabei kann und muss nicht alles gesagt werden. Es gibt auch stillschweigende Geltung des nicht Gesagten, und das nicht nur vor Gericht. In Schweigen hüllen wir nicht nur Heiliges oder Tabuisiertes. Im Schweigen bleibt vor allem auch das Ungesagte im Sinne des unausgesprochen Geltenden, die elementaren Voraussetzungen dessen, was schon jede alltägliche Situation prägt. Schweigen markiert also eine Grenze und Vorgabe der Sprache und des Sagbaren, mit dem Anthropologen Christoph Wulf gesagt: »Das Schweigen ist Grund und Abgrund der Sprache.«[24]

Diesem anthropologischen Sachverhalt ist der Philosoph Maurice Merleau-Ponty schon Mitte des letzten Jahrhunderts ausführlicher nachgegangen. In dem Zusammenhang behauptete er: »Unser Begriff vom Menschen bleibt oberflächlich, solange wir nicht auf diesen Ursprung zurückgehen, diesseits des Lärms der Worte das ursprüngliche Schweigen ahnen und die Geste zu fassen vermögen, die dieses Schweigen bricht.«[25] Merleau-Ponty führte die Cartesianischen Meditationen Husserls weiter fort, in seinem Rekurs auf Descartes' Cogito unterschied er ›Sprechendes‹ und ›Schweigendes Cogito‹, um zu erweisen, wie Sprechen und Denken in leiblicher Existenz gegründet sind.[26]

> »Die Inbesitznahme der Welt des Schweigens, wie sie aus der Beschreibung des menschlichen Leibes hervorgeht, ist nicht mehr diese Welt des Schweigens, sondern sie ist artikulierte, zum *Wesen* erhobene, gesprochene Welt – die Beschreibung des perzeptiven λογος macht Gebrauch von dem λογος προφορικος. Wird diese Zerrissenheit der Reflexion, (die *aus sich herausgeht*, um zu sich zurückzukehren) jemals aufhören? Es bedürfte eines Schweigens, das die Rede erneut umfaßt, nachdem man gemerkt hat, daß die Rede das vorgebliche Schweigen der psychologischen Koinzidenz umfasste. Was ist dieses Schweigen denn? Wie die Reduktion für Husserl schließlich

---

24 Christoph Wulf, Schweigen, in: Ders. (Hg.), Vom Menschen. Handbuch Historische Anthropologie, Weinheim 1997, 1123.

25 Maurice Merleau-Ponty, Phänomenologie der Wahrnehmung, 1964, 218. Zur Sprachphilosophie der Phänomenologie vgl. jetzt die luziden Interpretationen bei Peter Meyer, Predigt als Sprachgeschehen gelebt-religiöser Praxis. Empirisch-theologische Beiträge zur Sprach- und Religionsanalyse auf Basis komparativer Feldforschung in Deutschland und in den USA, Tübingen 2014 (PThGG).

26 Vgl. dazu insgesamt die Darstellung bei Jochem Hennigfeld, Die Sprachphilosophie des 20. Jahrhunderts, Berlin 1982, 287 ff.; eine gegenüber der leibphänomenologischen Analyse andere Reflexion auf die Voraussetzungen der Sprache lieferte der ungarische Philosoph Michael Polanyi mit der Theorie des ›tacit knowledge‹.

> nicht transzendentale Immanenz, sondern Enthüllung der *Weltthesis* ist, so wird dieses Schweigen *nicht das Gegenteil* der Sprache sein«.[27]

Das schweigende Bewusstsein kommt zu sich selbst im sprachlichen Ausdruck – und doch läuft immer schon und immer noch ein Schweigen mit, das eben nicht das Gegenteil der Sprache ist. Indem die Sprache das Schweigen bricht, verwirklicht sie, was das Schweigen wollte und nicht erreichte. Aber »Das Schweigen umhüllt die Sprache weiterhin [...]«.[28]

Und dieses Problem wird man nicht los.

> »Es bleibt das Problem/des Überganges vom Wahrnehmungssinn zum sprachlichen Sinn, vom Verhalten zur Thematisierung. Die Thematisierung selbst muß im übrigen als Verhalten höherer Stufe begriffen werden – die Beziehung zwischen Thematisierung und Verhalten ist eine dialektische Beziehung: indem die Sprache das Schweigen bricht, verwirklicht sie, was das Schweigen wollte und nicht erreichte. Das Schweigen umhüllt die Sprache weiterhin; Schweigen der absoluten Sprache, der denkenden Sprache.«[29]

Obwohl Merleau-Ponty gelegentlich von »negativer Theologie« gesprochen hat,[30] wird das Phänomen des Schweigens hier nicht weisheitlich-meditativ, sondern reflexiv angenähert. Es geht nicht um naive Erfahrungsunmittelbarkeit, nicht um inkarnatorische Fantastereien, sondern um einen reflexiven Rückgang auf die unausgesprochen in aller sprachlichen Kommunikation mitlaufenden Voraussetzungen. Und dies keineswegs auf dem Wege der mystifizierenden Rede unter Suspendierung des Denkens. Noch einmal Merleau-Ponty:

> »Der Philosoph spricht, doch das ist seine Schwäche, eine unerklärliche Schwäche: er müßte schweigen, schweigend einswerden und im Sein eine Philosophie wiederfinden, die schon fertig vorliegt. Alles sieht danach aus, als wolle er ein gewisses Schweigen, das er in sich vernimmt, in Worte kleiden. Sein ganzes ›Werk‹ besteht in dieser absurden Bemühung. Er schrieb, um seinen Kontakt zum Sein auszudrücken, er hat ihn nicht ausgedrückt und vermag dies auch nicht, denn dieser ist nichts als Schweigen.«[31]

---

27 Merleau-Ponty, a.a.O., 232. Dabei nimmt Merleau-Ponty die von Philo von Alexandrien abkünftige Unterscheidung eines *logos prophorikos* (das artikulierte Wort) und dem *logos endiathetos* (das darinnen verbleibende Wort) auf, Philo, De vita Mos. III.

28 Ebd., 228.

29 Ebd., 228.

30 Ebd., 233.

31 Maurice Merleau-Ponty, Das Sichtbare und das Unsichtbare (1964), München 2004, 166.

Diese sprachphilosophische Analyse handelt nicht vom physikalischen Phänomen des Schweigens, wohl aber von einem Phänomen in nächster Nachbarschaft, vom Unausgesprochenen, schweigend im Alltag untergründig Mitlaufenden, vom Unaussprechlichen. In die ähnliche Richtung zielt auch die Diskussion in der neueren Literatur- und Theaterwissenschaft, etwa bei Hart Nibbrig in der Denkfigur der emphatischen Unaussprechlichkeit.[32] Das ist eine Steilvorlage für theologische Reflexion.

5. Schweigen und Reden: Den theologischen Grenzfall annähern

Der Satz »Die Welt ist alles, was der Fall ist« (Wittgenstein) passt offensichtlich nicht auf Gott. Was ergibt sich, wenn wissenschaftliche Theologie an das Schweigen gerät? Wie steht es um das Verhältnis von Spiritualität und Rationalität? Das Schweigen als religiöses Grundverhalten liegt nach neuerer exegetischer Forschung nicht im Mittelpunkte biblischer Textwelten. Vielmehr wird dieses Verhalten für die metaphorische Versprachlichung eines theologisch zentralen Inhalts herangezogen. Da wird die Metapher von »Gottes Schweigen« benutzt, die Luther dann auch in seiner Umschreibung des »deus absconditus« aufnahm.[33] Sie bringt bedrohliche Erfahrung der Gottesferne zum Ausdruck, »kündet das Schweigen der Scheol an, wo Gott und Mensch nicht mehr miteinander sprechen« (Ps 94,17; 115,17).[34] Und die heilvolle Zuwendung Gottes nach der Krise kann entsprechend in das Bekenntnis des Psalmisten einmünden: »Unser Gott kommt und schweigt nicht« (Ps 50,3). Manche der Texte, die vom »schweigenden Gott« reden, zeugen von höchster poetischer Kraft, so z. B. die Passage der Horeb-Theophanie 1Kön 19. Nach Buber tut sich Gott dem Elia kund in »einer Stimme verschwebenden Schweigens«.[35]

Zur Bedeutung der Metapher vom schweigenden Gott liegt neuerdings eine sehr interessante Studie der beiden niederländischen Theologen Marjo Korpel und Johannes de Moor vor. Sie gehen aus von der kulturtheologisch hochinteressanten Beobachtung, dass diese Metapher in der Kunst, Litera-

---

[32] Christian L. Hart Nibbrig, Rhetorik des Schweigens, Frankfurt am Main 1981.

[33] Martin Luther, De servo arbitrio 1525, WA 18, 600 ff.

[34] Michael Schneider, Die Erfahrung des Schweigens Gottes, http:/www.kath.de/zentrum/texte/archiv_texte/vortrag_2010/schweige.pdf

[35] Bücher der Geschichte, verdeutscht von Martin Buber gemeinsam mit Franz Rosenzweig, Stuttgart 1992, 406.

tur, Filmkunst und auch Philosophie unserer Tage virulent ist.[36] Für den schwedischen Filmemacher (und Pastorensohn) Ingmar Bergman etwa war das Thema nachgerade eine Obsession, denkt man an Filme wie *Das siebente Siegel*, *Wie in einem Spiegel* oder auch *Das Schweigen*. Und dort bezog Bergman bekanntlich extensiv Mythologeme der christlichen Tradition ein.

Von aktuellen Deutungskontexten befragen die Autoren dann vornehmlich Texte der hebräischen Bibel auf die Bedeutung der Rede vom »schweigenden Gott«. Das heißt, der Fokus der Aufmerksamkeit verschiebt sich auf das rhetorische Phänomen innerhalb religiöser Sprache. Für das Verständnis der Metapher vom »schweigenden Gott« folgt diese im Einzelnen gründliche Analyse durchweg einem interpretationistischen Paradigma. Wo immer dann von Erfahrungen die Rede ist, Erfahrung des »abwesenden Gottes« oder des »redenden Gottes«, geht es um interpretierende Rekonstruktion der Texte. Das ist ein legitimes hermeneutisches Verfahren, das hier nicht kritisiert werden soll. Zu fragen wäre aber im Interesse der Phänomene: Geht das Schweigen auf in seiner Interpretation? Wie kommt seine Entzifferung in Theologie zustande? Wie weit kommt die Methode der Diskursivierung mit einem Phänomen, dessen Status im Diskurs zumindest nicht klar ist?

Vom Schweigen als rhetorischer Figur in antiken mythischen Texten[37] bis zum Umgang mit Erfahrungen im Schweigen heute ist es ein langer und nicht bruchloser Weg. Auf dem Weg liegt eine theologische Grundentscheidung der Moderne, welche Religion und Theologie, kultische Praxis und wissenschaftliche Reflexion begrifflich voneinander schied. Über Schweigen zu reden, erscheint paradox, ja unmöglich, zumal im Horizont von Religion. Und doch ist es die einzige Möglichkeit für protestantische Theologie, die das Konzept einer mystatogischen Theologie hinter sich gelassen hat und in methodischer Hinsicht wort- und reflexionszentriert operiert. Hier liegen sicher unaufgebbare Ansatzdifferenzen zwischen evangelischer und katholischer Theologie, welche bis heute einen viel direkteren Zugang zum Begreifen Gottes aus den Quellen mittelalterlicher Mystik hat.[38]

Der Philosoph, so sagte jedenfalls Maurice Merleau-Ponty, »müßte schweigen, schweigend einswerden und im Sein eine Philosophie wieder-

---

[36] Marjo C. A. Korpel/Johannes C. De Moor, The Silent God, Leiden 2011.

[37] Vgl. dazu Aleida Assmann/Jan Assmann (Hg.), Schweigen. Archäologie der literarischen Kommunikation XI. München 2013.

[38] Hans Urs von Balthasar, Wort und Schweigen, in: Hans Urs von Balthasar, Verbum Caro. Skizzen zur Theologie, Einsiedeln 1960, 135–155; vgl. auch Hildegund Keul, Verschwiegene Gottesrede. Die Mystik der Begine Mechthild von Magdeburg, Innsbruck 2004.

finden, die schon fertig vorliegt« – und er kann es doch nicht. Diese Aporie ist in theologischer Formulierung bekannt, in prominenter Gestalt in Karl Barths Antithesen zur Aufgabe der Predigt.[39] Merleau-Pontys Gedanke scheint mir auch für theologische Reflexion bedeutsam, er bringt nämlich die angesprochene, auf den ersten Blick klare Unterscheidung von Religion und Theologie im Sinne von naivem Frömmigkeitsvollzug und denkerischer Distanzierung durcheinander. Der reflektierende Mensch weiß um eine Vorgängigkeit, die nicht einfach abgehängt werden kann. Über das Schweigen zu reden, ist also nicht so, wie über einen Tisch da vorn zu reden. Über Schweigen zu reden heißt, über den eigenen still-schweigend präsenten Grund zu reden. Und dessen gewärtig zu bleiben, dass wir da immer schon das Nach-Sehen, um nicht zu sagen: das Nach-Reden haben.

Dieser Gedanke ist aufgehoben in der für christliche Gotteslehre seit der altkirchlichen Disziplin der ›Negativen Theologie‹ bekannten Denkfigur der Unerkennbarkeit Gottes. Das findet sich modern zugespitzt auf die These der ›Unsagbarkeit Gottes‹. Eberhard Jüngel hat sie in der Denkfigur von Gott als »Geheimnis« protestantisch durchzubuchstabieren versucht und dabei Rede von Gott und Schweigen in ein bestimmtes Verhältnis gesetzt. Theologie endet dann nicht im Stammeln oder Verstummen. Aber für ihn gilt:

> »Nur mit Hilfe der Sprache läßt sich ein Schweigen herbeiführen, das nicht nichtssagend oder vieldeutig ist, sondern über etwas Bestimmtes so schweigen lässt, dass erfahrbar wird, wovon und warum geschwiegen wird. Die menschliche Sprache muß sich also selbst ausschalten. Sie muß so von Gott reden, daß dadurch angemessenes Schweigen von Gott möglich wird.«[40]

Es ist in der Auseinandersetzung mit Jüngel darauf hingewiesen worden, dass sein theologischer Ansatz nicht hinreichend die Inkongruenz von Sprache und Erfahrung berücksichtigt. »Zumindest ist damit gegeben, dass die Grenze der Sprache nicht auch die Grenze der Erfahrung ist und das Schweigen eine Rede eigener Art sein kann und nicht notwendig identisch ist mit Verstummen.«[41] Diese phänomenologische Schwäche sei notiert, gleichwohl entnehme ich Jüngels Gedanken einen Praxisimpuls im Blick auf Gestaltung von Religion als Gestaltung von Schweigen, den ich aufnehmen möchte.

Man muss nicht strenger Verfechter einer Wort-Gottes-Theologie sein, um den weiten Anlaufweg von wortzentrierter Religiosität und auf Sprache

---

[39] Karl Barth, Das Wort Gottes als Aufgabe der Theologie (1922).

[40] Eberhard Jüngel, Gott als Geheimnis der Welt, Tübingen 1978, 348.

[41] Ralf Stolina, Niemand hat Gott je gesehen: Traktat über Negative Theologie, Berlin 2000, 76.

fokussierter Theologie im Protestantismus zu den Phänomenen des Schweigens zu erkennen. Wenn das WORT, wenn Religion biblisch zu Recht als Unterbrechung zu verstehen ist,[42] als Innehalten vom Tun, als Sistierung menschlicher Aktivität im Handeln wie Reden, dann müsste auch dem Schweigen theologisch ein Eigenwert zukommen, nicht immer und unbedingt, aber doch möglicherweise. Dann ginge es theologisch wie praktisch nicht nur um nur funktional-präparatorische Bedeutung für das Eigentliche, dann stellt Praxis des Schweigens nicht nur eine, vielleicht hilfreiche, aber doch nur vorbereitende Übung zum Empfang des Wortes dar. Das ist die zentrale These, auf die alles hinausläuft. Das Bedenken des Schweigens führt wissenschaftliche Theologie in ihrem theologischen Kern an die Grenze argumentativ-diskursiver Formen. Den Praktischen Theologen muss in diesem Zusammenhang die Frage brennend interessieren, inwiefern das zu erneuertem Begreifen und Gestalten religiöser Praxis beitragen kann.

6. Den Grenzfall gestalten – Schweigen als Ausdrucksgestalt

Schweigen ist mehr denn ein physikalisches Ereignis, aber es ist gewiss kein Offenbarungsereignis. Es ist ein Grenzfall von Theologie und für Theologie. Kann man vom theologischen Grenzfall Momente und Formen des Schweigens praktisch-theologisch begreifen und entwickeln? Kann man den Grenzfall einkalkulieren, gar planmäßig gestalten und herstellen? Oder entzieht sich Schweigen, gefülltes, verdichtetes Schweigen, immer schon dem regelgeleiteten Handeln? Gilt hier in ganz besonderem Maße der starke Vorbehalt gegenüber den Werken aus der Rechtfertigungslehre für die pastorale Praxis?

Unumgänglich scheint mir die Einsicht, dass die generelle Intention christlicher Praxis, Evangelium wirksam zur Geltung zu bringen, gerade immer wieder auch der Unterbrechung und Sistierung der Rede Raum geben muss und zur Inszenierung von Störung nötigt. Das ist immer schon plausibel im Hinblick auf das Ver-Stummen angesichts unsagbaren Leids und am Grab. Im Angesicht des Todes, so Henning Luther, »muß jeder scheitern, der über den Tod, über das Sterben *reden* wollte. ›Der Tod verurteilt zum Schweigen. Jeder Leichnam spottet der Rede.‹«[43]

---

42 Johann Baptist Metz, »Kürzeste Definition von Religion: Unterbrechung, Ders., Glaube in Geschichte und Gesellschaft. Studien zu einer Praktischen Fundamentaltheologie, Mainz ³1980, 150.

43 Henning Luther, Tod und Praxis. Die Toten als Herausforderung kirchlichen

Das Entsprechende gilt auch vom christlichen Verhalten zum Wunder des Lebens, wie es etwa in der Tauffeier seinen Ort haben kann. Die Wirklichkeit, die im Evangelium auch praktisch erfahrbar zur Geltung kommen soll, ›Gott als Geheimnis‹, die Geheimnisstruktur des Lebendigen, die lebt nicht von etwas, über das bloß informierend gesprochen werden kann, sondern wesentlich auch vom Un-Sagbaren. Wenn Schweigen also eine Grenze und Vorgabe der Sprache und des Sagbaren markiert, dann soll auch das im Reden, Hören und Schweigen und allen anderen Gestaltungsformen der religiösen Praxis artikuliert werden.

Dass das praktisch alles andere als simpel ist, weiß jeder, der schon einmal als Liturg einen Gottesdienst geleitet hat, der versucht hat, der Stille für die anderen und möglicherweise für sich selbst Raum zu geben, klassisch etwa vor dem Vaterunser.

Die anthropologische Annäherung an Schweigen nötigt dazu, den im modischen praktisch-theologischen Paradigma der ›Kommunikation des Evangeliums‹[44] weithin übersehenen Erfahrungszusammenhang von Schweigen als Gestalt in den Blick zu nehmen. Neben den phänomenologische und sprachtheologischen Überlegungen kann schließlich mit praktisch-theologischem Gewinn auch ein kulturtheoretischer Horizont einbezogen werden.

Der oben angesprochene Film *Die große Stille* hat neben vielen anderen Botschaften auch die Erinnerung an Schweigen als Formelement längst vergangener kultureller Formationen in Erinnerung gerufen. Schweigen als kulturelle Gestalt ist aber keineswegs auf die Formsprache mittelalterlicher Kultur beschränkt. Wir treffen es in der Kunst des 20. Jahrhunderts etwa bei John Cages Musikstück mit dem lapidaren Titel *Four minutes, thirty-three seconds.* Während der gesamten Spieldauer des Stückes wird bekanntlich kein

---

Handelns, in: ZThK (88) 1991, 407, in Aufnehmen eines Zitats von THOMAS H. MACHO, Todesmetaphern, 1987.

44 ERNST LANGE, Zur Theorie und Praxis der Predigtarbeit (1967), in: DERS., Predigen als Beruf, München 1982, 9–51, die Formel dort 27. Seitdem hat die Formel eine steile Karriere durchlaufen, was nicht unbedingt zu differenzierendem Verständnis beigetragen hat, aber schon bei Langes programmatischer These hat sich in der Rückschau das Verhältnis von normativen, material inhaltlichen und kommunikationstechnischen Anteilen als schillernd bis unklar herausgestellt. Davon ist im gegenwärtigen Gebrauch der Formel einerseits zuweilen nur noch die platte Devise übrig geblieben, wir sollten Evangelium mit Sätzen aus der Bibel weitersagen, andererseits hält »Kommunikation des Evangeliums« inzwischen für so ziemlich alle Handlungsfelder der Praktischen Theologie her, von der Predigt über die Kirchentheorie bis hin zur Bestimmung des Pfarramts; vgl. die differenzierte Analyse bei PETER MEYER, der auf die »prekäre Theoriegestalt« der Formel näher eingeht (s. Anm. 25).

einziger Ton gespielt. Schweigen wird thematisiert in J. Beuys' Fluxus-Aktion *Das Schweigen von Marcel Duchamp wird überbewertet* von 1964. Auch das zeitgenössische Theater wäre, wie Patrice Pavis untersucht hat, einschlägig.[45] Gerade dabei ist der Gestaltungsbedarf unverkennbar. Schließlich auch die *Black Paintings* des Minimalisten Ad Reinhards,[46] in denen für das menschliche Auge nur noch Schatten von visuellen Formen wahrnehmbar sind, gehören in diesen Zusammenhang, wo Leere als künstlerische Gestalt ansichtig wird. Auf all diesen Schauplätzen zeitgenössischer Kunst werden Phänomene des Schweigens nicht abstrakt, sondern in Spannungen thematisiert und inszeniert.

Schweigen steht je in unterschiedlichen Kontexten, kommentiert, verunklart, unterläuft, lässt den Atem anhalten. Schweigen ist ein Ausdrucksphänomen, und hier kommt mitunter ein sehr starker, vielleicht gar wuchtiger Ausdruck zur Darstellung. Deshalb macht es Sinn, nicht nur den paradox klingenden Versuch zu unternehmen, Schweigen zu lesen,[47] sondern es auch und zunächst als Formphänomen zu berücksichtigen. Das heißt, hier gelten die Strukturprinzipien von Gestalt-Wahrnehmung. Alle Wahrnehmungen von Gestalten vollziehen sich immer nur als Wahrnehmungen aus der Perspektive eines menschlichen Betrachters, welcher seinerseits nicht nur aus Auge und Intellekt besteht, sondern der als ein Leib-Subjekt in einer spezifischen räumlichen Situation ›situiert‹ ist und die Welt auf dieser Basis intentional wahrnimmt.[48] Auch Schweigen ist also als kulturelle Form zu verstehen, als Momente in der unendlichen stets vorläufigen Kette von Gestaltversuchen menschlicher Lebenspraxis.

Ein gestalthaftes Phänomen ist das Schweigen aber nicht vorzugsweise nur als die Fortsetzung der Rede mit anderen Mitteln zu begreifen, sondern gerade als ›Entzug von Darstellung‹.[49] Gerade in der indirekten Artikulation des Entzugs kann Schweigen je und dann als Grenzfall der Gestalten gelten,

---

45 Patrice Pavis (Hg.), Das französische Theater der Gegenwart: Textanalysen von Koltès bis Reza, München 2008, insbes. 305 ff. (Stille in den Strukturen oder das Schweigen in der zeitgenössischen französischen Dramatik).

46 Vgl. dazu meine Analyse in Hans-Günter Heimbrock, Das Kreuz. Gestalt, Wirkung, Deutung, Göttingen 2013, 170 ff.

47 Vgl. dazu etwa Franzisca Pilgram-Frühauf, Genese an der Grenze. Zum ›Akt des Lesens‹ zwischen den Zeilen, in: Philipp Stoellger (Hg.), Genese und Grenze der Lesbarkeit, Würzburg 2007, 183–200.

48 Bernhard Waldenfels, Das leibliche Selbst. Vorlesungen zur Phänomenologie des Leibes, Frankfurt am Main 2000.

49 Claudia Benthien, Barockes Schweigen. Rhetorik und Performativität des Sprachlosen im 17. Jahrhundert, München 2006.

verbleibt allerdings doch immer diesseits der Grenze. Nähert man sich diesem von Tillichs Kulturtheologie her,[50] und insbesondere von dessen theologischer Deutung des Expressionismus als Formphänomen, dann wird einmal mehr der Gesamtzusammenhang relevant, innerhalb dessen Momente des Schweigens stehen und auf der Folie der Dynamik von Gestaltsetzung und Gestaltzerstörung zu lesen sind.

Wenn wir schweigen in christlicher Praxis gottesdienstlicher Feiern und in der Lebenspraxis generell, dann aktivieren wir wie bei allem Reden »keinen heiligen Bezirk«, kein »sacramentum silentii«,[51] wie Rudolf Otto das in seinen liturgischen Erneuerungsversuchen beschwor. Sondern wir finden uns eingebunden in eine profane Gestalt der Kultur, auch in noch so effektvollem Schweigen irdisch begrenzt. So orientierte Artikulationsversuche des Schweigens können dazu beitragen, dass unsere Praxis ein Weniger an bemächtigenden Tendenzen und ein Mehr an sensibler empfangender Aufmerksamkeit auf das freisetzt, was sich letztendlich allem irdischen Gestalten entzieht.

---

50 Paul Tillich, Protestantismus als Kritik und Gestaltung (1929), Ges Werke Bd. VII, Stuttgart 1962, 29–53.

51 Rudolf Otto, Zur Erneuerung und Ausgestaltung des Gottesdienstes, Gießen 1925, wo vom tiefen »Erfahren des numen praesens im heiligen Schweigen« die Rede ist; vgl. zu Otto Thorsten Dietz/Harald Matern (Hg.), Rudolf Otto. Religion und Subjekt, Zürich 2012.

Inszenierte Geistesgegenwart

Kleines Plädoyer für eine weisheitliche Theologie und Ethik

Klaas Huizing

Einleitung: Skandal um Slenczka

Weil auch die Geisteswissenschaften von Konjunkturen nicht frei sind, kommt es turnusmäßig zu Debatten, die häufig mit der üblichen Rhetorik bedient werden: der Streit um die Bedeutung des Alten Testaments oder – wie es wissenschaftspolitisch korrekt heißt – des Ersten Testaments für die evangelische Theologie flammt nach Dekaden der Beruhigung dann plötzlich jäh auf, erst jüngst wieder, als der an der Humboldt-Universität lehrende Notger Slenczka[1] die Debatte wieder anfachte. Reflexhaft wurde eine Mobilmachung beschlossen, kollegiale Schelte schlug über dem Kollegen zusammen, er wurde an den digitalen Pranger gestellt, mit Schnappatmung der Bruch des evangelisch-akademischen Zivilisationsabkommens konstatiert. Tonart und argumentative Dichte der Rechtgläubigen hielten mit der Gediegenheit von Slenczkas Essay nicht mit. Die lärmende Absetzbewegung beschädigte dabei auch eine honorige Ahnenreihe, die von Semler, Schleiermacher, Harnack, Hirsch bis hin zu Falk Wagner reicht.

Richtig an der Diagnose von Slenczka ist die Unbeholfenheit der Theologie, das Erste Testament auf Augenhöhe zu rezipieren, Pflichtzitate verkommen zu Lametta-Flitter in den akademischen Texten. Offenbar ist das akademische Besteck ungeeignet, tragfähige Verbindungen herzustellen: einseitig spekulative, christozentrische oder rechtfertigungstheologische Denkmodelle haben häufig nur Bedarf an den alttestamentlichen Schöpfungserzählungen

---

1 Notger Slenczka, Die Kirche und das Alte Testament, in: Elisabeth Gräb-Schmidt (Hg.): Das Alte Testament in der Theologie. Marburger Jahrbuch Theologie, Leipzig 2013, 83–119. Ich will die Debatte hier nicht inventarisieren, auch deshalb nicht, weil die Argumente zu sehr von Reflexen gesteuert wurden. Entscheidende Hinweise kamen deshalb allenfalls von außerhalb. So hat etwa Jan Assmann noch einmal an die Bedeutung des Ersten Testaments für das kulturelle Gedächtnis erinnert: »Das hängt mit der viel höheren Farbigkeit und Einprägsamkeit der alttestamentlichen Erzählungen, dem größeren Reichtum an Gebeten und Lobpreisungen, dem unerschöpflichen Vorrat an ›Weisheit‹ und Lebensregeln und der Vielfalt der lyrischen, narrativen, normativen und historiographischen Gattungen zusammen.« Jan Assmann, Die Fremdheit des Alten Testaments. Bemerkungen zu einer These von Notger Slenczka, in: FAZ Nr. 149, 1. Juli 2015, N 3.

plus Sündenfall, der Rest wird eilig überblättert. Nach der erstaunlich schnellen Auskühlung der Debatte und den flugs verschorften Stigmata des Berliner Kollegen besteht jetzt der Kairos, ein anderes Theologiemodell in die Debatte einzubringen, um den Hiatus zwischen Erstem und Zweitem Testament zu minimieren. Die Kandidatin für dieses neue Theologie- und Ethikkonzept ist die Weisheit. Für diesen Vorschlag führt die Überzeugung Regie, Weisheit könne genau das leisten, was an anderer Stelle offenbar als nicht denkbar oder als gar nicht nötig befunden wird. Einer schleichenden Abkoppelung des Ersten vom Zweiten Testament entgegenzuarbeiten, gelingt freilich nur, wenn man gegenüber gehätschelten Vorlieben auf Seiten der Systematischen Theologie und Ethik Diät hält – der Sündenfixiertheit, der christozentrischen Soteriologie und der Rechtfertigungslehre. Steht die biblische Weisheit aber nicht in einem schlechten Ruf?

Mein Essay hat drei Teile. Ein erster Teil erinnert an die wechselvolle Geschichte der Weisheit innerhalb der akademischen Wissenschaft. Zwei kleine Fallstudien zeigen die literarische Erschließungskraft, die an Texten der kritischen oder erzählenden Weisheit vorgeführt werden. Eine weisheitliche Theologie wird gelenkt, so die These im dritten Teil, von einer milde optimistischen Weltsicht und Menschenkunde, die zu einer sehr grundsätzlichen Korrektur der harmatiologischen Verbiesterung der Theologie nötigt und die Vermiesung menschlicher Fähigkeiten hinterfragt. Diskret gesteuert werden die Texte der erzählenden Weisheit von der Idee des *concursus divinus*, die auf die Bildungsfähigkeit, die *paideia* des Menschen setzt.

1. Die bedächtige Karriere der Weisheit

Die alttestamentliche Wissenschaft pflegte lange eine latente Aversion gegen die alttestamentliche Weisheit, galt die Weisheit doch als nicht genuin israelitisch und erweckte, wie Ernst Würthwein noch Ende der 1950er Jahre kritisierte, »den Eindruck [...], als könne der Mensch den Segen von sich aus und außerhalb des Bundes erreichen. [...] Das war vielleicht ägyptisch, jedenfalls nicht genuin israelitisch.«[2] Würthwein konstruierte einen Gegensatz zwischen Weisheit und JHWH-Glaube, zwischen einem Gott der Geschichte und einem weisheitlichen Denken (Maat),[3] das, so seine Vermutung, von hö-

---

2 Ernst Würthwein, Die Weisheit Ägyptens und das Alte Testament (1958/1960), in: Ders., Wort und Existenz. Studien zum Alten Testament, Göttingen 1970, 197–216, hier 207.

3 Würthwein stellt vier Charakterzüge weisheitlichen Denkens heraus: »1. Das Leben

fischen Kreisen nach Israel importiert wurde. »Es ist ganz deutlich, daß der Bundesgott, dessen Bereich vor allem die Geschichte ist [...], sich in seiner ganzen Grundkonzeption nach unterscheidet von dem Gott der Weisheit, der als Vergelter im Leben des Einzelnen wirkt.«[4] Würthwein macht, jenseits der Entrüstungslogik, auf ein Problem aufmerksam: Das weisheitliche Denken ist von der Anlage her zu optimistisch und lässt für eine strikt eschatologisch ausgerichtete Versöhnungslehre offenbar keinen Platz. Und auch der optimistische »Menschentyp, der für Israel neu war und dessen Selbstsicherheit dem genuin-israelitischen Glauben anstößig sein mußte«,[5] benennt für Würthwein ein Skandalon.

Würthweins Hoffnung, genuin Israelitisches methodisch erheben zu können, ist inzwischen endgültig verflogen, die gegenwärtige alttestamentliche Forschung von Rang erkennt an, dass auch die geschichtlich denkenden Texte an gemeinorientalischen Vorstellungen partizipieren. Und die Forschung zur Weisheit durch das für seine Leserinnen und Leser milde überraschende Spätwerk Gerhard von Rads,[6] bekanntlich unter kräftiger Mitarbeit von Hermann Timm entstanden, hat die Exegese beflügelt. Auch in systematischer Hinsicht wurde hier inzwischen nachgebessert. Christoph Schwöbel erklärt hellsichtig, »dass es sich bei der Zuordnung von Geschichte und Weisheit um ein Strukturproblem des alttestamentlichen Gottesglaubens handelt, das sich in der neutestamentlichen Überlieferung fortsetzt«, sie ist somit »zentrale Fragestellung«,[7] mitnichten also importiertes Fremdgut. Scharfsinnig kann Schwöbel zeigen, wie die – etwa von Würthwein – unterstellte Trennung von Geschichtsoffenbarung und Erfahrungserkenntnis eine neuzeitliche Eintragung in die alttestamentlichen Texte ist und sich nicht aus den Texten erheben lässt.

---

verläuft nach einer bestimmten Ordnung. 2. Diese Ordnung ist lernbar. 3. Dadurch ist dem Menschen ein Instrument in die Hand gegeben, seinen Lebensweg zu bestimmen und zu sichern, denn 4. Gott selber muß sich nach dieser Ordnung, diesem Gesetz, richten.« Würthwein, Die Weisheit Ägyptens und das Alte Testament, 204.

4 Ebd., 203.

5 Ebd., 204.

6 Gerhard von Rad, Weisheit in Israel, Neukirchen-Vluyn 1970; neu herausgegeben und mit einer Einleitung versehen von Bernd Janowski, Neukirchen-Vluyn 2013. Hermann Timm, Weisheit: Die kanonische Entsockelung der Megatheologie, in: Ders., Sage und Schreibe. Inszenierungen religiöser Lesekultur, Kampen 1995, 62–71.

7 Christoph Schwöbel, Der Gott der Geschichte und der Gott der Weisheit. Systematisch-theologische Erwägungen im Anschluss an Gerhard von Rad, in: Paul Hanson u. a. (Hg.): Biblische Theologie, atm 14, Münster 2005, 139–154, hier 146.

> »Indem die weisheitliche Literatur die Frage nach den Bedingungen der Möglichkeit des rechten Handelns immer mitthematisiert, richtet sie sich nicht nur auf einen eingegrenzten, gleichsam rein säkularen Raum [...], sondern fragt nach dem Grund der Regelhaftigkeit des Geschehens der Welt. Weil diese Frage – jedenfalls in der kanonischen Gestalt der Weisheitssammlungen – immer mitgestellt wird, ist die ›Erfahrungsweisheit‹ immer zugleich – zumindest implizit – ›theologische Weisheit‹. [...] Im Blick auf diese theologische Ausrichtung, die auch den im höchsten Maße weltzugewandten Formen der Weisheit eignet, ist es voreilig, von einem Gegensatz zwischen der Offenbarung, die sich vorrangig in der Geschichte eignet, und der Erfahrung, die sich auf die Strukturen der Welt bezieht, zu sprechen.«[8]

Auch Gerd Theißen will für das Urchristentum keinen Hiatus von Erfahrungsweisheit und Offenbarungsweisheit aufmachen, ergänzt aber:

> »Im Prinzip wäre eine Sammlung von Weisheiten des Urchristentums denkbar, in der solche allgemeinen Erfahrungsweisheiten [wie die Goldene Regel, K. H.] gesammelt würden – also das, was keine Grenzen zwischen Gläubigen und Ungläubigen, Juden, Christen und Moslems, zwischen Ost und West zieht. Aber damit würde man das Charakteristische der urchristlichen Weisheit verfehlen: die Verbindung einer allgemeinen Erfahrungsweisheit mit einer an Jesus gebundenen Offenbarungsweisheit. Man müsste die Texte willkürlich durch Auslassungen kürzen, wollte man die Beziehung auf Jesus als Sprecher oder Gegenstand der Weisheitsüberlieferung des Urchristentums leugnen.«[9]

Offenbarungsweisheit und Erfahrungsweisheit dürfen also nicht vorschnell gegeneinander ausgespielt werden. Theißen mahnt damit freilich auch an, die Weisheit mit der Soteriologie[10] zu verbinden:

> »Weisheit wird jenseits der Krise der Weisheit als Offenbarungsweisheit neu begründet. Diese Offenbarungsweisheit orientiert sich nicht nur an den Strukturen dieser Welt, sondern erwartet eine neue Welt mit anderen Strukturen, in der sich einmal alle Rätsel lösen werden.«[11]

Weil aber Jesus nicht nur ein Lehrer der Weisheit war, sondern nach neutestamentlichem Verständnis die Inkarnation der Weisheit (Kol 2,3) darstellt, wird die Offenbarungsweisheit

---

8 Ebd., 148.

9 GERD THEISSEN, Die Weisheit des Urchristentums, München 2008, 232.

10 Eine ganz klassische Soteriologie hat ein Text der EKD eingefordert. EKD: Für uns gestorben. Die Bedeutung von Leiden und Sterben Jesu Christi. Ein Grundlagentext des Rates der Evangelischen Kirche in Deutschland, Gütersloh 2015.

11 Ebd., 233.

> »im Urchristentum zu einer in Menschengestalt ›inkarnierten Weisheit‹, die auf Erden hier und jetzt zugänglich ist. [...] Die Offenbarungsweisheit kann sich wegen ihrer irdischen Erscheinung in Jesus eng mit menschlicher Erfahrungsweisheit verbinden: Denn Jesus lehrte Weisheit in Bildern und Gleichnissen dieser Welt, die für eine andere Welt transparent sind. [...] Nach urchristlicher Überzeugung wurde die neue Welt in einem Menschen schon in dieser Welt verwirklicht. Sofern das Neue in dieser Welt erscheint, hat urchristliche Weisheit die Gestalt der Erfahrungsweisheit, sofern eine neue Welt in ihr erscheint, ist sie Offenbarungsweisheit.«[12]

Alle genannten Autoren konzentrieren sich freilich zu einseitig auf die Weisheitsgattung[13] im Alten Testament, erwähnen allenfalls noch die Krise der Weisheit bei Hiob und Kohelet,[14] die dann, so der klassische Reflex, durch Jesus geheilt wurde. Diese Sicht ist erstaunlich kurzsichtig und kurzatmig, denn ergänzt werden müssen die Weisheitssammlungen durch die komplexe weisheitliche Literatur wie die Kain-und-Abel-Geschichte, die Josefnovelle, Ruth, Jona, Esther und das besagte Hiobbuch.[15] Nach erneut problematischen Versuchen durch Horst Dietrich Preuß, die durch von Rad sehr zentral positionierte Weisheitsliteratur wieder an den Rand des Kanons zu drängen, steht inzwischen die Weisheit erneut im Zentrum des Interesses.[16] Beide, sowohl

---

12 Ebd., 235.239. Theissen erinnert noch einmal daran, dass ab dem Mittelalter die geistlichen Tugenden Liebe, Glaube, Hoffnung die weltlichen Kardinaltugenden Weisheit, Besonnenheit, Tapferkeit und Gerechtigkeit ergänzen. »Geistliche und weltliche Tugenden sind dabei eine Ausdifferenzierung des antiken Kanons der beiden Tugenden: ›Frömmigkeit gegenüber Gott und Gerechtigkeit unter den Menschen‹. Die Frömmigkeit wird als Glaube, Liebe, Hoffnung entfaltet, die Gerechtigkeit als Weisheit, Besonnenheit und Tapferkeit. Die biblische Variante dieses Kanons von zwei Tugenden ist das Doppelgebot der Liebe zu Gott und zum Nächsten, das wahrscheinlich unter dem Einfluss der allgemeinen antiken Tradition von einem Kanon zweier Tugenden formuliert worden ist.« Ebd., 235 f.

13 Daran orientiert sich auch noch das eindrückliche Buch von Ilse Müllner, Das hörende Herz. Weisheit in der hebräischen Bibel, Stuttgart 2006.

14 Vgl. dagegen den starken Text von Martin Leuenberger, Gott in Bewegung. Religions- und theologiegeschichtliche Beiträge zu Gottesvorstellungen im alten Israel, Tübingen 2011, 252–278.

15 Vgl. Melanie Köhlmoos: Weisheit/Weisheitsliteratur, Altes Testament, in: TRE 35 (2003), 478–522, hier 490.

16 Horst Dietrich Preuss, Einführung in die alttestamentliche Weisheitsliteratur, Stuttgart u. a. 1987, 154–171. Dazu kritisch: Ludger Schwienhorst-Schönberger, Alttestamentliche Weisheit im Diskurs, in: ZAW 125,1 (2013), 118–142, hier 125 f. Einen sehr guten Überblick bietet: Markus Witte, ›Weisheit‹ in der alttestamentlichen Wissenschaft. Ausgewählte literatur- und theologiegeschichtliche Fragestellungen und Entwicklungen, in: ThLZ 137 (2012), 1159–1176.

die klassische Weisheit der Weisheitsgattung als auch die kritische, erzählende Weisheit,[17] sind immer literarisch vermittelt – einmal als poetische Weisheitssprüche, dann als literalisierte Biografien. In dieser Hinsicht ist die Trennung zwischen ›natürlicher‹ Erkenntnis und Offenbarungserkenntnis wenig sinnvoll. Weil die erzählenden Texte der Weisheit die Geschichtserfahrung literarisch inszenieren, verbietet es sich zudem, im harten Sinn von Geschichtserfahrung oder Geschichtsoffenbarung zu sprechen, anders gewendet: Das Offenbarungselement wird im Gegensatz zum traditionellen Geschichtserfahrungsansatz in der literarischen Fiktion, also im literarischen Text verankert – *aus einem Geschichtserfahrungsansatz wird ein Geschichtenerfahrungsansatz.* Das Kommunikationsmittel von Offenbarung als Heiliger Geist ist in all diesen Texten anwesend und dort zu erlesen.

Diese Neujustierung bietet mehrere Vorteile: Die erzählenden Texte werden entkoppelt von der hochproblematischen Rückfrage nach der Historizität alttestamentlichen Personals der Frühphase.[18] Zweitens lässt sich relativ problemlos auch in alttestamentlichen Texten vom Heiligen Geist oder vom Geist der Weisheit reden, der eine andere Wahrnehmung der Welt erlaubt als die empirische. Damit wird auch die Möglichkeit erschlossen, die literarische Kunst der Weisheit mit der literarischen Kunst des Geschichtenerzählers Jesus und der Schriftstellerkunst des Neuen Testaments zu verbinden – möglich wird damit die Forschungsrichtung einer *Poetik des Heiligen Geistes,*[19] die produktionsästhetisch plausibel macht, wie und durch welche stilistischen

---

17 In diesem Essay kann ich nur einige Hinweise geben: THOMAS KRÜGER, Erkenntnisbindung im Weisheitsspruch. Überlegungen im Anschluss an Gerhard von Rad, in: DAVID A. CLINES (Hg.), Weisheit in Israel, Berlin 2003, 53-66; JAN-DIRK DÖHLING, Von Ratschlägen und Lebensgeschichten. Zum Verhältnis von Spruchweisheit und weisheitlichem Erzählen, in: ISOLDE KARLE, Lebensberatung – Weisheit – Lebenskunst, Leipzig 2011, 30-47; JÜRG LUCHSINGER, Poetik der alttestamentlichen Spruchweisheit, Stuttgart 2010; ANDREAS WAGNER, Der Parallelismus Membrorum zwischen poetischer Form und Denkfigur, in: DERS. (Hg.), Parallelismus Membrorum, Fribourg 2007, 1–24; THOMAS KRÜGER, Kritische Weisheit. Studien zur weisheitlichen Traditionskritik im Alten Testament, Zürich 1997; MAGNE SÆBØ, Sprüche. Das Alte Testament Deutsch, Göttingen 2012, 9–17.

18 NIELS PETER LEMCHE, Die Vorgeschichte Israels. Von den Anfängen bis zum Ausgang des 13. Jahrhunderts v. Chr., Biblische Enzyklopädie 1, Stuttgart u. a. 1996.

19 Nach der bisher zweibändigen Phänomenologie des Heiligen Geistes von HERMANN TIMM bietet es sich im Anschluss daran an, das Programm einer Poetik des Heiligen Geistes, das selbstredend interdisziplinär ausgeführt werden muss, aufzulegen. HERMANN TIMM, Phänomenologie des Heiligen Geistes, Bd. 1: Elementarlehre. Das Weltquadrat. Eine religiöse Kosmologie, Gütersloh 1985; DERS., Phänomenologie des Heiligen Geistes, Bd. 2: Dialektik. Von Angesicht zu Angesicht. Sprachmorphische Anthropologie, Gütersloh 1992.

Mittel ein Erleben dieser anderen Weltwahrnehmung möglich ist oder, anders gewendet, wie der Glaube durch das Handeln der Texte hervorgerufen wird. Die hermeneutische Aufgabe besteht nicht primär darin, die Glaubenszeugnisse zu verstehen, sondern die literarischen Kommunikationsmittel, die eine andere Weltsicht erlebbar machen, sollen poetologisch erschlossen werden.

Ein weiterer Punkt kommt hinzu. Die Weisheit verdichtet sich nicht nur in der Spruchweisheit und der erzählenden oder kritischen Weisheit, sondern die Stärke der Weisheit ist ihre sehr grundsätzliche, bis zur Schlussredaktion des hebräischen Kanons reichende Literarisierung von Erfahrung und ihre konsequente Inszenierung von Erleben. Ob die These, die Vertreter der Weisheit hätten an der Schlussredaktion des hebräischen Kanons federführend mitgewirkt,[20] sich als tragfähig erweist, ob sich also nicht die Weisheitstheologie als ideale Kandidatin für einen *canonical approach* anbietet, muss sich zeigen.[21] Ich lese auch zentrale Partien der literalisierten Prophetie (etwa die Zeichenhandlungen) als Geschichtenerfahrungsansatz und Teil eines *paideia*-Programms, das die Leserinnen und Leser sensibilisiert für eine andere Wahrnehmung und sie damit zur Ausbildung eines religiösen Orientierungswissens anhält. In dieser Tradition steht auch Jesus von Nazaret.

Weisheit ist eine literarisch vermittelte Weltsicht, weisheitliche Ethik entsprechend eine narrative Ethik. Eine weisheitliche Denkkultur rechnet

---

20 Gerald T. Sheppard, Wisdom as a Hermeneutical Construct. A Study in the Sapientializing of the Old Testament, Berlin, New York 1980; Klaas Huizing, Die Weisheit als Kanon-Hermeneutin. Über die Lektoralisierung religiöser Erfahrung, in: Christof Landmesser/Andreas Klein (Hg.), Normative Erinnerung. Der biblische Kanon zwischen Tradition und Konstruktion, Leipzig 2014, 101–130. Damit ich nicht missverstanden werde: Damit ist die Redaktionsgeschichte nicht vom Tisch, im Gegenteil, extrem spannend wäre es zu erfahren, mit welcher Intention und warum an bestimmten Stellen eine weisheitliche Relektüre getätigt wurde. Vgl. auch: Klaas Huizing, Viel Lob, viel Ehr. Karte und Gebiet einer doxologischen Ethik, in: Friedrich W. Horn/Ulrich Volp/Ruben Zimmermann, Metapher – Narratio – Mimesis – Doxologie: Begründungsformen frühchristlicher und antiker Ethik. Kontexte und Normen neutestamentlicher Ethik, Tübingen 2015, im Druck.

21 Brevard S. Childs, The New Testament as Canon. An Introduction, Philadelphia 1985; Ders., Die Theologie der einen Bibel, Bd. 1: Grundstrukturen; Bd. 2: Hauptthemen, Freiburg i. Br. u. a. (Sonderausgabe) 2003; Ders., Does the Old Testament Witness to Jesus Christ, in: Jostein Adna u. a. (Hg.): Evangelium – Schriftauslegung – Kirche. Festschrift für Peter Stuhlmacher zum 65. Geburtstag, Göttingen 1997, 57–64. Childs rechnet sich selbst zu den Schülern von Rads. Ich plädiere eher für einen ästhetischen canonical approach. Vgl. auch Helmut Utzschneider: Michas Reise in die Zeit. Studien zum Drama als Genre der prophetischen Literatur. Stuttgarter Bibelstudien 180, Stuttgart 1999. Utzschneider verzichtet vollständig auf die redaktionsgeschichtliche Fragestellung, dieser Verzicht freilich ist nicht zwingend.

immer mit einer erfahrbaren Gegenwart und einem wohlwollenden Begleiten des einzelnen Lebens und der Geschichte der Menschheit durch Gott. Die dogmatische Tradition hält dafür den Topos von der Vorsehung oder besser: den *concursus divinus* bereit. Dieser, auf den ersten Blick, sperrige Begriff lässt sich im Rekurs auf alttestamentliche Texte leichthändig konkretisieren. Das literarische Organisationsideal der Texte erzählender Weisheit ist, so meine These, der *concursus divinus*. Ich will zwei Beispiele geben. Erstens skizziere ich die Geschichte von Kain und Abel. Sie enthält eindeutig weisheitliche Elemente, präsentiert einen literalisierten Gott, der sein Personal durch eine Klugheitsregel coacht. Zweitens orientiere ich mich an der fiktiven Biografie des alttestamentlichen Weisheitshelden Josef. Er ist ein Beispiel für die glückliche, versöhnte Rundung eines verzweigten Lebens. Für Optimismus gibt es nach der Lektüre durchaus gute Gründe.

2. Der indiskrete und der diskrete Weisheitslehrer

Der biblische Erzähler fingiert Kain als Veteran der Opferpraxis. Abel zieht nach. Thema der Erzählung ist die misslungene Eröffnung einer (neuen) personalen Beziehung zwischen Mensch und Gott. Kain will, auf den ersten Blick durchaus sympathisch und nachvollziehbar, stellvertretend für den Vater die Krise der Autonomisierung zwischen Gott und Mensch (Adam) heilen, indem er Gott vom Erlös seiner Arbeit abgibt. Im Gegenzug erwartet er eine Anerkennung. *Do ut des*. Abel, klassisches Zweitkindverhalten, zieht nach. Gott verweigert Kain diese Anerkennung, Abel verweigert er die Anerkennung nicht. Das Verhalten Gottes ist scheinbar starrköpfig und widersinnig, schaut man aber genauer hin, dann ist das Verhalten dieser literarischen Gottesfigur von schwindelerregender Konsequenz, auch wenn der Alltagsleser hier eine himmelschreiende Ungerechtigkeit wittert. Gott verweigert das *Do-ut-des*-Angebot Kains, er lässt sich (zumindest an dieser Stelle des Familienromans) nicht in ein Rechtsverhältnis zwingen.

Eine Neueröffnung der personalen Beziehung zwischen Mensch und Gott kann, so die Pointe des Textes, nur als Geschenk, als Geste in Freiheit geschehen. Gott beschämt durch die Ablehnung des Opfers Kain, um diese Erfahrung einzuschärfen. Der literarische Gott demonstriert seine Freiheit[22] allerdings nicht ohne Ironie und Satire, indem er das Opfer von Abel akzeptiert. Gottes Verhalten ist also Ausdruck seiner Freiheit, die sich sogar die Freiheit nimmt, das eigene Verhalten nicht ausführlich zu begründen. Man

22 »Wem ich gnädig bin, dem bin ich gnädig« (Ex 33,19).

kann, um die scheinbar despotischen und zugleich humoresk-satirischen Züge an diesem Freiheits- und Ehrbegriff abzuschwächen, versuchen, sich in die innere Befindlichkeit der Protagonisten einzufühlen. Offenbar neigt Kain, so zeigt der Fortgang der Geschichte, dazu, erfahrenes Misslingen als Beschämung mit aufflackernder Wut zu quittieren, Abel dagegen ist charakterlich anders disponiert, der Text zeichnet ihn als langweiligen Nachmacher, der die *Do-ut-des*-Systematik gar nicht intendiert, vielleicht auch gar nicht durchschaut hat.

Man darf den Gedanken durchaus noch verschärfen, indem man den biblischen Text so liest, als sei Gott bereits in dieser anfänglichen Geschichte als *Kultkritiker* und *Kritiker von diktierten Rechtsverhältnissen* aktiv geworden. Zuwendung, so die inszenierte Erfahrung, ist nicht verhandel- und kaufbar. Gott ist in dieser Lesart der erste Kultkritiker. Und die *Do-ut-des*-Logik stellt er sehr hintersinnig infrage.

4,6 Da sprach der Herr zu Kain: Warum ergrimmst du? Und warum senkst du deinen Blick?

4,7 Ist's nicht also? Wenn du fromm (fromm hier auch körpersprachlich verstanden im Sinne von ein rechter, aufrechter Mann, K. H.) bist, so kannst du frei den Blick erheben. Bist du aber nicht fromm, so lauert die Sünde (hier im hebräischen Text als Zielverfehlung durch die Nichtbändigung eines Affektes gemeint) vor der Tür, und nach dir hat sie Verlangen; du aber herrsche über sie.[23]

---

[23] Exegetisch lässt sich trefflich darüber streiten, ob wir es hier mit einem weisheitlich grundierten Text zu tun haben. Gen 3 und Gen 4 sind streng parallel konzipiert, nur 4,7 passt nicht in das Muster und scheint Indiz für eine weisheitliche Überarbeitung zu sein. Ich will einige Exegeten nennen, die die Kain-und-Abel-Geschichte weisheitlich lesen. Friedemann W. Gnolka, Keine Gnade für Kain, in: Rainer Albertz (Hg.), Werden und Wirken des Alten Testaments. Festschrift für Claus Westermann zum 70. Geburtstag, Göttingen, Neukirchen-Vluyn 1980, 58–73. Gnolka sieht in Gen 4,1–16 »erstaunliche Ähnlichkeiten« zur »älteren Weisheit« (71). Vgl. auch John Byron, Cain and Abel in Text und Tradition. Jewish and Christian Interpretations of the First Sibling Rivalry, Leiden 2011. Andreas Schüle deutet »Die Kainerzählung als weisheitliche Reflexion auf das Werden des Gewaltmenschen«, in: Ders., Der Prolog der hebräischen Bibel. Der literar- und theologiegeschichtliche Diskurs der Urgeschichte (Genesis 1–11). Abhandlungen zur Theologie des Alten und Neuen Testaments, Bd. 86, Zürich 2006, 180. Schüle verweist auf von Rad, der den »Jahwisten als salomonische(n) Aufklärer« identifiziert (25), inventarisiert Blenkinsopp, der die These allerdings auch mit einer Warnung vor der Weisheit und der Erinnerung an problematische Figuren wie Jonadab, Ahitophel und die Witwe von Tekoa verbindet. Gleichwohl gilt: »Gen 1–11 als Prolog zur Geschichte Israels gehört damit gänzlich zur innerbiblischen Kommentierung von P, deren Charakter Blenkinsopp als weisheitlich bestimmt.« (27). Schüle zitiert Joseph Blenkinsopp, The Pentateuch. An Introduction to the first Five Books of the Bible, New York u. a. 1992.

Diese Zeilen beschreiben sehr genau den Blickdiskurs, den der Schriftsteller eröffnet. Kains Gesicht entflammt, und sein Blick senkt sich schamvoll.[24] Und gleichzeitig steigt Wut auf, der das Gefühl in eine andere Richtung drängen will. Kain schämt sich für das, was hier im Angesicht seines Bruders und seiner Eltern, die die Erzählung nicht ausdrücklich erwähnt, geschieht. Kain möchte in dieser unangenehmen Situation nicht gesehen werden. Erst recht nicht von seinen Eltern, und ganz entschieden nicht von seinem Bruder. Und er sucht in der Scham-Wut über diese als ungerecht empfundene Beschämung bereits Auswege aus seinem Dilemma. Deshalb ist diese Wut keine blinde Wut[25] oder noch weniger ein blinder Zorn, denn es ist überaus konsequent, den Zeugen der Beschämung, der in himmelschreiender Ungerechtigkeit nicht beschämt wird, auszulöschen. Herrlich präzise verschränkt der biblische Urschriftsteller die Bewegungssuggestionen von Scham und Wut.

Kain gerät in einen Konflikt, aus dem er keinen Ausweg kennt. Gott verweigert das *Do-ut-des*-Angebot als alleinige Handlungsmaxime. In dem kurzen Gespräch Gottes mit Kain wird unmissverständlich gesagt: Aufblicken, sich entschämen, kann man nur, wenn die Beziehung zu anderen (auch zu Gott) künftig nicht narzisstisch, sondern personal organisiert ist. Gott erteilt keine Absage an Selbstständigkeit, aber er verweigert sich einseitigen Be-

---

[24] Treffend schreibt Christina-Maria Bammel in ihrem Essay: Schau her, hier steh ich Armer, der Zorn verdienet hat ... Eine theologische Ortsbestimmung des roten Gefühls, in Kunst und Kirche 4 (2011), 12–15, hier 13: »Es wird immer wieder bezweifelt, dass die im hebräischen Text angedeutete Rotfärbung des Gesichtes auf Schamesröte hinweist, da Vergleichstexte dafür fehlen. Das mag sein. Es leuchtet allerdings auch ganz und gar ein, dass die Erfahrung, abgewiesen zu werden, Scham hervorruft – mit oder ohne Erröten.« Ich stimme Bammel auch zu, wenn sie schreibt: »Gott ist der eigentliche Konfliktpartner. Das spricht für eine bestimmte Dominanz der Scham, und weniger für die des Neides gegenüber dem Geschwisterkind.«

[25] Vgl. Martina Steinkühler, Kain und Abel, in: Mirjam Zimmermann/Ruben Zimmermann (Hg.): Handbuch Bibeldidaktik, Tübingen 2013, 275–279, hier 277. Steinkühler übersieht eine Pointe des Textes, wenn sie sich zunächst mit guten Argumenten gegen Lesarten wendet, die Kain zum Bösewicht stempeln: »Sein Herz sei schon vor der Tat und vor dem Opfer schwarz gewesen – und Gott habe das gesehen und ihm deshalb keine Gnade erwiesen« (278). Das wird im Text in der Tat nirgends gesagt, sondern Gott stellt Kain zur Rede, zeigt ihm seinen falschen Umgang mit Emotionen, man darf durchaus von charakterlicher Disposition sprechen, und fordert ihn zu einem anderen Umgang mit Emotionen auf. Die aufsteigende Wut in der Beschämung wird jetzt final falsch gedeutet. Zwingend ist das nicht, sondern der Freiheit geschuldet. Deshalb muss auch die religionspädagogische Reflexion nicht darauf abheben, es komme darauf an, gönnen zu lernen (278), sondern gelernt werden soll der rechte Umgang mit Emotionen, hier mit der aufsteigenden Wut in der erlebten Bloßstellung oder Beschämung. Die Psychologie der Geschichte ist viel feinsinniger, als Steinkühler wahrhaben will.

ziehungsdiktaten. Gott ist nicht durch hintersinnige Geschenke juristisch erpressbar.[26] Diese Passivitätserfahrung ist für Kain offenbar unerträglich, er ergreift deshalb die Möglichkeit, Herr des Geschehens zu werden, indem er in die virile Täterrolle wechselt. *Wenn die Scham in Schuld umgewandelt wird, entkommt der Beschämte zwar der Passivität der Scham-Situation, aber nur zum Preis der Schuld: Er wird Täter.* Klug ist derjenige, der diese verlockende Selbstermächtigung nicht übernimmt, sondern künftig, so die tugendethische Pointe, besonnen und kooperativ agiert.[27]

---

26 Alle Pointen dieser Geschichte verdirbt CLAUS WESTERMANN, wenn er den (nachträglichen) Einschub als versuchte Entschuldigung Gottes zu deuten sucht: Genesis, Bd. II: Genesis 1–11, Teil 2: Gen 4–11, Neukirchen-Vluyn [4]1999, 409.

27 Sehr nachdrücklich hat der amerikanische Philosoph BERNARD WILLIAMS darauf aufmerksam gemacht, dass im Unterschied zur Schuld die Scham für moralische Selbstkritik entscheidend ist, weil sich die Scham, darin von der Schuld unterschieden, nicht leichthändig wiedergutmachen lässt. »Die Schuld vermag Aufmerksamkeit auf die zu lenken, denen Unrecht oder Schaden zugefügt wurde, und sie verlangen Wiedergutmachung im Namen dessen, was diesen Menschen passiert ist. Aber sie versetzt uns als solche nicht in die Lage, unser Verhältnis zu derartigen Ereignissen zu verstehen, und sie hilft auch nicht dabei, das Selbst, das diese Dinge getan hat, oder die Welt, in der es leben muss, neu zu schaffen. Das kann nur die Scham, da sie eine Vorstellung davon beinhaltet, wer ich bin und in welchem Verhältnis ich zu anderen stehe.« BERNARD WILLIAMS, Scham, Schuld und Notwendigkeit. Eine Wiederbelebung antiker Begriffe der Moral, Berlin 2000, 110. RENÉ MAJER pflichtet in einer konzisen Studie WILLIAMS bei, modifiziert aber leicht die Pointe: »Schuld ist nicht ausschließlich auf das Opfer bezogen. Es ist durchaus eine selbstbezogene Einstellung: ›Ich darf mich nicht beklagen, wenn andere wütend, erbost und einfach nur verletzt sind.‹ Schuld konfrontiert den Täter mit dem Groll, den seine Handlung und seine Motive verdienen. Aber Schuld sieht dabei tatsächlich vom Charakter ab. Bei Schuld geht es nicht um die Frage, was etwa Grausamkeit über die eigene Person aussagt, sondern worauf man sich angesichts der eigenen Grausamkeit gefasst machen sollte. Schuld ist selbstbezogen, ohne charakterbezogen zu sein. Gerade deswegen kann Schuld den Blick einer Person auf sich selber verstellen und die Selbstverbesserung blockieren. [...] Die Kritiker des Schuldgefühls wie Williams haben Recht, wenn sie argumentieren, dass sich auf Schuldgefühlen alleine kein moralisches Selbstverständnis aufbauen lässt.« RENÉ MAJER, Scham, Schuld und Anerkennung, Berlin, Boston 2013, 115. MAJER zeigt in seiner Dissertation, wie stark Anerkennung Scham- und Schuldprozesse steuert: »Zustimmung und Wohlwollen, Gegenseitigkeit und sozialisierte Selbstbezogenheit sind die wichtigsten Merkmale von Anerkennungsbeziehungen. [...] Scham- und Schuldgefühle (sind, K. H.) immer auch Ausdruck von Anerkennungskonflikten.« Ebd., 4. Vgl. JENNIFER JACQUET, Scham. Die politische Kraft eines unterschätzten Gefühls, Frankfurt am Main 2015. JACQUET, die ihren Diskurs ideengeschichtlich nur rudimentär verortet, nennt sieben Wege zur effektiven Beschämung: »Ein Regelverstoß sollte deshalb 1. die angesprochene Öffentlichkeit betreffen, 2. deutlich vom erwünschten Verhalten abweichen und 3. absehbar nicht juristisch belangt werden. Der Täter sollte 4. der Gruppe angehören, die ihn bloßstellt. Und die Beschämung sollte 5. durch eine anerkannte Instanz erfolgen, 6.

Sehr diskret tritt Gott in der Josefnovelle auf. Die literarische Komplexität der Josefsnovelle, eigentlich ein Entwicklungsroman avant la lettre, ideales Vorbild für einen Creativ-Writing-Kurs, wird unterboten, wenn man ihre Aussage darauf reduziert, ein Weiser, wie er in Josef Gestalt gewinnt, dürfe, sofern er denn ein gottesfürchtiges Leben führt, auch wenn er Leid erfahren habe, im Kontext des Tun-Ergehen-Zusammenhangs final auf von Gott gewährtes Glück und Heil hoffen. Der Kern ist auch dann verfehlt, wenn man die Novelle als Beschwichtigungs- und Vertröstungsbuch liest: Im Blick zurück zeige sich, Leid verdunkle nur temporär das Leben. Auch Voten, die das Leid kleinreden im Blick auf ein übergeordnetes heilsgeschichtliches Ziel, etwa des Volkes Israel, verfehlen die Pointe. Die Exposition der Novelle (Gen 37) zeigt eine dramatische Verstrickung der führenden Protagonisten, doch im Erzählverlauf binden die gewieften weisheitlichen Erzähler die Handlungsfäden so zusammen, dass alle Beteiligten Chancen zur Versöhnung bekommen, wodurch eine glückliche Rundung sich einstellt. Der Text erzieht in Freiheit zur Freiheit. Die zentrale theologische Aussage besteht darin, Gott als diskreten Lenker vorzustellen, der Möglichkeiten der Versöhnung erschließt. Gottes *concursus* und menschliches Handeln begegnen sich in Freiheit.

Von der Leserin und dem Leser verlangt die Geschichte einen längeren Atem, denn Möglichkeiten zur Versöhnung verstreichen mehrfach. Mit der Brille des Tun-Ergehen-Zusammenhangs gelesen, bleibt die Geschichte unverständlich. Auf Verfehlung folgt nicht Strafe, vielmehr werden diejenigen, die wegen Ehrverletzungen Schuld auf sich geladen haben, Chancen zur Versöhnung eingeräumt. Das Unrecht wird durch Versöhnung geheilt. Wie bereits vorher in der Bibel im Drama zwischen Jakob und Esau – bei der Wiedervereinigung der Brüder vergleicht Jakob sogar das Angesicht seines Bruders mit dem Angesicht Gottes – ist die Josefgeschichte eine Versöhnungsgeschichte. Bedingung für die Versöhnung ist eine weisheitliche Entwicklung des ganzen Personals:[28] Josef ist am Ende der Geschichte nicht mehr eingebildet, der Bruder Juda übernimmt für den neuen Lieblingssohn Benjamin die Bürgschaft und gibt sich selbst zum Pfand. Über diese offenbar zwischenzeitlich eingetretene Charakterschulung ist Josef so gerührt, dass er, gegen die höfische Zeremonie verstoßend, laut und völlig schamfrei weint, nachdem er seine Brüder hinausgeschickt hat. Um weise zu werden,

---

sich auf etwas richten, das maximalen Nutzen verspricht, und 7. gewissenhaft umgesetzt werden.« Ebd., 115 f.

[28] In dieser Hinsicht ist die Jakobgeschichte durchaus weisheitlich konzipiert, obwohl exegetisch keine markanten Hinweise auf die Weisheit auszumachen sind.

so die Pointe, bedarf es biografischer Entwicklung, die ein weises Verarbeiten von Lebenserfahrung einschließt. Und auch das ist im Vergleich zur frühen Weisheit neu: Menschen, die schuldig geworden sind, bekommen vom göttlichen Erzähler Möglichkeiten angeboten, Unrecht durch Versöhnung auszugleichen. Entscheidend allerdings ist, dass die Versöhnung von demjenigen ausgeht, der das Leid erlitten hat. Um diesen Punkt plausibel zu machen, muss der Erzähler des Entwicklungsromans zu einem Kniff greifen: Die Brüder erkennen den älter gewordenen Josef nicht, damit ist ausgeschlossen, dass die Brüder interessegeleitet, weil sie gegen den Hunger um Getreide nachfragen, vor Josef auf die Knie fallen. Josef kommt also die Aufgabe zu, das Drama der Versöhnung einzuleiten. Es gibt eine innerweltliche Versöhnung.

Von hier aus ist freilich auch die neutestamentliche Erweiterung mit Händen zu greifen: Wo keine Chance auf Versöhnung etwa durch den Tod eines Protagonisten besteht (wie in der Geschichte von Kain und Abel), da kann diese Versöhnung nicht innerweltlich geschehen.[29] Der literarisierte Gott traut den Menschen zu, sich zu ändern, Lebenserfahrung zu verarbeiten, kooperativ und sensibel zu sein. Um ein modisches Wort zu gebrauchen: Bildung oder Pädagogik ist das älteste Enhancement-Modell der Welt. Ein großer Inszenierer ist dieser Gott, der immer erneute Möglichkeiten der Tugendbildung anbietet. Natürlich gibt es auch Schuld, und auch der Begriff Sünde mag gelegentlich eine Bedeutung haben, aber der Mensch kann Möglichkeiten der Versöhnung ergreifen, sobald sich die andere Sicht der Welt auch leiblich in den Gesten verankert hat.

3. Die optimistische weisheitliche Anthropologie

In einem spannenden Artikel, dem viel zu wenig Aufmerksamkeit in der systematischen Theologie geschenkt worden ist, hat Konrad Schmid von der Unteilbarkeit der Weisheit gesprochen[30] und in wünschenswerter Klarheit an den Schöpfungserzählungen gezeigt: »Es gibt keine göttliche Spezialweisheit, die sich von der menschlichen qualitativ absetzen würde, vielmehr ist die Weisheit eine Weisheit.«[31] Auch wenn Schmid den biblischen Texten in dieser

---

29 Ich danke herzlich Michael Bauer für Sehhilfen zur Lektüre des Ersten Testaments.

30 Konrad Schmid, Die Unteilbarkeit der Weisheit. Überlegungen zur sogenannten Paradieserzählung Gen 2 f. und ihrer theologischen Tendenz, in: ZAW 114 (2002), 21–39.

31 Schmid, Unteilbarkeit der Weisheit, 30. »Zusammengenommen zeigen diese Beobachtungen mit hinreichender Deutlichkeit: Die Paradieserzählung handelt nicht von

Frage eine zunehmende Skepsis abliest, gilt es unverdrossen diesen Sachverhalt festzuhalten, um eine vorschnelle Kennzeichnung des Menschen als Sünder und Schuldner zu unterbinden. Und auch der Psalm 8, mein Lieblingspsalm, feiert nicht kleinlaut den Menschen: »Du hast ihn wenig niedriger gemacht denn Gott, und mit Ehre und Schmuck hast du ihn gekrönt« (8,6).[32] Diese textlich inszenierten Erfahrungen werden zumeist übergangen, wenn es darum geht, die biblische Anthropologie mit einem schwarzen Ton zu grundieren. Hier muss man genauer hinschauen und mit Aufhellern arbeiten.

Die weisheitliche Weltsicht ist optimistisch grundiert, ohne schönfärbend zu verfahren, aber nahezu alle Novellen enden im Wortsinn versöhnlich, ohne, das macht die bis heute faszinierende stilistische Grandezza biblischer Erzählkunst aus, ins Kitschfach abzugleiten. Die biblischen Erzähler präsentieren einen Gott, der mal sehr indiskret als Beschämer in der Geschichte von Kain und Abel auftritt; der sein prophetisches Personal umschult zu Performern von Zeichenhandlungen, die sein Volk durch satirische Aktionen (Jes 20,1–6; Hos 1,1–9) beschämen sollen; sie präsentieren einen Jesus, der durch die hochgradig satirisch aufgeladenen Gleichnisse seine Zuhörer beschämt, die prompt die Beschämungserfahrung in Schuld verschieben und den Reformator ans Kreuz nageln; sie präsentieren auch einen Gott, der sehr diskret im Hintergrund für die Menschen Möglichkeiten, also Freiheit erschließt, um Krisen zu heilen. Das weisheitliche Bildungsprogramm ist also vielfältig strukturiert und arbeitet mit Präsenz- oder Diskretheitsabstufungen.

Die Schlüsselszene der Kain-und-Abel-Geschichte skizziert Gott als einen Weisheitslehrer, der mit allen Kniffs arbeitet, Kain wohlwollend beschämt,[33]

---

einem kostbaren Paradies, das der Mensch aufgrund seiner Hybris in einem skandalösen Akt des Ungehorsams zugunsten einer gänzlich defizienten Lebenswelt verloren hat. Der sogenannte Fall, der selbst ambivalent gezeichnet ist, führt nicht vom Positiven zum Negativen, sondern von der einen Ambivalenz in die andere, wobei ich mehr Sympathien des Erzählers bei der zweiten Ambivalenz wiederzuentdecken glaube.« Ebd., 34f.

32 Diametral entgegengesetzt beurteilt die Sachlage Hans G. Ulrich, Eschatologie und Ethik. Die theologische Theorie der Ethik in ihrer besonderen Beziehung auf die Rede von Gott seit Friedrich Schleiermacher, München 1988. Vgl. dagegen Falk Wagner, Sozialethik als Theorie des Geistes, ZEE 19 (1975), 197–214; Johannes Fischer, Leben aus dem Geist. Zur Grundlegung christlicher Ethik, Zürich 1994.

33 Die Gewalt, die einer Beschämung inhärent ist, kann man nur dann akzeptieren, wenn sie zur Konstituierung einer Person eingesetzt wird und nicht im Zweck-Mittel-Schema eingeordnet bleibt. Walter Benjamin hat von reiner Gewalt gesprochen. Walter Benjamin, Zur Kritik der Gewalt, in: Gesammelte Schriften, Bd. II,1, Frankfurt am Main 1977, 179–203, hier: 200: »Diese göttliche Gewalt bezeugt sich nicht durch die religiöse Überlieferung allein, vielmehr findet sie mindestens in einer geheiligten Ma-

ihn dann explizit auf ein, genauer: sein problematisches, hitziges Verhalten aufmerksam macht, ihm noch einmal die Freiheit erschließt, sich zu ändern, ihn zur Tugend der Besonnenheit umschulen will und zur Haltung der Kooperation animiert. Kain lässt sich bekanntlich nicht coachen und markiert, auch das ist ein stilistisch großartiger Kniff, mit dem zu zweifelhafter Berühmtheit gelangten Frage: Soll ich meines Bruders Hüter sein?, die Pflicht eines Menschen, die zugleich das höchste Gut horizontalisiert, sich zunächst und zumeist an der Freiheit des anderen auszurichten.[34] Und das sogenannte Kainsmal ist ein wenig diskretes Tattoo der wohlwollenden Fürsorge Gottes.

Wenn aber die Besonnenheit nicht greift, wenn die Schmach als zu groß erfahren und erlebt wird, wenn die Scham in Schuld verschoben wird, gibt der biblische Gott die Sache mit dem Menschen nicht verloren, sondern mit unsichtbarer Hand zieht er die Fäden, so zeigen die Novellen, bietet immer wieder diskrete Möglichkeiten der Versöhnung, markiert Stadien auf dem weisheitlichen Lebensweg, die oft verschlungen verlaufen und scheinbar vom Ziel abweichen. Weisheit benötigt Zeit und langen Atem.

Der Weisheitslehrer Jesus von Nazaret markiert und ist in persona die dritte Stufe im weisheitlichen Prozess[35] oder in der *paideia* des Menschen. Ernst Tugendhat beschreibt diese weisheitliche Revolution sehr präzise:

> »Jesus hat die damals vorgegebene Moral seines Volkes relativiert und ergänzt. [...] Was der Reformator sagt, ist: Inhalte, über die ihr euch empört und schämt, sind nicht diejenigen, die dieser Gefühle würdig sind; die neuen Inhalte, die ich fordere, sind diejenigen, deren Einhaltung ihr voneinander wechselseitig fordern solltet.«[36]

Jesu Gleichnisse sind Wahrnehmungsschulen par excellence, sensibilisieren für eine andere Sicht der Welt, die vor Augen malend und mitspielend erlebt werden kann. Wenn aber hohe Sensibilität für das Leben und die Freiheit der anderen, Besonnenheit, der auch durchaus gelegentlich reiner Zorn, aber nicht blinde Wut beigemischt sein kann, und tatkräftige Kooperation Merkmale des Weisen sind, dann porträtieren die biblischen Urschriftsteller Jesus als Inkarnation der Weisheit.

---

nifestation sich auch im gegenwärtigen Leben vor. Was als erzieherische Gewalt in ihrer vollendeten Form außerhalb des Rechts steht, ist eine ihrer Erscheinungsformen.«

34 Tugend-, Güter- und Pflichtenlehre werden auf engstem Raum entwickelt, mit einem leichten Plus für die Tugendlehre.

35 Wer wie Theissen von der Weisheitsgattung direkt zu Jesus springt, unterbietet die erzählerische Brillanz der alttestamentlichen Texte und kappt wie üblich die Verbindung von Altem und Neuem Testament.

36 Ernst Tugendhat, Vorlesungen über Ethik, Frankfurt am Main 1993, 63.

Nur schlüssig, wenn Vertreter einer anderen Weltsicht sich durch die Beschämung, die diese Geschichten auslösen, in ihrer Ehre gekränkt fühlen, sie reagieren freilich wie Kain, wenn sie die Situation der Scham in Schuld verschieben und Jesus den Prozess machen. Der diskrete *concursus divinus* wird daraufhin nochmals indiskret durch die erzählte Auferstehung Jesu, erst jetzt ist das Versöhnungsgeschehen in seiner ganzen Tragweite möglich. Die Kunst des Paulus und der späteren Urschriftsteller besteht darin, diese Pointe so vor Augen zu malen, dass sie erlebt werden kann. Von hier aus wird verständlich, warum Paulus nicht eben kleinlaut metaphorisch von seiner Zeugungspotenz (1Kor 4,15) und Gebärkunst (Gal 4,19) schwärmt, die es ihm möglich macht, durch Briefe, durch das Vor-Augen-Malen Christi (Gal 3,1), Christen zu zeugen – ein olympischer Metaphernsprung vom platonischen Pädagogen Sokrates, der nur als Geburtshelfer, als Maieutiker agierte, zum Zeugungsprotz und Gebärmeister Paulus.

4. SCHLUSS: UMSCHULUNGSANGEBOT

Abschließend will ich die markanten Vorteile einer weisheitlichen Theologie und Ethik herausstellen.

1. Die Drift christlicher Theologie hin zur oft solitären Wahrnehmung des Neuen Testaments oder allenfalls einer eklektischen Adaption des Ersten Testaments führt zu Schieflagen und zweifelhaften Versuchen, die Kanonfrage durch Teilamputation zu entscheiden. Eine organische Verknüpfung der beiden Testamente, so mein Vorschlag, gelingt durch die zentrale Positionierung der Weisheitsthematik, die einen mal diskreten, mal indiskreten Gott als milde optimistischen Pädagogen porträtiert.

2. Dieser Zugang erlaubt auch eine Revitalisierung des in die Krise geratenen Schriftprinzips. Ganz entschieden plädiere ich für eine Nachjustierung der diskursleitenden Begrifflichkeit. Der Marburger Systematiker Jörg Lauster hat im Anschluss an Rudolf Otto die Arbeit der Schriftsteller als »sekundäre Rationalisierungen« bestimmt: »Religiösem Erleben wohnt, so die Grundannahme, die Tendenz inne, Ausdrucksformen auszubilden, in denen sich dieses Erleben selbst ansichtig zu werden versucht.«[37] Das ist einerseits

[37] JÖRG LAUSTER, Erfahrungserhellung. Zur Bedeutung der Bibel für die Systematische Theologie, in: Wie biblisch ist die Theologie?, JBTh 25 (2010), 207–220, hier 213. Auch ULRICH BARTH springt überraschend kurz, wenn er in einem Text folgende These aufstellt: »Heilige Schriften repräsentieren das symbolische Gedächtnis einer Religion. Ihr Gebrauch bildet die Mitte religiöser Erinnerungskultur. Das besagt zugleich: Objektiv

richtig, andererseits entschieden unterbestimmt und zu zaghaft formuliert. Die biblischen Schriftsteller wollen mehr leisten als eine auf die eigene Situation konzentrierte »Erfahrungserhellung«, ihnen geht es um eine hochfiktionale religiöse Erfahrungs*inszenierung mit Blick auf den Leser oder Hörer.*[38] Diese Inszenierung freilich kann auch produktionsästhetisch erschlossen werden, auf der Agenda steht dann eine Poetik des Heiligen Geistes. Sie hat sich sowohl in der Arbeit an der Gattung der Weisheitsliteratur als auch an der erzählenden Weisheit als auch an den Gleichnissen und Stilformen des Neuen Testaments zu bewähren. Durch die Betonung der Literalisierung wird die alte Leit-Differenz von Erfahrungs- und Offenbarungsweisheit eingezogen, damit aber gewinnt das häufig als korrosiv bewertete Schriftprinzip als literalisierte Inszenierung von Erleben noch einmal eine andere, rostfreie Stabilität.

3. Eingebettet wird diese Arbeit in das Gezweit der »pivotal values«[39] von Scham und Ehre – Ehre hier verstanden als das soziale und symbolische Kapital (Bourdieu) von Mensch und Gott.[40] Diese Matrix weisheitlicher *paideia*, das macht sie für sündenverbiesterte Theologen so schwer erträglich, schätzt die Fähigkeit des Menschen, Tugenden auszubilden und sich sensibel und damit kooperativ verhalten zu können, Krisen vorausschauend einschätzen und vielleicht sogar abwenden zu können, und setzt auf die Fähigkeit, Kri-

---

fixierte Bedeutungskomplexe werden nur als subjektiv erinnerte zum symbolischen Kapital einer Religion. Codifizierte Sinnressourcen leisten nur dort einen Beitrag zu konkreter Sinngebung, wo sie als Deutungsschemata eigenen Erlebens aufgerufen und angeeignet werden.« ULRICH BARTH, Subjektphilosophie, Kulturtheorie und Religionswissenschaft. Kritische Anfragen an Schleiermachers Theologieprogramm, in: DERS., Kritischer Religionsdiskurs, Tübingen 2014, 293–320, hier 313. Auch BARTH verkennt, dass Heilige Schriften das symbolische Gedächtnis literarisch inszenieren.

38 »Die Geistrede lebt von solchen Bedeutungsumschwüngen. Homonyme Bildworte, Oxymora und Paradoxien sind das Elixier ihres ›Stirb und Werde‹, getaufte Doppelnamen also, die auf engstem Raume zusammenziehen, was in seine propositionalen Gehalten zerlegt, weit auseinanderstrebt.« HERMANN TIMM, Das Ästhetische Jahrzehnt. Zur Postmodernisierung der Religion, Gütersloh 1990, 41.

39 BRUCE J. MALINA, Die Welt des Neuen Testaments: kulturanthropologische Einsichten, Stuttgart 1993, 62.

40 »Das Sozialkapital ist die Gesamtheit der aktuellen und potentiellen Ressourcen, die mit dem Besitz eines dauerhaften Netzes von mehr oder weniger institutionalisierten Beziehungen gegenseitigen Kennens oder Anerkennens verbunden sind; oder, anders ausgedrückt, es handelt sich dabei um Ressourcen, die auf der Zugehörigkeit zu einer Gruppe beruhen.« PIERRE BOURDIEU, Die verborgenen Mechanismen der Macht, Hamburg 1992, 63. Das symbolische Kapital bezieht sich auf die Ehre und Wertschätzung, die vor allem im sozialen, aber auch im kulturellen und sogar im ökonomischen Kapital erworben wird.

sen, sollten sie eintreten, auch – vielleicht nach langem Ringen – zu heilen. Die Großnarrationen der Bibel ermuntern zu der Kraft, auch innerweltlich Versöhnung anzustreben. Mögen die einseitig geschulten Sünden- und Gnadentheologen auch mit Skepsis reagieren, der porträtierte Gott des Ersten Testaments glaubt, nach sintflutlichen Krisen, an die Bildungsfähigkeit des Menschen. Das Handeln Gottes wird am Handeln der Texte, die Glaubenserleben atmosphärisch inszenieren, lesend auch leiblich spürbar. Diese Texte prägen eine milde optimistische, nicht verbiesterte Weltsicht.

4. Vielleicht der größte Vorteil dieser weisheitlichen Relektüre besteht darin, den Menschen sehr grundsätzlich zu entdämonisieren, also auch seine Fähigkeiten. Dieser Vorteil lässt sich sehr einfach auf einem Gebiet der angewandten Ethik erläutern, dem der Technik, die, ohne vereinfachen zu wollen, nahezu alle Felder der Ethik dominiert. Dämonisiert wird die Technik, wenn sie als Ersetzung göttlicher Schöpfermacht gedeutet wird:

> »Wenn Technik ein Akt der Schöpfung ist, dann muss sie mit Gottes Werk kollidieren. Da das aber nicht sein darf, liegt der Schluss nahe, die Technik letztlich als ein widergöttliches Unterfangen zu verstehen. Eine solche Technik kann aber kaum noch ein sinnvoller Gegenstand technikethischer Bemühung sein, weil die Leitintuition ihr gegenüber die Sünde sein muss.«[41]

Christian Schwarke hat in einem fulminanten Essay Technik unter dem Stichwort der Ergänzung verhandelt und auf den *concursus divinus* verwiesen. Positiv versucht diese Lehre, das »komplexe Zusammenspiel« von Gott und Mensch, von »menschlicher Autonomie« und »Gegenwart Gottes« im Kalkül zu haben. »Nun könnte man einwenden, dass die Unbestimmtheit der *concursus*-Vorstellung[42] den Topos für die Ethik nutzlos mache, und hätte damit nicht ganz unrecht.« So viel Ehrlichkeit ist bei theologischen Autoren leider

41 CHRISTIAN SCHWARKE, Technik und Theologie. Was ist der Gegenstand einer theologischen Technikethik?, in: ZEE 49 (2005), 88–104, hier 92.

42 Vgl. ARNULF VON SCHELIHA, Der Glaube an die göttliche Vorsehung. Eine religionssoziologische, geschichtsphilosophische und theologiegeschichtliche Untersuchung, Stuttgart u.a. 1999; REINHOLD BERNHARDT, Was heißt ›Handeln Gottes‹? Eine Rekonstruktion der Lehre von der Vorsehung, Gütersloh 1999. BERNHARDT erinnert treffend an Möglichkeiten, den handelnden Gott durch spieltheoretische Erörterungen als *Deus ludens* vorzustellen (375). Aber auch für das in seiner Sprache »sapiential-ordinative« Modell (380ff.) lassen sich ästhetische Muster ausweisen. BERNHARDT will noch ein drittes Modell installieren, das Repräsentationsmodell (399ff.), und verweist u.a. auf PANNENBERGS Rede vom pneumatischen Kraftfeld. Ich würde diese Rede durch den von HERMANN SCHMITZ geliehenen Begriff der Atmosphäre einholen, dann aber im aktualen Modell verorten. Für die Dreiteilung sehe ich mit Blick auf die biblischen Geschichten keine zwingende Notwendigkeit.

selten. Die *concursus*-Vorstellung stellt aber »eine Möglichkeit dar, sich zu vergegenwärtigen, dass der Mensch vor einer ethischen Aufgabe steht, die nicht als ›immer schon‹ dogmatisch geklärt werden kann, wie es die Anleihen an der Schöpfungssymbolik in ethischen Debatten stets glauben machen.«[43] Ein solches Modell, das auch der Autonomie des Menschen Platz lässt, scheint mir auch für ethische Debatten der Gegenwart anschlussfähig.[44] Wo Freiheitsräume erschlossen werden, wo Entdämonisierung vorliegt, lässt sich verständig vom *concursus divinus* reden. Scham und wohlwollende Beschämung sind die Mittel, um auf die möglichen Krisen der Freiheit aufmerksam zu machen. Weil aber auch Scham als oft kaum merkliche Beschämung durch Dispositive der Macht strategisch eingesetzt werden kann, weil am Akt der Scham nicht ablesbar ist, ob ich mich vielleicht falsch schäme, muss ich die Macht dieses Gefühls prüfen, muss ich von meiner Freiheit Gebrauch machen und abklären, ob ich mich von Dritten instrumentalisieren lasse oder ob ich unbesonnen und unkooperativ gehandelt habe. Sofern die Scham ihre Autorität auch nach der Prüfung behält, muss ich weisheitlich nachjustieren. Die Möglichkeiten, die etwa durch die Technik erschlossen werden, fordern die ethische Urteilsfähigkeit ein, zwischen gut und schlecht verantwortlich zu entscheiden.

Der Skandal um Slenczka hat einen wunderbaren Nebeneffekt, produziert gleichsam eine ›List der Vernunft‹, weil der Skandal eine neue Sichtfreiheit auf das Alte oder Erste Testament erlaubt. Eine weisheitliche Theologie stellt zugleich eine sehr grundsätzliche Anfrage an die Magnaten der Sündentheologie und anthropologischen Pessimisten. Es ist eine Frage der intellektuellen Redlichkeit, ob ein planvoller Umbau gelingt. Die Karriere der Weisheit war und ist eine bedächtige, nachdem sie von Hermann Timm im ästhetischen Gewand neu auf die Agenda gesetzt wurde. Gegenwärtig erschließt sich ein neues, durchaus nicht konfliktfreies Forschungsfeld für eine weisheitliche Theologie und Ethik im Anschluss an Hermann Timm.

---

43 Ebd. 99. Vgl. auch: Arne Manzeschke, Technik als Lebensform? Biotechnologie, Ethik und Anthropologie, in: Verkündigung und Forschung 59 (2014), 50–60, hier 59. »Eine der großen Herausforderungen besteht meines Erachtens darin, den concursus Dei, das Welt erhaltende Handeln Gottes im technischen Prozess zu denken und für die vom technischen Prozess betroffenen Menschen nachvollziehbar auszulegen.« Schwarke und Manzeschke binden freilich nicht diese Idee an die Weisheitsliteratur des Ersten Testaments zurück.

44 Klaas Huizing, Scham und Ehre. Eine weisheitliche evangelische Ethik, Gütersloh 2016.

Rede, dass ich dich sehe

Die Schöpfungsweisheit als Grenzgängerin

Iris Kreile

Weisheit speist sich aus Erfahrungswissen und geht einher mit der literarischen Form von Sprüchen. Damit ist sie von Haus aus ein interreligiöses Phänomen – eine Grenzgängerin im Blick auf ein aufgeklärtes Verhältnis zur Welt, in der wir leben. Die Vielfalt interreligiöser und interkultureller Weisheitstraditionen hat der Arbeitskreis Archäologie der literarischen Kommunikation eindrucksvoll zusammengestellt.[1] Er verfolgt das Programm, Weisheit als »Suche nach konkreter Wahrheit«[2] darzulegen und stellt die These auf: »Was immer Weisheit ausmacht, sie ist ein Wissen, das sich der Schrift entzieht [...]. Weisheit, das wird man sagen können, ist Schrift-indifferent, und ihre unverminderte Bedeutung gemahnt uns an Kommunikationsformen, die neben der Schrift weiterbestehen.«[3]

Für die Traditionen der Spruchweisheit ist das Oszillieren zwischen Oralität und Literalität herausragendes Kennzeichen. Anders verhält es sich mit der personifizierten Weisheit. Sie ist von Anfang an ein literarisches Produkt – eine theologische Reflexion zum Schöpfungsverhältnis Gottes. Ein grundlegendes Dokument dafür findet sich im alttestamentlichen Kanon, im ersten Teil des Sprüchebuches: Prov 1–9. Diese Kapitel sind als Rede der Frau Weisheit gestaltet. Und in Prov 8 lesen wir eine autobiografische Selbstvorstellung der Weisheit (*hebr.: Chokma – griech.: Sophia).*

In der christlichen Kirche und im Besonderen in der wissenschaftlich-akademischen Theologie führte die Weisheit ein Schattendasein. Sie erwies sich als Randphänomen in esoterischen und mystischen Spekulationen. Wenige haben versucht, sie aus diesem Schattendasein herauszuführen.[4] Eine besondere Rolle spielt dabei seit den Anfängen der zweiten Frauenbewegung Mitte

---

1 Aleida Assmann (Hg.), Weisheit. Archäologie der literarischen Kommunikation III, München 1991.

2 Ebd., 7.

3 Ebd.

4 Den entscheidenden Anstoß gab Gerhard von Rad mit seinem Buch Weisheit in Israel, das ihn bei seiner Zunft nicht gerade beliebt machte. (Gerhard von Rad, Weisheit in Israel, Neukirchen-Vluyn 1970). Hermann Timm ist es zu verdanken, dass die Weisheit in den systematisch-theologischen Diskurs aufgenommen wurde.

des 20. Jahrhunderts auch die Frage nach der sogenannten Weiblichkeit der Weisheit. Sie tritt als Frau auf, und ihr Verhältnis zum Schöpfergott scheint nicht ganz geklärt.[5]

Inzwischen sind religionsübergreifend Fragen nach der Rolle von Frauen in der jeweiligen Religionsgemeinschaft akut geworden. Damit auch die hermeneutische Frage bezüglich der Auslegungstradition der jeweiligen Religionsgemeinschaft im Blick auf die Genderthematik.

Der folgende mimetische Versuch über die Weisheit soll verstanden werden als Möglichkeit, feministische Brüche und Genderfragen mit der Weisheit als Schöpfungsfrömmigkeit zu verbinden. Sie muss selbst einen kreatorischen Weg gehen, um ihr Anliegen auszudrücken. Historische Rekonstruktionen schlagen fehl.[6]

So vertrete ich die These, dass das einzig ›Weibliche‹ an der Weisheit ihr feminines Genus ist. Auf diese Weise lassen sich auch alle ontologisch begründeten Geschlechterzuweisungen vermeiden, die ›Gott‹ in eine ›weibliche‹ und ›männliche‹ Seite unterteilen. Die Genderforschung hat uns nahegebracht, dass es sich dabei um kulturelle Konstruktionen handelt. Die Wertschätzung des femininen Genus und der personifizierten Darstellung bringe ich zum Ausdruck, indem ich das hebräische Wort *chokma* wie einen Eigennamen verwende. So ist *Chokma* nicht Göttin, sondern als Schöpfungsweisheit *indirekte Theologie* bzw. *indirekte Prophetie.*

Ich liebe, die mich lieben, und die mich suchen, finden mich. (Prov 8,17)

---

5 Als einschlägige Studie zur Thematik der Weisheit als weiblicher Gestalt darf immer noch gelten: CLAUDIA V. CAMP, Wisdom and the feminine in the Book of Proverbia, Sheffield 1985.

6 Der lesenswerte Versuch von Jack Miles zur Frau Weisheit gibt interessante Anregungen zur Deutung der Weisheit, ohne diese weiter auszuführen. Leider. Miles schreibt: »Ist es überraschend, daß dieser deutlichste, größte Einbruch des Weiblichen in die Beziehung zwischen Menschheit und Gott sich als etwas erweisen sollte, das mit der Stimme des gesunden Menschenverstandes spricht? [...] Das Wort Göttin stellt sie wahrscheinlich falsch dar; aber selbst wenn man sie als allegorische und nicht als mythologische Gestalt auffaßt, sollte man sie fast mit Sicherheit als Personifikation menschlicher Weisheit in dem neugewonnenen, autonomen Sinne ansehen [...]. Als solche kann man sie durchaus in übertragenem Sinne sowohl als Gottes Partnerin und sogar Gottes Gattin (eine Menschheit, die mit Gott kooperiert) betrachten wie als Mutter der Menschheit (eine Menschheit, die sich um ihre eigenen Belange kümmert).« Jack Miles, Gott. Eine Biographie, München 1998, 340.

Die Selbstvorstellung der Frau weisheit

Als ich geschaffen wurde, war nichts da. Vor aller Zeit, als Erste der Werke GOTTES, war ich da. Im Anfang, ohne Licht und Luft, ohne Wasser, ohne Raum und Zeit. Als Empfang für alles, was kommen sollte, war ich, Chokma, die Weisheit. Allein und doch nicht allein, denn ich spürte in mir eine Spannung auf das Werdende hin, auf die kommende Welt: Berge und Täler, Meere, Flüsse und Seen, Pflanzen und Tiere, belebte und unbelebte Natur.

Weisheit Gottes genannt und im Nennen als erstes Wort von Gott zu eigener Existenz gerufen. Nicht Kopf, nicht Schaum-Geborene, aus dem ersten Wort Erschaffene:

Chokma.

Bleiben wir bei diesem ersten Wort, bei diesem ersten Namen. Mir hat es gegolten vor allen anderen. Gerufen zum Empfang der Welt, dass jemand da sei, der sagen kann:

Herzlich willkommen, ihr Elemente des Lebens, Raum und Zeit,
Weltall und Gestirne!

Kindlich fast hat es begonnen. Mit kindlicher Freude und Neugier für SEINE Welt, das Erdenrund. Spielend tanzte ich vor IHM. Doch sag ich schon zu viel, wenn ich von SEINER Welt und Schöpfung spreche, IHN als mein Gegenüber nenne. Sollte ich nicht besser IHRE Welt sagen? Doch halt! Besitzanzeigende Fürwörter bringen uns nicht weit. Als GOTTES Weisheit bin ich da – näher als andere am Werden des Lebens. Gastgeberin für euch. Grenzgängerin des Lebens in Zeit und Endlichkeit.

Es schien ein leichtes, ein fröhliches Spiel zu werden. Und wirklich, oft spüre ich den Zauber des Anfangs im Spiel von Kindern, im erotischen Spiel der Menschen, im selbstironischen Spiel der Worte. Und nicht nur dort. Die Selbstvergessenheit im Spiel, im Tanz, in allem Kreativen gibt mir die Ahnung davon, wie es im Anfang war. Ich spielte selbst und vergaß mich ganz.

Da stand ich als Werkmeisterin ihm zur Seite
Und war seine Freude Tag für Tag,
Spielte vor ihm allezeit.

Ich spielte auf seinem Erdkreis
Und hatte meine Freude an den Menschen.
(Prov 8,30 f.)

Nicht lange hielt mein Glück.

Man wirft mir vor: Die Weisheit ist gescheitert. Hiob wird mir zum Gegenspieler gemacht. Sein Leiden zum Zeichen meines Untergangs. »Die hat sich nicht bewährt«, so sagt man. Weisheitliche Verheißungen von Leben halten nicht Wort. Es gibt zu viel Leid und Schmerz der Frommen.

Wie konntet ihr mich nur so missverstehen? Halte ich nicht am Leben fest wider allen Augenschein? Mit meiner Schwester im Bunde, Chawa – Eva, der Mutter alles Lebendigen, weise ich den Weg zum Leben.

Sie versteht das Kreuz nicht, sagen sie. Das trifft mich tief. Das Wort vom Kreuz, auf das sie sich berufen, vernichte alle Weisheit. So preisen sie mit erhobener Stimme die Torheit des Kreuzes. Sie berufen sich auf Paulus und hören nicht darauf, dass der Apostel wohl auch von mir weiß. Meinen sie wirklich mich? Oder nicht viel mehr das Wissen der Besserwissenden, die auf alles eine Antwort haben. So bin ich nicht. Meine Sprüche verdanken sich dem Fluss der Erfahrungen, die Leiden nicht ausschließen.

Drei sind mir zu wundersam, und vier verstehe ich nicht: Des Adlers Weg am Himmel; der Schlange Weg auf dem Felsen; des Schiffes Weg mitten im Meer und des Mannes Weg beim Weibe.

(Prov 30,18 f.)

Ich sei gescheitert, heißt es wieder. Doch diese Logik ist zu einfach. Es stimmt: Allen, die zu mir kommen, habe ich Leben verheißen. Ich habe die Einfältigen an meinen Tisch geladen, damit sie den Weg der Weisheit und des Lebens finden. Gottes Weisung für ein gelingendes Leben erlernen. Was ist daran verwerflich?

Frau Weisheit hat ihr Haus gebaut,
ihre sieben Säulen hat sie aufgerichtet.

Sie hat ihr Vieh geschlachtet, ihren Wein gemischt,
auch ihren Tisch hat sie gedeckt.

Ihre jungen Frauen hat sie ausgesandt, sie ruft
oben auf den Höhen der Stadt:
Wer einfältig ist, kehre hier ein!

Zu dem, dem es an Verstand fehlt, spricht sie:
Kommt, esst von meiner Speise
und trinkt vom Wein, den ich gemischt habe.
(Prov 9,1–5)

Ich bin gewiss: Euer Tun wirkt sich aus auf euer Leben. Niemand kann Wege des Todes wählen und dann Leben finden. Niemand kann mit Waffen Geschäfte machen, ohne Gewalt zu säen.

Und weiß ich doch um das Leiden vieler, viel zu vieler. Um die Verfolgung derer, die mich lieben und meinen Wegen folgen. Die sich von mir einladen lassen und nicht aufgeben, nach gelingendem Leben zu suchen.

Mein Auftrag ist: In all der Gebrochenheit der Welt und des Geschaffenen, das »Siehe, es war sehr gut« des Anfangs zu erinnern. Zeugin bin ich als Erste SEINER/IHRER Geschöpfe. Zeugin der Gastfreundschaft im Namen GOTTES, die ins Leben rief. Ich bin es, die seufzt, wenn Paulus davon schreibt, die ganze Schöpfung seufzt.

Meine Naivität ist erst Ergebnis eines langen Weges:

Hat Jesus mein Zeugnis verworfen?[7]
Die Weisheit wurde gerechtfertigt von allen ihren Kindern (Lk 7,35)
Denn wer mich gefunden hat, hat das Leben gefunden
Und Wohlgefallen erlangt beim HERRN.
Aber wer mich verfehlt, schädigt sich selbst;
Alle, die mich hassen, lieben den Tod.
(Prov 8,35 f.)

Wer bin ich also? Ein weiblich-göttlich Mittlerwesen?

Viele haben versucht, mich endgültig festzulegen, mich zu erfassen, damit ich keinen Anstoß mehr errege.

Ich sei die Tora, die Weisung, die Gott seinem Volk geben hat, damit sie seinen Bund bewahren. Doch damit verlor ich meine Eigenständigkeit, meinen Eigen-Namen:

Chokma.

Mein Name ging verloren. Das Prekäre meiner Existenz als Erstgeschaffene vor allen Geschöpfen ging verloren. Erstaunlich schon, dass überhaupt von mir die Rede war. Die Angst war groß vor fremden Göttern und vor allem

---

[7] »Sehr alte Traditionen der Jesusbewegung verstehen Jesus als den Gesandten der göttlichen Sophia. (...) Als Sophias Gesandter verkündet er nicht nur das Reich Gottes den Armen, Hungernden und Ausgestoßenen in Israel, sondern machte es auch erfahrbar in seinem Wirken. Der sehr alte Spruch ›Die Weisheit wird gerechtfertigt (oder verteidigt) von ihren Kindern‹ (QLK 7,35) hat vermutlich seinen Sitz im Leben in der inklusiven Tischgemeinschaft Jesu mit SünderInnen, ZolleintreiberInnen und Prostituierten.« Elisabeth Schüssler-Fiorenza, Auf den Spuren der Weisheit – Weisheitstheologisches Urgestein, 29, in: Verena Wodtke (Hg.) (1991), Auf den Spuren der Weisheit, Freiburg i. B., 24–40.

vor den Frauen, die sie brachten. Immer unter dem Verdacht, Fruchtbarkeitskulte einzuführen. Prekär mein Dasein vor den Toren, denn wer dachte dabei nicht an bestimmte Frauen, an die Huren? Stolz bin ich auf meinen Namen, meinen eigenen Namen. Wie ein Eigenname. Unverwechselbar. Siehe da, Chokma, die Ersterschaffene. Den lasse ich mir nicht mehr nehmen.

Ich sei der Logos, der in Ewigkeit bei Gott gewesen ist und sich inkarnierte. Fleischgewordenes Wort Gottes, in der Person Jesu in die Welt gekommen und dort von den Seinen nicht erkannt. Der Logos als ›Sohn‹ kommt vom ›Vater‹ und kehrt zu ihm zurück. In diese Symbolik passe ich nicht hinein. Chokma, Frau Weisheit, führt hier nicht weiter.

Es hätte keine Tochter werden können.

Nur eine große Mutter durfte sein. Maria als Mutter Jesu wird sogar ›Mutter Gottes‹ genannt. Ich sei Maria, Sofia-Maria, sagen manche. Kein schlechter Vorschlag. Dies folgt zumindest einer bestimmten Logik. Wenn schon keine Tochter, dann wenigstens die Mutter, Maria soll ich werden. Zumindest das weibliche Genus hätte Bestand, auch die personale Anmutung, ein Eigenname. Mit Maria verbindet mich vieles. Vor allem das Empfangende: Sie hört die Botschaft des Engels und wird schwanger. Sie bringt ein Kind zur Welt. Sie wird zur Zeugin für Gottes Wort und neues Leben. Sie bekommt eine eigene Stimme zuerkannt, und ihr Gotteslob wird allen weiteren Generationen ein Vorbild sein. Sie steht unterm Kreuz und erfährt die Gebrochenheit der Welt. Sie glaubt im Scheitern an den Sieg des Lebens über den Tod im Angesicht des Auferstandenen.

Und Maria sprach.
Meine Seele erhebt den Herrn,
und mein Geist jubelt über Gott, meinen Retter,
denn hingesehen hat er auf die Niedrigkeit seiner Magd.
Siehe, von nun an werden mich seligpreisen alle Geschlechter.
(Lukas 1,46–48)

Aber ich bin nicht Maria. Sie ist eine Frau, eine jüdische Frau. Im Grunde wissen wir nicht viel von ihr. Sie wurde geprägt, geformt und auch missbraucht von kirchlicher Autorität. Ihre hohe Wertschätzung geht einher mit einer großen Zwiespältigkeit gegenüber Frauen, die selbstbestimmt ihr Leben in die Hand nehmen. Einer tiefen Angst vor den Frauen, die sich nicht weiter bevormunden lassen wollen.[8]

---

8 »Auch wo Maria indirekt – in der Linie der christologischen Deutung – mit Sophia in Zusammenhang gebracht wird, ändert sich die funktionale Sicht Marias nicht. Wird Maria unter weisheitlichen Aspekten betrachtet, so bedeutet das in der Regel eine

Maria bringt mich zum Nachdenken. Ergeht es ihr wie vielen Frauen? Ist sie nicht auch gefangen im eigenen Ideal, in der eigenen Vollkommenheit?

Und um sie noch mehr zum Glänzen zu bringen, brauchen wird »das Andere« – das Negativbild dessen, was sie darstellt. Eva – Chawa genannt. Literarisch Gebildete nennen dies die Figur der doppelten Bildfunktion der Frau:[9]

Zugespitzt im Dogma der Erbsünde, die alle sexuelle Lust dem »Siehe, es war sehr gut« des ersten Schöpfungswortes entzieht. Und die Erschaffung der Frau – Eva – zum Zeichen des Verlustes ursprünglicher Einheit werden lässt.

Eva ist die Verführbare schlechthin und dann natürlich auch Verführerin. Der Mensch-Mann Adam ist ihr ausgeliefert. Erst in Maria findet er die Jung-Frau, die ihn nicht bedroht und die zur ›Mutter Gottes‹ erhoben wird. Ihr werdet es nicht glauben, aber so erging es auch mir.

Ich sei eine himmlische Braut für alle, die sich der Weisheitsliebe verschreiben. Sie waren voller Sehnsucht nach mir und haben mich mit poetischen Worten besungen. Ich nenne hier Jakob Böhme. Bei ihm werde ich zur himmlischen Jungfrau Sofia. Mit ihr soll sich der Mensch vermählen, um seine verlorene, androgyne Einheit wieder herzustellen. Das sei Erlösung: Die Rücknahme der Erschaffung der Frau – Eva – und die Wiederherstellung des androgynen Adam. Um dies zu fantasieren, hat er mich sogar zur Braut Gottes auserkoren.

In diese Fantasie hinein gehört auch Gottfried Arnold, Kronzeuge des Pietismus. Ein ganzes Buch schrieb er mir zu Ehren. Das Geheimnis der göttlichen Sofia. Das könnte mir doch schmeicheln! Doch der Preis wäre hoch. Wieder geht es nur in Negation:

---

mariologische Interpretation Sophias und damit deren Reduzierung auf Qualitäten jungfräulichen Gehorsams.« Monika Leisch-Kiesl, Verlust oder Erweiterung weiblicher Eigenständigkeit? – Sophia und Maria, 152, in: Verena Wodtke (Hg.), Auf den Spuren der Weisheit, Freiburg i. B. 1991, 138–153.

9 In literarischen Analysen hat Sigrid Weigel die doppelte Bildfunktion der Frau herausgestellt: »Wenn Frauen etwa zur Darstellungen von Tugenden, Wissenschaften und Künsten verwendet werden, dann dient die Personifikation des Abstrakten einerseits der Verlebendigung der Idee für die Vorstellung. Andererseits [...] wird die Imagination der Frau entindividualisiert und enthistorisiert. Das Bild der Frau verweist, indem es für einen Begriff steht, auf kein Subjekt und keine Geschichte.« Sigrid Weigel, Topographien der Geschlechter, Reinbek 1990, 167 f. Die Bildfunktion wird durch die Spaltung der Frau in ›gut‹ und ›böse‹ bzw. ›wild‹ und ›domestiziert/zivilisiert‹ weitergeführt. Bekannt sind antithetische Frauenkonfigurationen aus Märchen und Mythen. Vgl. dazu die Ausführungen in: Iris Öchsner, Arbeit am Mythos der Weiblichkeit. Kritik und Konstruktion feministischer Weisheitstheologie, München 1994, 116 ff.

»Sintemal der anderen fleischlichen liebe gebrauch mit dieser himmlischen und Göttlichen gemeinschafft nicht zusammen stehen mag. Und wer einmal einen geschmack von der herzlichkeit dieser seiner braut in sich genossen hat, dem wird das andere alles zu eckel und koth, die vernunfft heisse es auch noch so heilig und rein.«[10]

Und so ist die Folge der Vereinigung mit der himmlischen Sofia ein neuer Mensch als jungfräulicher Mann, der so die Ebenbildlichkeit mit Gott zurückempfängt.

»Sie bemercken auch eben hieben / daß die frucht / so aus der weisheit gebohren wird / ein mann / oder ein männlich wesen heisse / weil die neue creatur männliche eigenschafften und kräffte in sich führe / durch welche alles niedrige / schwache / weibliche und weibische leben der alten geburt unter die füsse gebracht und überwunden werde.«[11]

O Graus! Wie hat es so weit kommen können?

Ich sei die weibliche Seite Gottes. Endlich von feministischen Theologinnen dem einseitig männlichen Gottesbild als Ergänzung zur Seite gestellt. Als »Sophiagott«, der im Mann Jesus Mensch geworden sei.[12] Ein Konstrukt, dessen Erkenntnisgewinn in starke Schranken gewiesen wurde, da ja zugleich gelten soll, dass »Sophia weder männlich noch weiblich (ist), so wie Gott weder in den Kategorien von Mann noch von Frau fassbar ist«.[13]

Und heute schon Schnee von gestern.
Keine historischen Gewissheiten – nirgends.
Ich bin ein Geschöpf der Schrift und will erlesen sein.
Ich bleibe Grenzgängerin. Und habe einen Traum.
Mein Zeugnis ist der Glaube an das erste Schöpfungswort:
Und siehe, es war sehr gut.

Wie Demeter bin ich, die keine Ruhe gibt und auf der Suche nach ihrer Tochter Persephone durch die ganze Welt zieht. Neun Tage und neun Nächte flog sie mit zwei brennenden Fackeln über die Erde. Aß und trank nicht. Es gelingt

---

10 GOTTFRIED ARNOLD, Das Geheimnis der göttlichen Sophia. Faksimile-Neudruck der Ausgabe von Leipzig 1700, Stuttgart-Bad Cannstatt 1963, 80.

11 Ebd., 101 f.

12 SILVIA SCHROER versuchte, eine Sophia-Kreuzestheologie zu entwickeln und ein »historisch nachweisbares Fundament« zu schaffen für eine feministische Spiritualität und Christologie, die nicht in Esoterik oder Gnostik abzudriften droht. Vgl. dazu SILVIA SCHROER, Die Weisheit hat ihr Haus gebaut. Studien zur Gestalt der Sophia in den biblischen Schriften, Mainz 1996, 137 ff.

13 Ebd., 137.

ihr, Persephone dem dunklen Dasein unter der Erde zu entreißen – zumindest für zwei Drittel des Jahres. So suche ich euch, meine Töchter.

Wie die zwölf Jahre alte Tochter des Synagogenvorstehers Jairus, die im Sterben liegt, und Jesus kommt zu spät. Vater und Mutter weinen um sie.

»Er aber sprach: Weint nicht! Sie ist nicht gestorben, sie schläft.« (Lk 8,52)
Und er ruft sie zurück ins Leben. Thalita kumi – Mädchen, steh auf!
Bestätigung des ersten Schöpfungswortes in Jesu Handeln.

Hier bin ich gegenwärtig.
Endlich ist es so weit. Ich rufe meine Töchter.
Die, die waren – die, die sind – und die, die noch kommen werden.
Ich, Chokma als Lehrerin von Schöpfungsfrömmigkeit.
Ich segne sie mit meinem Ruf:

Meine Tochter, lass nicht aus deinen Augen
Klugheit und Umsicht, achte darauf.

Dann werden sie Leben sein für dich
Und ein Schmuck für deinen Hals.

Dann wirst du deinen Weg sicher gehen
Und dein Fuß wird nirgends anstoßen.

Legst du dich nieder, wirst du nicht aufschrecken,
und wenn du liegst, wird dein Schlaf süß sein.
(Prov 3,21–24)

Der lange Weg der Christen zum Genuss

Reich Gottes in phänomenologischer Interpretation

Joachim Kunstmann

1. Der Genuss und das Leben

Der ›Genuss‹ weckt die angenehmsten Assoziationen. Ein Cappuccino in einem Lieblingscafé, draußen in der Sonne, zu einer Zeit der Muße. Das wohlige Körpergefühl in der Sauna oder bei einer Massage. Entspannung nach der Arbeit. Eintauchen in ergreifende Musik. Lektüre. Ein gelungenes Manöver beim Segeln mit einer eingespielten, leidenschaftlichen Mannschaft, womöglich unter schwierigen Bedingungen. Ein wohlschmeckendes, ästhetisch arrangiertes Essen mit vertrauten Menschen, zu dem man sich viel Zeit lässt. Das Durchstreifen einer blühenden Sommerwiese.

Über Erkenntnis, Schuld und Moral ist in der Geschichte des Abendlandes viel nachgedacht worden, sehr wenig aber über den Genuss. Ist der Genuss ein Randphänomen des Lebens, oder ist er nicht ganz im Gegenteil dessen bedeutsame Erfüllung? Geht es beim Genuss nur um ein immer zufälliges Nebenbei, einen unverfügbaren, meist nur kurzen Moment der Lebendigkeit, oder muss man den Genuss nicht als Ziel allen Lebens verstehen? Sollte Letzteres wahrscheinlich zu machen sein – könnte, ja müsste man dann nicht dem Genuss eine zentrale Rolle innerhalb der religiösen Lebensdeutung geben?

Die Verbindung zwischen Genuss und Religion ist mindestens ungewohnt. Offenbar ist Religion ein viel zu ernstes Thema, um der wohligen Leichtigkeit genussvoller Momente assoziierbar zu sein. Dabei bietet die Religion Anlässe zum Genuss zuhauf: die religiöse Musik, die kunstvoll ausgestatteten Kirchenräume, die würdevolle Pracht der Liturgie und viele andere ihrer Ausdrucks- und kulturellen Erscheinungsformen bieten sich dem zweckfreien Genuss geradezu an. Die religiöse Erfahrung geht mit Entzücken und Ekstase einher.

Deshalb soll hier der Idee nachgegangen werden, den Genuss als ein zentrales Phänomen der religiösen Kultur und des religiösen Selbstverständnisses zu deuten. Dabei soll eher assoziativ und im Sinne eines gedanklichen Vorschlags argumentiert werden, weniger im Sinne wissenschaftlich-methodischer Genauigkeit. Damit soll der Genuss möglichst selbst zum Thema werden, nicht seine historische Erforschung oder seine begrifflich genaue Entfaltung.

Der Genuss bezeichnet ursprünglich den bloßen Verbrauch, den *Nutzen*, so wie er im alten Wort *Nießbrauch* auftaucht. Man kommt in den Genuss einer Sache, und wer die Sache mitbenutzt, ist *Genosse*. Heute bezeichnet der Genuss die Lust, die sich beim Nutzen einstellt. Immanuel Kant hat ihn »das Innige des Vergnügens« genannt. Der Genuss ist also die intensiv gespürte Erfahrung der lustvollen Befriedigung. Er ist das Schöne am Erleben, ein wohliges Versinken in einer angenehmen Gefühlslage. Man *schwelgt* im Genuss, was eine Art Schweben andeutet. Immer haftet dieser Erfahrung etwas Absichtsloses an. Daher ist auch das Versunkensein der Kinder im Spiel ein Urbild des Genusses.

Der Genuss ist das Gegenüber zur Anstrengung. Er ist der Erfahrung des Glücks verwandt, nur ruhiger und weniger ekstatisch. Er stellt sich vor allem dann ein, wenn Wachheit sich spontan mit Schönheit verbindet, etwa in der Aufmerksamkeit für eine Naturszene, in der Freude über erklingende Musik, oder über körperliche Wohlgefühle. Da sich das ganze Leben als spielerischer Zusammenhang von Nutzungen begreifen lässt, die man allesamt als angenehm erleben kann, lässt sich auch sagen: »Genuss ist Leben« (Friedrich Jacobs). Dabei ist gar nicht auszuschließen, dass sich schmerzliche Anteile beimischen: Es gibt auch einen wehmütigen Genuss.

Absichtslosigkeit und spontanes Versinkenkönnen im Augenblick lassen sich oft nicht ein Leben lang aufrechterhalten. Dann braucht der Genuss die Inszenierung; er unterscheidet sich von der spontanen Befriedigung dann durch deren *Kultivierung*. Solche Kultivierung verdient eine Kunst genannt zu werden. Man braucht Talent zu ihr, aber auch Wissen und Übung, vor allem aber die Lust an der Vorbereitung. Das steht einer Orientierung an schneller und bequemer Befriedigung, am ›Spaß‹ also, deutlich entgegen. Ein gemeinsames Essen, ein Konzert, eine Bergwanderung werden zum Anlass des Genusses, wenn sie vorbereitet, möglichst gemeinsam zelebriert und vor allem mit genügend Zeit begangen werden. Man wird daher vermuten dürfen, dass sich der Genuss gerade dann nicht einstellt, wenn die Möglichkeiten der Lusterfüllung immer mehr gesteigert werden und immer schneller abrufbar sind. Und auch die vielen technischen und medialen Möglichkeiten der Intensitätssteigerung, die die moderne Zivilisation vorhält, zielen den Genuss zwar an, können ihn aber keineswegs garantieren. Der Genuss lässt sich nicht funktionalisieren und daher nicht technisch herstellen. Er bleibt Sache wacher und kultivierter Sinne.

Die spätmoderne Intensitäts- und Erfüllungssuche schreibt dem Genuss einen herausgehobenen Stellenwert zu. Aber auch die Überlegung, alles Leben strebt nach Freude, Lebendigkeit und Erfüllung, macht den Genuss zu einem gewichtigen Phänomen menschlichen Selbstverstehens. Sigmund Freud hat die *Genussfähigkeit* als ein Grundkennzeichen seelischer Gesundheit verstanden. Das leuchtet unmittelbar ein. Wer nicht in der Lage ist, sich dem wohligen Gefühl sinnlicher Freude hinzugeben, der lebt nicht gut und ist offenbar durch seelische Einschränkungen belastet – durch innere Verbote, Unsicherheiten, Ängste oder negative Konditionierungen. Genussfähigkeit ist freilich alles andere als die gängige Grundlage der heutigen Lebensorientierung.

Freud nennt neben der Genussfähigkeit auch die Arbeits- und Liebesfähigkeit. Davon wird man die Fähigkeit zur Arbeit noch als die einfachste Aufgabe verstehen können. Die Fähigkeit zur Liebe, also zur Hingabe einerseits und zur Empfänglichkeit andererseits, ist bereits erheblich komplexer, schwieriger und von vielen Mechanismen der Einschränkung bedroht. Ganz Ähnliches gilt wohl für die Genussfähigkeit. Sie setzt ein Mindestmaß an Selbstbewusstsein, Offenheit und Spontanität voraus, Vertrauen und Freisein von blockierenden Ängsten. Diese Einschätzung zeigt noch einmal, von welchem Gewicht das Phänomen Genuss für das menschliche Leben insgesamt ist.

2. Genussfähigkeit und christliche Genussdistanz

Der Genuss lässt sich als Erfüllung verstehen und daher als *Sinn des Lebens,* und dies auch aus christlicher Sicht. Daseinsfreude, Dankbarkeit, erfüllte Präsenz, selbst ein Begriff wie ›Erlösung‹ lassen sich ohne genießerisches Wohlgefühl nicht denken. Ein Äquivalent für solchen Genuss gibt es nur noch in der Erfahrung der Liebe, die nach gängiger christlicher Einschätzung das Wesen Gottes und seines Verhaltens zum Menschen zusammenfasst. Daraus leitet sich als Konsequenz nicht nur ab, die christliche Tradition unter verändertem Blickwinkel zu betrachten, sondern auch die, dass der Genuss eine gewichtige Rolle im Prozess der profanen wie religiösen Erziehung zu spielen hat, wenn solche Erziehung denn dem Leben gerecht werden soll. Zum Genuss kann und muss angeleitet werden. Es darf und sollte von einer Bildung zum Genuss gesprochen werden.

Der Genuss dürfte also ein zentral bedeutsames Phänomen des menschlichen Lebens und der menschlichen Kultur sein. Freilich ist er das in der gedanklichen Tradition keineswegs. In der Philosophie ist er alles andere als ein Standardthema, eher ein Randphänomen, dem seit der antiken Distanz zu Sinnesfreuden und Leidenschaften (und der gegenläufigen Betonung tugendhafter Besonnenheit) ein deutlich negativer Geschmack anhaftet. Assoziationen zu den Begriffen Leidenschaften, Sinnenlust, Weltlichkeit stellen sich ein, deren erhabener Gegenpol immer der reine Geist ist: die Vernunft, das (absolute) Wissen, der Intellekt, die Liebe zur Weisheit (*philosophia*).

Auch im Christentum ist der Genuss nach traditioneller Auffassung eine Sache weltlicher Orientierung, die der Sünde, nicht aber dem Glauben zugerechnet wird. Sinnenfreuden waren immer Sache derer, die der Welt verhaftet waren. Die wahrhaft Gläubigen, *perfecti* genannt, waren die askeseverpflichteten Mönche, die sich diszipliniert und angestrengt um die Abtötung der Sinne und um zunehmende Vergeistigung bemühten. Peter Sloterdijk spricht von »Mortifikationsmeistern«, die das Leben und seine Freuden verneinen und ausschließen.[1] Wahren Genuss gibt es nur im Glauben, abseits von Welt und Sinnlichkeit. Der Gottesgenuss, von dem Augustinus spricht, ist Sache des *intellectus*. Nur die wahrhaft Glaubenden, die geistig geläuterten Reinen, können Gott genießen.

Wenn freilich der Genuss lebensbedeutsam und Genussfähigkeit Kennzeichen seelischer Gesundheit ist – sind die genussskeptischen Christen dann seelisch nicht gesund? Man könnte das aus christlicher Sicht umstandslos bejahen, sofern man alle Menschen ausschließlich als gottferne Sünder versteht. Eine solche Einschätzung ist zwar traditionell üblich, sie steht allerdings in starkem Kontrast zur Schöpfungslehre, nach der Gott die Menschen mit Wohlwollen und die Welt schön gemacht hat: Siehe, es war sehr schön![2]

Die Weichenstellung geschieht früh. Gut ablesbar ist das bereits an der Einstellung der Theologen zu Epikur, der als einer der meist geschmähten Denker der Antike gelten kann. Epikur war auch unter den führenden Philosophen nicht gut angesehen; die Kritik der Christen an ihm war oft vehement. Dabei ist seine Philosophie zunächst und vor allem der Versuch einer Befreiung des Menschen von der Furcht – und darin ist sie nicht nur von aufklärender Absicht, sondern der Religion mit ihrem befreienden Verweis auf das

---

1 Peter Sloterdijk, Weltfremdheit, Frankfurt am Main 1993, 87. Vgl. ebd., 88: »Die ersten christlichen Ikonen wurden nicht auf Tafeln gemalt, sondern durch verklärende Selbstabtötung aus widerwilligem Menschenfleisch herausgearbeitet [...]. (Sie) gehören zur Anstrengungsgeschichte des westlichen Subjekts.«

2 Mehrfach in Gen 1. Das hebräische Wort *tob*, das meist mit sehr ›gut‹ übersetzt wird, ist sinngemäß so zu übersetzen. Es ist kein Zufall, dass wir als Ausrufe der Freude nicht sagen: »wie gut!« – sondern: »wie schön!«.

immer mögliche Vertrauen gar nicht so fern. Auch in seinen Überlegungen zum Genuss ist Epikur weit klüger, als man ihm das oft unterstellt hat. Er weiß sehr genau um die Flüchtigkeit des Genusses und um die unverzichtbare Notwendigkeit von dessen Kultivierung.

Das frühe Christentum hat sein Selbstverständnis auf einer intellektuell anspruchsvollen Glaubensphilosophie und einer hohen Moral gegründet. Intellekt und Sittenstrenge führten die antike Hochschätzung von Philosophie und Askese fort, die beide in klarer Distanz zur weltlichen Sinnenlust standen. Der Christus wurde mit dem *logos* identifiziert, und so konnte sich das Christentum als Erben und Vollender der griechischen Philosophie verstehen. Die historisch einzigartige Mischung aus Intellekt und leidenschaftsbeherrschender Askese erklärt auch den missionarischen Erfolg der frühen Christenheit. Freilich waren Intellekt und Askese bei den Griechen noch ausbalanciert durch eine Hochschätzung der Kunst; die Tragödien, der Tempelbau und die in ihrer Eleganz und Harmonie vollendeten Statuen zeigen das mit Deutlichkeit. Ebenso die damals hohe Verehrung der Künstler, die eine herausgehobene gesellschaftliche Reputation genossen – ähnlich wie später wieder in der Renaissance. Im Christentum aber geriet die aus der antiken Selbstbeherrschung hervorgehende Tendenz zur Askese zum Ideal einer prinzipiellen Weltverneinung. Die Abtötung des Fleisches, Selbstkasteiung, Glaubenshörigkeit und moralischer Rigorismus wurden die angestrengten Wege zu Gott.

Es ist sehr weniges, was sich dem Genuss im Christentum überhaupt assoziieren ließe, und immer war der Genuss, wenn er denn überhaupt zum Thema wurde, dem Überirdischen, Anderen, Weltentrückten zugeordnet. Die masochistischen Selbstpeinigungen der Mönche wird man nicht als Genuss verstehen wollen. Die *visio beatifica,* die Gottesschau aber gab es nur *unabhängig* von der Welt- und Lebenserfahrung. Selbst das üppige Osterlachen, die *risus paschalis*, galt dem auferstandenen Christus und der Erlösung aus dem hiesigen Leben, nicht aber dem Dasein in der Welt.

Luthers *Wittenbergisch Bier* stellt sich als Assoziation dann doch ein. Luthers Freude am Trinken ist einer der Züge, die den großen Reformator sympathisch machen. Die evangelische Frömmigkeit hat sich im Pietismus aber doch schnell wieder in die Innerlichkeit zurückgezogen und kannte wirkliche Freude nur über die Wiedergeburt und die Erleuchtung im Glauben. Sinnenfreuden mussten da als minderwertig und verdächtig gelten, sie standen im Gegensatz zum Glauben. Entsprechend moralstreng war die Erziehung. Am Ende stand dann das tugendfromme Bürgertum, das sich für die Ansprüche der verdrängten Sinnenlust dann in die Bordelle und in den Krieg begab.

Ganz anders gefärbt, im Grunde aber doch recht ähnlich liegen die Dinge im Katholizismus. Katholiken haben eine deutlich größere Neigung zum Lebensgenuss als Protestanten. Die Schöpfungspreisungen des Franziskus, Maiandachten und pausbackige Engel gehören da zur Volksfrömmigkeit. Die Pracht und sinnenfreudige Opulenz des Barocks, in denen der Katholizismus sich seit der Gegenreformation ergeht, haben freilich nicht den Zweck, Menschen zum Lebensgenuss zu führen. Die barocke Kunst und das neuzeitliche katholische Selbstverständnis bringen vielmehr das Selbstbewusstsein einer Kirche zum Ausdruck, die sich – siehe die großen barocken Deckengemälde in den Sakralbauten – als Direktverbindung zum Himmel und als Gottes Stellvertretung auf Erden begreift.

Bewusste Wege zum Genuss wird man im christlichen Abendland lange suchen müssen. Fündig wird man eher auf der Ketzerseite: etwa bei den Brüdern und Schwestern des freien Geistes im Spätmittelalter, die die eheliche Sexualität als Gottesgabe gefeiert haben, dafür aber von den Theologen vehement geschmäht und von der Kirche blutig verfolgt wurden. Auch bei Franz von Assisis naturschwärmerischem Sonnengesang sollte man nicht vergessen, dass sein gesamtes Reformprogramm dem des Petrus Waldes auf beeindruckende Weise gleicht; die Waldenser aber, die sich von Franz allein in ihrer offenen Kirchenkritik absetzten, sind einem regelrechten Ausrottungsfeldzug durch die Kirche zum Opfer gefallen.

Die Natur hatte ihren christlichen Stellenwert nur in der natürlichen Theologie: als Weg zur immer metaphysisch vorgestellten *Gottes*erkenntnis. Wie stark die religiöse Verdrängung des Genusses, ja der Sinnlichkeit überhaupt im christlichen Mittelalter war, lässt sich an der Verehrung der Reliquien zeigen. Die Sinnenbedürfnisse der Frommen konnten sich offenbar nur an sakralen Knochen befriedigen, weil anderes im Bereich der Religion nicht erlaubt war. Oder sie galt einem schlechthin entzogenen Gegenstand wie dem heiligen Gral: einer Trinkschale.

Erstmals die Renaissance verschrieb sich wieder dem Lebensgenuss. Kunst, rhetorischer und monetärer Erfolg und Freude am Ausprobieren sind Merkmale dieser Epoche, die mit geradezu kindlicher Entdeckerfreude sich vom Jenseits weg- und zum Diesseits hinwandte. Die Renaissance erneuerte das Ideal der souveränen Persönlichkeit, wie es die griechische Antike aufgestellt hatte. Askese und demütiges Sündenbewusstsein waren nicht mehr ihre Sache. Ihre Hinwendung zum Genuss entsprach daher spiegelbildlich der Abwendung vom mittelalterlichen Christentum.

So bleiben dem modernen, dem Christentum längst mit skeptischem Abstand gegenüberstehenden Zeitgenossen offenbar nur die konsumgängigen

Shopping- und Urlaubsparadiese für die Stillung seiner Sehnsucht nach dem Genuss. Ob die freilich wirklich befriedigen können, ist fraglich. Die Problematik moderner Genusssuche soll noch eigens aufgenommen werden. An dieser Stelle soll nur der Gedanke festgehalten werden, dass sich die christliche Kultur für die Suche nach Genuss – zumindest auf den ersten Blick – offenbar nicht empfiehlt.

3. Jesus: ein Genusstyp

Der alttestamentliche Begriff *schalom* wird meist mit ›Heil‹ oder ›Frieden‹ übersetzt. Er meint freilich zunächst einmal das, was ein Leben lebenswert macht: Güter, Wohlstand und Ansehen. Ein Mann, der viele Schafe und Ziegen hat, hat *schalom*. Daraus resultieren dann das Ansehen der Nachbarn, und natürlich auch die Zufriedenheit des Wohlhabenden und sein Lebensgenuss. Auch die sinnenfrohen Strophen des Hohen Liedes oder die emotionsgesättigten Verse der Psalmen belegen die erdige Sinnlichkeit der Bibel. Selbst die peinvollen Fragen des Hiob werden nach langer Auseinandersetzung mit Gott und den Freunden am Ende durch die ästhetische Pracht und Fülle der Schöpfung beantwortet, als eine Art ultima ratio des ebenso unverrechenbaren und wunderbaren Lebens. Seine Fortsetzung findet der sinnliche Zug der Bibel in den Gleichnissen Jesu und auch in dessen Verhalten. Die Bibel kennt eine generelle Sinnenskepsis erst bei Paulus und unter dem Einfluss des Hellenismus.

Jesus, der Stifter des Christentums, war ein Genießer par excellence. Das belegen nicht nur seine Verweise auf die Lilien des Feldes und die Vögel unter dem Himmel, die für seine Botschaft hoch bedeutsam sind. Sondern auch seine gehäuften Anspielungen auf Feiern und Hochzeitsmähler, an denen er wohl auch selbst gerne teilgenommen hat. Festlichkeiten gehörten offenbar zu seinen Lieblingsbeschäftigungen. Kein Zufall ist es daher, dass er als »Fresser und Säufer« (Mt 11,19) beschimpft wurde. Offenbar war für ihn das von Gott gegebene Leben ein Gegenstand des sinnlichen Genusses. Es legt sich daher sehr nahe, seine Grundbotschaft vom Reich Gottes, also von Gottes unmittelbarer Nähe, als Aufforderung zum Lebensgenuss zu verstehen.

Vergleichbares gilt noch einmal vom inhaltlichen Grundthema seiner Botschaft und seines Lebens, von der Liebe. Auch wenn die bei Jesus recht unsentimental erscheint – eher zupackend, kritisch und hellwach –, lässt sich die Liebe doch nie ohne innere Gefühlsbeteiligung denken. Liebe kann und darf man genießen.

Am Beginn des Christentums steht also ein hingebungsvoller Schlemmer, der die Freuden des Feierns schätzte und offenbar gern unter gut gestimmten Leuten verweilte; ein sensibler, zupackender, stark intuitiver Ästhet. Man kann sich dem Eindruck nicht entziehen, dass er das Leben insgesamt als göttliches Geschenk verstanden hat, über das die Freude gar nicht groß genug sein kann. So lassen sich auch seine vehementen Reaktionen verstehen, die er auf die Einschränkungen der Lebensfreude zeigte. Seine Polemik galt nicht nur den (oft unumgänglichen) Alltagssorgen, sondern stärker noch den scheinbaren moralischen und sittlichen Verpflichtungen (»Lasst die Toten ihre Toten begraben!«), am stärksten den religiösen Verbindlichkeiten. Er wollte keine Reinigungszeremonien, keine langen Gebete und keine Bußübungen, und er hatte wenig Respekt vor Schriftgelehrten und Priestern. Wozu auch, wenn Gott doch in jedem Feigenbaum und in jedem Gesicht erscheint?

Im Christentum freilich wurde der ›rechte Glaube‹ zum zentralen Thema des theologischen Nachdenkens und der sinnenskeptischen Frömmigkeit. Für Jesus war es die Liebe gewesen, bei ihm finden sich keine allgemein gültigen oder gar als verbindlich gedachten Glaubensaussagen. Seine Botschaft übersetzt sich nicht in Begriffe und Aussagesätze, sondern in die Sinnlichkeit spontaner Poesie. Seine Gleichnisse sind aus dem Alltagsleben gegriffene Fantasiegebilde, die plastische Bilder vor Augen stellen und darin eine erfahrungsstiftende Dynamik und Wirklichkeit haben. Ähnliches gilt für seine Zeichenhandlungen, wie etwa die sogenannte Tempelreinigung. Sie erschließen sich der intuitiven Teilnahme unmittelbar, lassen sich aber nicht bruchlos in logische Erklärungen überführen.

Bei Jesus ist ferner nicht die Spur jenes Rechtsdenkens zu spüren, die im Christentum später so dominant werden sollte. Die zentralen dogmatischen Begriffe lauten da: Sünde, Verwerfung, Schuld, Erlösung, Vergebung, Rechtfertigung, Zorn und Gerechtigkeit Gottes usw. – bei Jesus dagegen ist die Vergebung kein theologisches Problem, sondern längst gewährt. Für ihn kommt es schlicht darauf an, das zu sehen bzw. einfach gelten zu lassen; nichts anderes meint bei ihm ›glauben‹.

Der Kontrast des kulturell entfalteten Christentums und seiner Glaubensdogmatik zu seinem Stifter ist in der Tat groß – und der wohl größere *garstige Graben*, als es der historische Abstand zu dessen Auftreten ist. Dass juristische so sehr über sinnlich-ästhetische Kategorien dominiert haben, hat zum Ideal eines Glaubens geführt, dessen andere Seite immer die ›Angst‹ vor dem falschen Glauben gewesen ist, dem eigenen ebenso wie dem der Ketzer. Vergebung und Erlösung waren immer an ›Sühne‹ gebunden, sei es der Sühne eigener Bußleistung, sei es – weil die oft an die Grenzen der Überforderung ging – an die des Kreuzes, die wiederum eine weltentzogen-metaphysische und eine zu glaubende war. Dieser Glaube bedeutete eine innere Anstrengung, die sich dem Bedürfnis nach sinnlicher Erfahrung, nach gespürter Gewissheit und nach Lebensfreude und Lebensgenuss deutlich entgegengestellte.

Zum Fundament des Christentums sind vor allem die Bekenntnisse geworden, die einen Glauben zweiter Ordnung hervorgebracht und zum religiösen Kern gemacht haben: einen Glauben an theologische Interpretationen anstelle von Gotteserfahrungen und konkreten sinnlichen Wahrnehmungen. Nach wie vor kann von der dogmatischen Theologie der Beginn des Christentums nicht mit Jesus selbst, sondern mit dem Bekenntnis zum auferstandenen Christus angegeben werden – dem die faszinierende Botschaft und das oft genug irritierende Auftreten Jesu dann subsumiert werden oder die dann in der Regel gar nicht weiter theologisch interessieren. Da ist dann im eher abwertenden Ton vom ›historischen‹ Jesus die Rede, von dem man ja nicht viel wisse und der einen Fundus für Predigten abgeben mag – nicht aber für die Glaubensdogmatik und die Struktur des christlichen Lebens.

Jesu Antwort auf die Frage nach dem Weg zum wirklichen Leben ist keine Lehre und kein Glaubenssystem, sondern zeigt sich vor allem in seinen Gleichnissen. Etwa dem vom sehr missverständlich sogenannten ›Barmherzigen Samariter‹ (Lk 10,29 ff.), das entgegen landläufiger Auffassung nicht die Nächstenliebe predigt. Es wäre für die Zuhörer der Geschichte allzu selbstverständlich gewesen, im Falle der Not zu helfen. Das Gleichnis verfolgt eine ganz andere Pointe: Das erwartbare Tun des vor Augen Liegenden, die normale menschliche Spontanität des Sehens und Zupackens ist das, was Gott will – genau das aber wird ausgerechnet von den Vertretern der Religion nicht geleistet, ja von ihnen gerade *verfehlt*. Das Gleichnis könnte darum besser das von der »Polemik gegen die Religionsvertreter« heißen. Jesus variiert und erweitert hier Hos 6,6: »Liebe will ich, nicht Opfer!«, keine Religion also als Selbstzweck. Hier zeigt sich ein scharfer religionskritischer Zug bei Jesus, der seine bis heute anhaltende Faszination unterstreicht, theologisch aber kaum wahrgenommen wurde.

Zwischen den Zeilen ist im Reden und Verhalten Jesu bei aller Polemik immer wieder deutlich der sinnliche Genuss zu spüren. »Seht die Vögel!« Er isst und trinkt und lässt sich mit ›sündhaft‹ teurem Öl die Füße salben. Heute mahnt der christentumkritische Popsänger Phil Collins: »Oh, think twice« und erinnert daran, dass »it's just another day *in paradise*«. Die Liebe zu anderen Menschen ist keine moralische Pflicht, sondern menschliche Erfüllung. Wir leben im Paradies, nicht in Glaubenssätzen.

Daher ist es durchaus naheliegend, das Reich Gottes mit dem Genuss des von Gott gegebenen Lebens in eins zu setzen. Gegenwärtig, hier soll die Nähe Gottes für uns spürbar und *wahr* werden. Dass Gott, wenn man mit ihm denn wirklich rechnet, *da* ist und gar nicht anders gedacht werden kann als überall präsent, war Jesus dabei offenbar selbstverständlich und keine theologische Reflexion wert. Das Problem mit der Nähe Gottes liegt *im Menschen*: Er muss es sehen, wahrnehmen, spüren können. Die Gleichnisse sind daher keine allgemein gültigen Aussagen, sondern Augen-Öffner, Perspektivierungs- und Sehhilfen, fern aller Glaubensdogmatik. Und die Zukunftsaussagen zum Reich Gottes – dein Reich komme; das wachsende Senfkorn usw. – gehen mitnichten davon aus, dass Gott sich etwa erst noch gegen ein weltliches Reich durchsetzen müsse, wie man das später als ganz selbstverständlich angenommen hat. Sondern sie verweisen schlicht darauf, dass immer mehr Menschen immer weiter die Augen öffnen sollen für das, was längst da ist.

Die religionskritischen Provokationen des Jesus dürfen theologisch ernst genommen werden: Wenn Gott die Liebe ist, dann will er keine Verehrung und keine Anbetung, keine religiösen Zeremonien und keine sakralen Pflichten – sondern das Leben. Dann muss der Mensch nichts glauben, was sich in Sätze fassen lässt. Und dann ist der Mensch nicht schuldig, sondern darf das Leben in vollen Zügen genießen. Dafür braucht man einen Glauben, der sich als Vertrauen in die Welt und in sich selbst zeigt. Und das geht – auch das weiß die religiöse Haltung recht genau – am besten, wenn das Leben mit Achtung bedacht und der Genuss möglichst gemeinsam mit anderen begangen wird.

Am Beginn des Christentums steht nach exegetischer Einsicht die Aufforderung Jesu zur Umkehr (Mk 1,15), die sich in erfahrungsbezogenen religiösen Grundbegriffen wie Wiedergeburt, Erleuchtung, Neuwerdung usw. spiegeln, kaum aber in Bekenntnissätze und Überzeugungen überführen lässt. Für diese vom Ursprung her gedeutete Religion sind nicht mit Argumenten begründbare Wahrheiten zentral, sondern *Erfahrungen und Perspektiven*, die in eine veränderte Lebenshaltung münden, die unmittelbar einleuchtet – oder eben nicht; und für die allenfalls durch Verhalten zu werben ist, nicht aber durch Argumentieren.

Aus diesem Ursprung heraus kann gefolgert werden: Das Christentum ist kein Glaube an Offenbarungswahrheiten. Damit wäre es prinzipiell ununterscheidbar von einer Ideologie. Dass es heute von vielen Menschen genau so gesehen wird – als überholte Ideologie, als unzeitgemäßer Aberglaube –, zeigen empirische Untersuchungen mit aller Deutlichkeit. Allein dies wäre ein Grund, über die Glaubenszentrierung des Christentums neu nachzudenken. Das Christentum ist kein ›Glaube‹, keine Überzeugung, sondern eine

Religion: eine auf Erfahrung und überlieferte Deutung gegründete Sicht auf das Leben. Es ist die grundlegend ästhetisch, also sinnlich signierte Aufforderung zur Veränderung von Perspektive und Haltung.

4. Sünder können nicht geniessen

Wo blieb der Genuss im Christentum? Man könnte sich nun in eingespielter wissenschaftlicher Manier auf eine Spurensuche nach genussbetonten Positionen und Menschen im Christentum begeben, um so wenigstens einige unterschwellig wirksame Einstellungen auszumachen und in ihrer Logik zusammenzustellen. Es ließe sich so ein spezifisches neues Forschungsfeld ausweisen, dem sicher das ein oder andere theologische Interesse zukäme. Eine solche Spurensuche würde aber keine Korrektur des eingespielten christlichen Selbstverständnisses bewirken. Genau die steht aber zur Debatte, wenn der sinnenfreudig-inspirierende Ursprung des Christentums in seiner theologischen Bedeutung neu bewertet werden soll.

Dass die Orientierung an der Botschaft Jesu alles andere als die gängige gewesen ist, lässt sich leicht deutlich machen. Ich greife als Beispiel dafür die klassische Erlösungslehre heraus, die bis heute in der christlichen Frömmigkeit dominiert und erst in jüngster Zeit immer häufiger angefragt wird. Ihr gilt der Mensch als Sünder und darum als ›schuldig‹ vor Gott. Abgeleitet wird diese Schuld vom sogenannten ›Sündenfall‹ des Adam. Bereits durch den Akt der Empfängnis – so hat Augustin das wirkmächtig eingespielt – ist der Mensch mit der Erbsünde befleckt und rettungslos dem ewigen Tod ausgeliefert. Rettung bringt allein der Tod des Gottmenschen Christus am Kreuz, der mit seinem Opfer den Zorn Gottes versöhnt und dem Menschen die Befreiung von der Schuld zwar nicht garantiert, ihm aber zumindest die Möglichkeit der Erlösung gibt. Bedingung dafür ist der Glaube – und zwar der Glaube nicht an die Nähe Gottes, sondern an seine im Opfertod am Kreuz offenbar gewordene verzeihende Barmherzigkeit.

Mit dieser *Satisfaktionstheorie* sind eine ganze Reihe von offenen Fragen und inneren Widersprüchen gegeben, vor allem aber ganz fundamentale Widersprüche zu der Erfahrung Gottes als Liebe. Warum muss ein liebender Gott seinen eigenen Sohn hinrichten lassen? Warum braucht er Versöhnung seines *Zornes*? Warum ist Jesu Tod so wichtig, nicht aber offenbar seine Botschaft und sein Leben, in denen die Idee eines Opfertodes keinen Ort hat? Warum sind die Menschen nicht tatsächlich gerettet mit dem angeblich sühnenden Opfer, sondern stehen nach wie vor unter dem göttlichen Gericht?

Der Christ war mit dieser Lehre einer prinzipiell unstillbaren Angst ausgesetzt. Niemand konnte je sicher sein, wirklich ›gerettet‹ zu sein. Fatal hat sich diese Lehre vor allem darin ausgewirkt, dass sie den Menschen klein gemacht und in destruktiver Weise gedemütigt hat. Der Kontrast zu Jesus von Nazaret könnte an dieser Stelle kaum größer sein. Für ihn war das Leben nicht Sache einer abzubüßenden Schuldbelastung und der prinzipiellen Verzweiflung, sondern eine der Freude. In den Liedern des Gesangbuchs und in der gottesdienstlichen Liturgie ist die Erlösungslehre jedoch fest verankert.[3]

Der Philosoph Gianni Vattimo hat in diesem Zusammenhang vom »regressiven Charakter« eines »tragischen Christentums« gesprochen, das dem alttestamentlichen Glauben verhaftet bleibe und durch seine überholten metaphysischen Ausdeutungen seine eigentliche Botschaft kaum noch vernehmbar mache.[4]

Es mag angesichts dogmatischer Sichtungen und historischer Forschung sehr ungewohnt klingen, wenn aus diesen Überlegungen einmal gefolgert wird: Die klassische christliche Erlösungslehre ist theologischer Unsinn. Sie ist von metaphysischen Denkvoraussetzungen abhängig, die heute nicht mehr überzeugen. Und sie widerspricht diametral der zentralen Idee des Christentums, Gott als Liebe zu verstehen. Sie ist eine Einschränkung des Lebens und eine zwar historisch verständliche, heute aber fatal wirksame Selbstschädigung des Christentums. Mit ihr wird auch der christlich zentrale Begriff der Erlösung so eng geführt, dass sich mit ihm die fundamentalen Erfahrungen der äußeren und inneren Befreiung, die Menschen in ihrem Leben machen, nicht mehr in Verbindung bringen lassen.

Ausgesprochen sinnvoll erscheint der Begriff ›Sünde‹ in der existenziellen Deutung, die vor allem Luther vorgenommen hat: Der Sünder ist der abge*sonderte*, weil auf sich selbst bezogene Mensch: *homo incurvatus in se ipse*. So verstanden ist der Sünder der Mensch, der aus existenzieller Not heraus nicht wirklich am Leben teilnimmt. Wo Sünde als Abtrennung (›Sund‹), als Beziehungslosigkeit, als energiezehrende und isolierende *incurvatio* verstan-

3 »Wenn meine Sünd' mich kränken [...]«. Von den 24 Passionsliedern im Evangelischen Gesangbuch nehmen nur drei der neueren eine alternative Deutung der Kreuzigung vor, alle anderen benennen das Sünden-Sühne-Schema explitzit. Der Ton schwankt durchweg zwischen Selbstanklage und tiefer Betroffenheit. Die fast durchgehende Verwendung des Plurals (»*Sünden* ohne Zahl«) macht aus der existenziellen Not des Menschen eine moralische, die ihn unter die Angst vor Gottes Urteil stellt, nicht unter seine Liebe.

4 »Ich fordere ganz einfach [...] das Recht, von neuem das Wort des Evangeliums anzuhören, ohne deshalb die zutiefst abergläubischen Anschauungen auf philosophischem und moralischem Gebiet, die es in der offiziellen Lehre der Kirche noch verdunkeln, teilen zu müssen.« GIANNI VATTIMO, Glauben – philosophieren, Stuttgart 1997, 94, vgl. 83f.

den wird, kann sie als eine der tiefsten Einsichten des Christentums gelten. In dieser realistischen Einschätzung der Situation des Menschen liegt auch ein deutlicher Unterschied zu anderen Religionen vor, da sie den Menschen weder idealisiert und unter moralischen Druck stellt noch ihn einem übergeordneten und letztlich unverständlichen Schicksal unterstellt.

Für beide Einschätzungen der Sünde lässt sich aber leicht einsehen, dass sie vom Genuss des Lebens abhält. Sünder können nicht genießen. Der mit sich selbst beschäftigte Mensch – der Grübler, der Narzisst, der Verunsicherte, der Verzweifelte – nimmt weit weniger an den Freuden des Lebens teil als der, der auf festen Füßen steht. Dasselbe gilt auch für den um seine Sündenschuld kreisenden Christen, dessen Glaubenszentrierung eine zusätzliche Genussbremse bedeutet. Die Glaubenszentrierung selbst kann als eine *incurvatio* verstanden werden, und sie hat offenbar oft genug so gewirkt.

Extensiv wurden in der christlichen Theologie die ›Sieben Todsünden‹ reflektiert, und sie hatten ihren entsprechenden Stellenwert in der Frömmigkeit. Eine gleichrangige Reflexion der »Sieben Genüsse des Lebens« dagegen wäre unter der Prämisse einer sündenverfallenen Welt kaum denkbar gewesen. Vorstellbar allenfalls wiederum waren die Genüsse des *Glaubens.*

Allein Friedrich Schleiermacher hat in seinen Reden *Über die Religion* ganz selbstverständlich vom »Genuß der Religion« und von Religion als »Gegenstand des Genusses« gesprochen. Der Mensch, der eine religiöse Inspiration erfahren hat, will diese auch symbolisieren und mitteilen. Er stellt den anderen »das Himmlische und Ewige dar als einen Gegenstand des Genusses und der Vereinigung, als die einzige unerschöpfliche Quelle desjenigen, worauf ihr ganzes Dichten gerichtet ist«.[5] Anschauung ist der Kern der Religion, und diese Anschauung »gewährt« den »erhabensten Genuß«.[6] Nicht moralische Pflicht, nicht abstraktes Denken und nicht die Handlung sind religiös, sondern der Genuss emotionaler Hingabe. »Die religiösen Gefühle lähmen ihrer Natur nach die Tatkraft des Menschen und laden ihn ein zum stillen hingegebenen Genuß.«[7]

Neben die christliche Erlösungsgrübelei hat sich von Anfang an eine eschatologische Grundausrichtung gesellt, die das eigentliche Leben hinter und über der Welt sah. Damit stellte sie sich, ohne dass ihr das offenbar bewusst war, in klaren Widerspruch zu den Reich-Gottes-Aussagen Jesu: »Das

---

5 Friedrich Schleiermacher, Werke Bd. 4, Auswahl in vier Bänden, hg. von Otto Braun und Jörg Baur, Aalen 1981, 217. Die Ausgabe folgt dem Urtext der 1. Ausgabe von 1799; Originalseite 12.

6 Ebd., 325, Orig. 189.

7 Ebd., 251, Orig. 69.

Reich Gottes ist mitten unter euch.« Jesus sah Gott in der konkreten Nähe von Feigenbäumen, Weinbergen und menschlichen Gesichtern.

Der Genuss des vom Gott der Liebe großzügig geschenkten Lebens konnte im glaubens- und erlösungsorientierten Christentum kaum aufkommen. Je christlicher, desto ernster und strenger war die Lebenshaltung. Oskar Pfister hat in seinem beeindruckenden Werk *Das Christentum und die Angst* von der Lebensliebe und dem Optimismus der Aufklärung gesprochen, die er als »Reaktion auf den grämlichen Pessimismus gegenüber dem durch den Sündenfall rettungslos verdorbenen Menschen, gegenüber der sündhaften, überall gefahrdrohenden Welt«[8] versteht. Bekannt ist Friedrich Nietzsches Polemik: »Bessere Lieder müssten sie mir singen, dass ich an ihren Erlöser glauben lerne. Erlöster müssten mir seine Jünger aussehen.«[9] Und Paul Tillich hat einmal von der Erfahrung gesprochen, »daß christliche Gruppen die Freude unterdrücken und ihr mit Schuldgefühlen begegnen«; dort habe er eine »schwächliche, gewollt kindliche (Freude) ohne Ekstase, ohne Farbe und Gefahr, ohne Höhen und Tiefen« vorgefunden, die ihn »fast zum Bruch mit dem Christentum getrieben« habe.[10]

Eugen Drewermann, dessen exegetisch ebenso genauen wie psychologisch plausiblen Analysen von der Theologie kaum wahrgenommen, geschweige denn konstruktiv verarbeitet wurden, legt den Finger in die Wunde eines genussunfähigen Christentums:

> »Der geistige Ort, an dem sich der Mensch vorurteilsfrei angenommen fühlen sollte, wäre der Bereich der Religion. Das Christentum hingegen, die Mutter Kirche, kann nicht davon freigesprochen werden, daß sie in der Länge ihrer Geschichte [...] mehr Angst als Geborgenheit, mehr moralisierende Forderung als Glaube, mehr bedingte als unbedingte Annahme verbreitet und gepredigt hat.«[11]

Es ist eine für heutiges, psychologisch geschultes Denken naheliegende Einsicht: Wer permanent um Schuldzusammenhänge kreist, befindet sich in einer zwangsneurotischen Struktur. Das starke Sündenbewusstsein im Christentum hat nicht die Freude über die ins Leben führende Erlösung gefeiert, sondern vor allem über die Erlösungs*bedürftigkeit* des Menschen nachgedacht. Es ist ganz selbstverständlich, dass Menschen immer wieder

---

8 Oskar Pfister, Das Christentum und die Angst, Zürich 1944, 425. – Peter Sloterdijk bemerkt eine weltenthobene Sinnenfeindlichkeit selbst im Altarsakrament: Weltfremdheit, Frankfurt am Main 1993, 134f.

9 Friedrich Nietzsche, Also sprach Zarathustra II (Von den Priestern), KSA 4, 118.

10 Paul Tillich, Religiöse Reden II (Das neue Sein), Berlin/New York 1987, 137.

11 Eugen Drewermann, Der Krieg und das Christentum, Regensburg 1982, 269.

Vergebung brauchen – Vergebung und Schuld können deshalb aber nicht das Zentralthema der christlichen Religion sein. Immer und vorrangig ging es da um ›Gottes Ehre‹, nicht aber um die Lebensfähigkeit des religiösen Menschen.[12] Nicht allzu häufig waren Aussagen wie die des Irenäus, der die Konsequenz aus dem Gedanken ›Gott ist Liebe‹ gezogen hat: »Gottes Ehre ist der lebendige Mensch.«[13]

Natürlich weiß die christliche Dogmatik um die genannten Widersprüchlichkeiten der Satisfaktionstheorie. Sie forscht freilich zunehmend historisch, und daher ist ein theologischer Widerspruch zum Gott des Sühnetodes kaum zu erwarten. Ähnlich würde kaum ein exegetischer Theologe den Satz des Hebräerbriefes »Ohne Blutvergießen keine Versöhnung« (Hebr 9,22) als unchristlich kennzeichnen. Daher kann die Satisfaktionstheorie bis heute das fromme Bewusstsein bestimmen. Die prinzipielle Tendenz zu Weltdistanz und Lebensflucht, die mit der Idee einer *Erlösung* eo ipso verbunden ist, steht aber zur theologischen Bearbeitung an.[14] Fällig wäre ein klarer theologischer Widerspruch gegen das, was man als Ursünde der Christenheit bezeichnen könnte: den von Gott geliebten Menschen in Schuldangst zu versetzen.

Eine theologische Kulturarchäologie verfehlt da ihren Zweck ebenso wie das theologische Ausweichen in komplizierte philosophische Fragestellungen. Beide führen nicht zu neuen überzeugenden Deutungen der alten religiösen Symbole. Es ließe sich ja leicht einsichtig machen, dass aus christlicher Sicht nicht moralisches Fehlverhalten als ›Sünde‹ zu gelten hat, sondern vielmehr das ungelebte, weil selbstzentrierte und isolierte Leben. Theologisch wäre zu fragen, ob das klassische christliche Verständnis des Glaubens nicht selbst ungelebtes Leben bedingt hat, und ganz grundsätzlich, ob nicht Eugen Biser mit seiner wiederholt vorgebrachten Einschätzung Recht hat: Das Christentum sei keine Erlösungsreligion, sondern eine mystische Religion. Dann wäre nicht ein rechter Glaube sein Fundament, sondern eine Haltung der Lebensfreude, die aus der inneren Erfahrung der Verbindung (*re-ligio*) zum Grund des Lebens resultiert.

Nimmt man die Idee der Liebe Gottes ernst, muss man folgern: Gott glaubt an den Menschen, daher braucht der Mensch keinen Glauben, keine Verehrung

---

12 Donald W. Winnicott weist darauf hin, dass die natürliche Entwicklung des Menschen verhindert wird, wenn das Gute in Gott versammelt vorgestellt wird; dadurch wird es dem Menschen als Möglichkeit tendenziell entzogen. Der Therapeut dagegen glaubt an den *Menschen*, nur so kann er ihn heilen. Dasselbe müsste eigentlich von Gott gesagt werden. Winnicott, Reifungsprozesse und fördernde Umwelt, Gießen 2001 (1974), 121 ff.

13 Iraeneus von Lyon, Adversus haereses IV, Freiburg 1995, 20,7.

14 »Seit die Idee der Erlösung [...] mächtig wurde, schwebt ein radikaler weltkritischer Funke im Weltbewußtsein der hochkulturellen Völker.« Sloterdijk, Weltfremdheit, 150.

Gottes und keine religiöse Pflichterfüllung. Wichtig wird dann ganz anders ein grundlegendes Vertrauen, das den Menschen auf seine Füße stellt, und das weit eher ein Gefühl oder eine Sichtweise als eine Glaubenswahrheit ist. Würde man in diese Richtung denken, würden sich andere Fragen stellen – etwa die, wie und wo sich die Freude über das von Gott gegebene Leben eigentlich einstellt. Lebensfreude will kultiviert sein. Gibt es einen christlichen Weg der Anbahnung und Förderung von Genuss?

5. Die christliche Religion als Aufforderung zum Lebensgenuss

Das Christentum kann sich als Aufforderung und Weg zum Lebensgenuss verstehen. Im Genuss liegt die pointierteste Zusammenfassung seiner Idee vor. Das ist die These, die abschließend im Blick auf die heutige Lebenswelt bezogen werden soll. Das Reich Gottes, von dem Jesus erzählt, ist die Genusserfahrung schlechthin. Sie ist die aus der gespürten Präsenz Gottes resultierende Lebendigkeit, Hingabe und Freude des Menschen, der sich gehalten und in Verbindung mit dem großen weiten Leben weiß. Umgekehrt: Wo ein Mensch echten Genus erfährt, ist er im Reich Gottes. Um das plausibel machen zu können, ist zunächst ein Blick auf die Genusseinstellung der Menschen heute zu werfen.

Der moderne Mensch hat sich recht gründlich vom Christentum abgewendet. An die Stelle der alten christlichen Erlösungs- und Jenseitshoffnung ist eine Gegen-Kultur der Urlaubs-Paradiese, der Einkaufs-Tempel und der Fußball-Götter getreten, die mit Spaß und Bedürfnisbefriedigung argumentiert. Ebenso wenig wie die Theologie kennt sie die einst hohe geistesgeschichtliche Bedeutung des Phänomens Genuss, das vor allem bei den Klassikern, aber auch bei den Aufklärern und Romantikern einen herausgehobenen Stellenwert hatte. Goethe, Schiller, Schleiermacher[15] haben dem Genuss einen zentralen Platz eingeräumt. Für sie war nicht die Erkenntnis die höchste Möglichkeit des Lebens, und schon gar nicht die Arbeit.

Inzwischen ist das »Genießen Sie!« eine Daueraufforderung des Konsummarktes geworden. Wo Genuss aber auf Dauer gestellt werden soll, entwertet er sich und wird zur Langeweile. Der moderne Mensch ist darum gerade nicht

---

15 Der orthodoxe Theologe Vasile Hristea unternimmt derzeit eine eindrucksvolle Rekonstruktion der herausgehobenen Rolle des Genusses im Gedankensystem Friedrich Schleiermachers. Vasile Hristea: Philokalia. Versuch einer Theologie des ästhetischen Genusses (unveröffentlichtes Habilitationsmanuskript).

als Genießer zu verstehen. Vielmehr ist er genuss*süchtig*. Der österreichische Philosoph Peter Strasser nennt ihn gar »Genussfundamentalist« und erklärt:

> »Eine Kultur ist umso zivilisierter, je mehr sie das Leben liebt, und umso unzivilisierter, je mehr sie an die Stelle der Liebe zum Leben die Liebe zum Genuss treten lässt. [...] Es scheint mir (aber) kaum zu bezweifeln, dass unsere Zivilisation sich in vielerlei Hinsicht verhält, als ob das Leben an sich nichts wäre, was es verdiente, bejaht zu werden.«[16]

Genüsse, so Strasser, werden dem Leben eher »abgetrotzt«. Daraus resultiert das verbreitete Gefühl innerer Leere, und an die Stelle des Genusses treten Konsumstress und verwöhnte Lustlosigkeit. Workaholismus und Freizeitstress stellen sich eher ein als wirklicher Genuss.

Der gesteigerte Erlebnishunger führt eine permanente Erhöhung der Reizschwelle mit sich. Der Konsum von immer raffinierteren Bedürfnisbefriedigungen geht mit Entleerung und Verschleiß einher, denn die Intensitätssteigerungen führen automatisch zu Gewöhnung und Abstumpfung. Die angespornte Wahrnehmung schlägt in den zunehmenden Verlust der Wahrnehmung um. So verstärken sich die verbreiteten seelischen Auszehrungserscheinungen: innere Leere, narzisstisches Kreisen um sich selbst, Erschöpfung und Depression.

Offensichtlich überdecken die unbegrenzten Möglichkeiten, Angebote, Kommunikationssignale und Außenreize auch die Neugier und die innere Entfaltung des Menschen und wirken sich lähmend auf die innere Motivation aus. Ein Leben zwischen Optionen und Signalen steht einem Leben echten entspannten Genusses offenbar entgegen: »Die Alternative zum Sein ist Reagieren.«[17] Das kann man an kleinen Kindern studieren: Sie können nicht im hingebungsvollen Spielgenuss versinken, wenn sie sich zu sehr mit Außenreizen befassen.

Die moderne Genussorientierung ist keine überzeugende Alternative zur weltentsagenden Erlösungsidee der Christen. Die Kultivierung echten Genusses wird immer auf Möglichkeiten der Konzentration und der Reduktion achten. Das Christentum bleibt freilich deutlich unterhalb seiner eigenen Möglichkeiten, wenn es zu den überfordernden Angeboten und Reizen des modernen Lebens auf christlicher Seite die Glaubensvorgaben hinzuaddiert.

Das *Bedürfnis* nach dem Genuss bleibt von diesen Überlegungen ganz unberührt. Wenn der Genuss eine der höchsten Möglichkeiten des Lebens

---

[16] Peter Strasser, Die einfachen Dinge des Lebens, München 2009, 12 f.

[17] Ebd., 60.

ist, dann muss weiter nach seinen Bedingungen gefragt werden. Wo liegen sie im Christentum?

Es ist sicher nicht von der Hand zu weisen, dass das platonische »Enthusiasmusverbot« (Peter Sloterdijk) seine deutlichen Spuren im Christentum hinterlassen hat. Einen Rausch konnte man sich da nur im theologischen Denken und im Glauben vorstellen, und das hat die Genussfähigkeit der Christen sicher nicht erhöht. Die christlich geprägte Kultur steht daher in weitgehender Hilflosigkeit der heutigen Genuss-Sucht gegenüber. Eine Gesellschaft der Arbeits-, Erfolgs- und Erlebnissucht und der pharmazeutischen Selbststimulationen kann an die dogmatischen Ideen von Glauben, Sünde und Erlösung offenbar nicht mehr andocken.

Im Christentum wird auf die fundamentale Umorientierung der Menschen und den massiven Bedeutungsverlust des Christlichen noch kaum spürbar reagiert. Die Verheißungen und die Lasten der modernen Autonomie finden in den Kirchen keinen angemessenen Raum, und die Theologie begreift die gelebte Religion der Menschen, also ihre religiösen Erfahrungen und religiösen Bedürfnisse, als unterhalb des eigenen Anspruchsniveaus. Systematische Theologie versteht sich zwar als Frömmigkeitsklärung, betreibt diese aber meist nur im Blick auf die eigene Kulturtradition. Die Religiosität der Menschen bleibt damit sich selbst überlassen. Die einschlägigen Ergebnisse der Untersuchungen von Klaus-Peter Jörns etwa, der bereits 1998 dramatische Verschiebungen im Glauben der Menschen (und auch der sogenannten ›Traditionschristen‹) festgestellt hat, sind von systematischen Theologen kaum wahrgenommen worden. Die gängige Einschätzung dort spricht von ›Cafeteria-Religiosität‹ und von einem ›religiösen Zoo‹ und sieht es meist unter der Würde ernsthafter Glaubens-Reflexion, sich auf die faktische Religiosität der Menschen überhaupt einzulassen – dokumentiert damit aber auch, dass sie sich in den Cafeterias der Welt nicht auskennt und offenbar auch nicht aufzuhalten wünscht. Ein Interesse an den konkreten Bedürfnissen, Nöten, Freuden und Existenzfragen der heute lebenden Menschen gehört da nicht zum erwartbaren Reflexionshorizont.

So freilich bekommt die Theologie weder die religiösen Sehnsüchte noch die existenziell bedeutsamen Erfahrungen und faktisch vorgenommenen Lebensdeutungen der Menschen zu Gesicht. Die massive Verschiebung von Schuld- hin zu Schamerfahrungen, die verbreitete Sehnsucht nach Anerkennung und Liebe, das zunehmende Gefühl der Isolation und die wachsenden seelischen Erschöpfungserscheinungen lassen sich summarisch als prinzipielle Genuss*unfähigkeit* zusammenfassen. Sie werden zu kulturellen Dominanten, die theologisch nicht wahrgenommen und verarbeitet werden.

Eine Theologie, die die seelische Auszehrung der Menschen nicht zu analysieren und zu beschreiben in der Lage ist, wird freilich auch nichts zum Lebensgenuss zu sagen wissen. Da die nach wie vor dominante Orientierung an den Glaubensinhalten auch das längst alltäglich gewordene Relativitätsbewusstsein nicht wirklich aufzunehmen erlaubt, verlieren Theologie und Kirche immer mehr den Anschluss an das gegenwärtige Zeitbewusstsein. Vergleichbares gilt auch für das psychologische Denken, das im Alltagsbewusstsein längst Routinen ausgebildet hat für den Blick auf Motivationen und Bedürfnisse, die *hinter* den Handlungen, Einstellungen und Gefühlen liegen. Auch die Glaubenssätze werden inzwischen auf ihre psychologischen Bedingungen hin befragt. Heutige Schüler setzen ›Glauben‹ eindeutig und umstandslos mit persönlicher Schwäche in eins: Glaube ist eine Hilfe für Menschen, die mit dem Leben nicht zurechtkommen.

Vor allem dürfte es die Vorstellung einer eigenen, vom Leben unterschiedenen Glaubenswelt sein, die in einer zunehmend komplexen Lebenssituation nicht mehr überzeugt. Zu einem Gott, der sich außerhalb und im Gegenüber zur Welt positioniert, brauchten die Menschen früher das kirchliche Christentum als Vermittlungsinstanz. Heute ist es die Komplexität der einen Welt selbst, die nach Orientierung verlangt. Eine separate Glaubenswelt wird da als zusätzliche Anstrengung erfahren, und daher wird man annehmen können, dass die Ausrichtung an den Wahrheiten des Bekenntnisses heute eher als zusätzliche seelische Belastung wirkt denn als Inspiration.

Nur wo Gott *in* meiner Erfahrung und Aktivität, in meiner Entwicklung, meinem Genuss und also als Teil und Hintergrund der realen Welt erfahrbar ist, kann ›Glaube‹ überzeugen. Genau so ist Jesu Rede vom Reich Gottes offenbar zu verstehen: Gott zeigt sich dort, wo man ihn zu sehen vermag. »Woran du nun dein Herz hängst, das ist eigentlich dein Gott« – so Luthers entsprechende Aussage. Was ja nicht nur heißt, dass der blank geputzte Porsche ein Ersatz-Gott ist, sondern auch, dass er prinzipiell auch zur persönlichen *Erfahrungsweise* Gottes für einen bestimmten Menschen werden kann. Daran dürfte sich entsprechend auch entscheiden, ob er zum Gegenstand echten Genusses werden kann.

Wo die Brücke zwischen Religionskultur und Leben nicht erst mühsam hergestellt werden muss, sondern die Religion sich als Deutung des erfahrbaren Lebens selbst positioniert, wird der Weg frei für religiös inspirierten Lebensgenuss. Ein sinnvolles und erfülltes Leben tritt dann an die Stelle eines auf Erlösung angelegten Glaubenslebens. Der Genuss eines erfüllten Lebens könnte so ein neuer, konstruktiver Begriff für das eigentliche Anliegen des Christlichen sein.

Das Christentum ist damit weniger profilscharf abgrenzbar von anderen Lebensorientierungen, aber auch weniger abgehoben und lebensfremd. Eine solche Selbsteinschätzung würde auch das Bewusstsein der Relativität und das eingespielte psychologische Denken ernster nehmen. Für das moderne Bewusstsein gibt es keine religiösen Objektivitäten. Glaube ist nicht Sache verbürgbarer Wahrheit, sondern eine Sache der Prägung, des Geschmacks[18] und vor allem der *Wahrnehmung*. Die christliche Religiosität ist ein ästhetisches Verhalten zur Welt und zum Leben, in dem Sinne, wie es Hans Robert Jauß gesagt hat: »Im ästhetischen Verhalten genießt das Subjekt immer schon mehr als nur sich selbst: es erfährt sich in der Aneignung einer Erfahrung des Sinns von Welt.«[19]

Wohlgemerkt: Christliche Religion und Lebensgenuss sind nicht dasselbe, als wären sie durcheinander ersetzbar. Erstere ist ein *Weg* dorthin. Damit würde sich freilich auch die Religion der Liebe selbst ernster nehmen denn als Glaubenslehre, da doch die menschliche Erfahrung mit aller Deutlichkeit die Momente der Liebe als die bedeutsamsten und schönsten im menschlichen Leben erfährt. Dass das auch in einer Zeit der erfolgsorientierten Ich-AGs nicht anders ist, ist leicht einsehbar zu machen.

Der christlich-religiöse Weg zu solchem Genuss ist darin begründet, dass Genuss und Hingabe miteinander korrespondieren. Denn die Voraussetzung für den Genuss ist dieselbe wie die für die Fähigkeit der Hingabe: das Freisein von Angst, von Sorge und von überfordernder Not. Positiv gewendet: eine möglichst weitgehende Gelassenheit und die Offenheit für das Leben. Es braucht dafür eine gewisse *Ich-Stärke* und ein grundlegendes Gefühl von *Zugehörigkeit zur Welt* weit mehr als den Glauben an Lehraussagen.

Wie so ein religiös inspirierter Genuss des Lebens aussehen könnte, zeigt die Bergpredigt in ihren Seligpreisungen (Mt 5). Dort werden nicht Forderungen und Ideale aufgestellt, sondern die wahren Bedingungen eines erfüllten Lebens aufgezählt. Das auf den Felsen gebaute Haus (Mt 7,24) ist das Bild eines Lebens, dessen solide Verankerung in Gott zum Selbstvertrauen ebenso führt wie zum Weltvertrauen und darin zu einer gelassen-souveränen Haltung, die zu akzeptieren in der Lage ist, was geschieht.

Ich-Stärke und Weltverbundenheit beschreiben eine Einstellung, die im klassischen christlichen Denken eher einen Tabubereich darstellt. Sie ergeben sich aber folgerichtig aus einem Glauben, der sich als Vertrauen versteht,

---

[18] Vgl. Erich Feifel, Was ist ästhetische Erfahrung? Prolegomena einer religionspädagogischen Ästhetik, RpB 30 (1992), 3–18.

[19] Hans R. Jauss, Ästhetische Erfahrung und literarische Hermeneutik, Frankfurt am Main ^{2}1997, 85.

resultieren also aus einer religiösen Haltung. Das Leben hängt ab von der Perspektive, die man auf es einnimmt. *Alles* kann zum Anlass der Angst und der Sorge werden, ebenso aber der gelassenen Akzeptanz. *In allem* kann Gott gesehen oder übersehen werden.

Die christliche Religion ist durch und durch menschlich. Sie unterscheidet sich von anderen Lebensdeutungen nicht in einer ›höheren Wahrheit‹, sondern in einem tieferen und plausibleren Fundament, auf dem der Christ sein Leben gründet. Sie hat ihre Kraft nicht als Glaubenssystem, sondern als Religion, die Vertrauen aufbaut, die Lebenskraft inspiriert und für die Schönheit des Lebens sensibilisiert. In dieser Hinsicht unterscheidet sie sich auch am deutlichsten von anderen Religionen.[20]

Spürbar und nachvollziehbar ist das am besten wiederum nicht in der Glaubenstradition, sondern in der christlichen Spiritualität. Religion ist ›Unterbrechung‹, wie Johann Baptist Metz eine Andeutung Schleiermachers auf den Punkt gebracht hat. Genau das praktiziert die Spiritualität: Sie nimmt aus immer gleichen Alltagsabläufen und abgestumpften Gedankenroutinen heraus und macht mit diesen heilsamen Unterbrechungen das Leben je neu als erstaunliches Wunder bewusst. Darin ist die Spiritualität keine Modeerscheinung, sondern ein Grundphänomen aller Religion. Der Gang in die Wüste, der Aufenthalt im Kloster oder im Kirchenraum, Meditation und Pilgerschaft, der Gottesdienst und jede private spirituelle Praxis dienen nicht nur der Glaubensstärkung, sondern wollen vor allem den Sinn für das Leben wachhalten. Das Leben ist keine abzuleistende Pflicht, sondern eine erstaunliche Unselbstverständlichkeit.

Spiritualität ist die Einübung in Sicht- und Bewertungsveränderungen. Weniger der Bekenntnisglaube als vielmehr die Praxis der Bewusstseinsveränderung und die Offenhaltung der eigenen Lebensperspektive sind Kern einer lebendigen Religion. Sie spiegeln sich in Begriffen wie Wandlung, Inspiration, Umkehr, Erleuchtung und Erfüllung. Da solche Veränderungserfahrungen als befreiend und als begeisternd erlebt werden, liegt auch von dieser Seite her eine solide Grundlegung für echten Genuss vor.

Dasselbe gilt für die Genusserfahrung schlechthin, die der Liebe. Auch sie findet in der christlichen Tradition eine kluge Grundlegung. Denn neben seiner Spiritualität ist es das Wissen um die Bedeutung der Beziehung, die

---

20 Die Differenz zum Buddhismus und seiner Erklärung der Wirklichkeit zur leidvollen Illusion ist offensichtlich. Aber auch zum Islam gibt es hier einen greifbaren Unterschied. Dieser zeigt in der Verschleierung der Frauen, dem Verbot von Schweinefleisch und Alkohol in den naheliegendsten Lebensbereichen Sexualität und Essen eine klare Distanz zum Genuss als Eigenwert.

zum tiefsten Erfahrungserbe der christlichen Religion zählt. Es hat sich im Begriff der ›Ebenbildlichkeit‹ niedergeschlagen, der mehr als deutlich macht, dass nicht nur der Mensch in Gott, sondern auch Gott sich im Menschen spiegelt und zu sich selbst kommen will. Oder im Begriff des ›Bundes‹ oder der ›Erwählung‹. Wir leben nur sehr bedingt von eigenen Aktivitäten, Projekten und Erfolgen, sondern weit mehr von jedem Gegenüber, in dem sich für die religiöse Auffassung Gott zeigt: im Eintauchen in die Natur, in den Erlebnissen mit der Kunst, in den Erfahrungen mit vertrauten Menschen. Deshalb sind Musik und Liebe so wichtig.

In Spiritualität und Liebe wird das Reich Gottes am deutlichsten spürbar. Das macht noch einmal verständlicher, warum man das Christentum eine mystische Religion nennen kann. Inspirierende Unterbrechung und lebendige Beziehung sind die grundlegenden Erfahrungsweisen Gottes, der weniger geglaubt als vielmehr wahrgenommen werden will. Sie führen zu gesteigerter Lebendigkeit, der Grundlage und dem Äquivalent des Genusses.

Heute schon gelebt?
Gegenwart war gestern

Matthias Morgenroth

Die Lage ist schnell erzählt. Wir sind zu schnell. Zu schnell zum Leben. Die Diagnose liegt seit Jahren vor. Wir werden trotzdem nicht langsamer. Als würden wir versuchen, nur noch schneller zu rennen, um unserer eigenen Geschwindigkeit zu entkommen. Etwa vor zwanzig Jahren war ein großer Beschleunigungsschub zu beobachten, verbunden mit dem Aufkommen des Internets und neuen globalen Kommunikationsstrukturen wie E-Mails. Vor zehn Jahren folgte ein Verdichtungsschub aller Arbeitsprozesse und auch des eigenen Tagestakts, denn nachdem die Beschleunigungsraten bei der Lichtgeschwindigkeit angekommen waren, blieb nur noch das Streichen der Pausen. Und in der Gegenwart erleben wir einen immensen Vergleichzeitigungsschub, vor allem durch die neuen Medien, Smartphone, Tablet und soziale Netzwerke.

Die Ursache der Beschleunigung, da sind sich die Zeitforscher (es gibt im Vergleich zu Wirtschaftswissenschaftlern oder sogar Theologen nicht sehr viele, ist doch Zeit bislang ein eher vernachlässigbares Sujet in der Soziologie gewesen) im Wesentlichen einig, ist eine faule Gleichung. Die Gleichung lautet: Zeit ist Geld. Mehr geschafft in weniger Zeit ist mehr Geld. Beschleunigung ist untrennbar mit dem Erfolgszug des Kapitalismus durch die Welt verbunden. Und Schnelligkeit erscheint in dieser Logik als Wert an sich. Doch die Gleichung ist faul. Zeit ist *nicht* Geld. Wir sind die Zeit. Wir bestehen aus Zeit. Und was wir aus der Zeit machen, machen wir aus uns selbst. Was wir ihr antun, tun wir uns an.

Beschleunigung, das heißt: alles schneller machen. Verdichtung heißt: alles schneller ohne Pause machen. Vergleichzeitigung: alles schneller ohne Pause gleichzeitig machen. Die Aussichten: ein atemloses, automatisiertes, besinnungsloses Leben. Weil das alles ein strukturelles Problem ist, kein Mensch aus der Zeit herausspringen und etwa zur Naturzeit zurückkehren könnte (und wohl auch gar nicht wollte), weil Zeitstrukturen alles, aber auch alles durchdringen, ist diese Akzeleration des Lebens ein weitgehend unbewusster Vorgang, der dabei ist, uns alle zu verändern. Gewaltig zu verändern. Geistesgegenwart erscheint in diesem Licht als etwas, das man nur vom Hörensagen kennt, man hat ja schlichtweg nicht die Zeit dazu, weder zum Gegenwärtig-Sein noch für den Geist. Stattdessen ist das vorherrschende

Gefühl als Effekt des beschleunigten Lebensstils eine Art besinnungslose Zeitlosigkeit, verbunden mit einer ortlosen Weltlosigkeit. Was, schon wieder vorbei? Die Frage kann jeder beinah jederzeit nachvollziehen. Der Tag, so die erstaunte Beobachtung, war zwar angefüllt mit Aktionen, Kurzmitteilungen, Tweets, Bildern, Gedankenfetzen, Begegnungen, Interaktionen, Organisationstätigkeiten, die sich in der verflüssigenden Arbeitswelt multiplizieren – aber es blieb irgendwie nichts hängen. Multitasking statt Geistesgegenwart.

Dieses Phänomen taucht in der öffentlichen Diskussion immer wieder auf, ist aber in seinen Auswirkungen theologisch, psychologisch und religionsphilosophisch noch nicht in seinem tiefen Ernst erfasst worden. Doch – tatsächlich – es eilt. Wie könnte es anders sein. Ich will im Folgenden auf der Suche nach Geistesgegenwart drei Rundgänge unternehmen, um ins Gespräch zu kommen über eines der, wie ich finde, wichtigsten und brennendsten Themen unserer Tage, wobei ›Gespräch‹ ganz wörtlich gemeint ist. Denn zu vielen Teilaspekten des Rundgangs sind natürlich Bücher, Aufsätze und Artikel geschrieben worden, doch dahinter stecken Menschen, und mit vielen Autoren habe ich mich aber in den vergangenen Jahren ganz persönlich ins Gespräch begeben und werde auch daraus zitieren. (1) Zunächst noch einmal ausführlich die Beschreibung der Lage: Wie kommt es zum größten Paradoxon der Moderne: Wir sparen Zeit und haben immer weniger? (2) Eng damit verknüpft die Folgen: Multitasking, sagen die Hirnforscher, ist zwar möglich, aber nur um einen sehr hohen Preis: Wir geben dafür die Intensität unseres Lebens auf. Die sich stets weiter verflüssigende Gesellschaft und die flexiblen Arbeitsvollzüge sind ungeheuer praktisch, aber binden unverhältnismäßig viel Energie, um die Arbeit und die Freizeit, bevor sie überhaupt gemacht ist, zu organisieren, zu terminieren und zu koordinieren. Die durch die Steigerungslogik des Kapitalismus eingeforderte Ökonomisierung des Lebens zwingt zur Aufgabe von in der Moderne erkämpften Freiheiten. Die Emanzipationsbewegung hat nicht zu mehr Freiheit geführt, sondern zu einer neuen, selbstverschuldeten Unmündigkeit im Namen dessen, was ›Wirtschaft‹ genannt wird, mit noch gar nicht im ganzen Ausmaß erkannten Folgen für Kinder und Familie. Sprich: Es geht um die viel zitierte und viel beobachtete Entfremdung vom Leben. Um Gefühllosigkeit. Und um den kollektiven *Burnout*, der bevorstehen könnte. (3) Die Suche nach dem gelingenden Leben hat unter diesen Bedingungen immer keine Zeit, wird aufgeschoben, verdrängt, wegverdichtet. Die Fragen, die man nicht anders nennen kann als ›religiös‹, werden aus Zeitmangel nicht mehr gestellt, da können sich manche Kirchenvertreter noch so sehr freuen, ›tolle Antworten‹ im Gepäck zu haben. Das besinnungslose Hasten durch den Tag hat tatsächlich eine Besinnungsunfähigkeit zur Folge. Das hat immense Auswirkungen auf das, was man heute noch vorsichtig Religion nennt und vielfach lieber Spiritualität, ›Geistiges‹ eben nennen möchte, ohne besser sagen zu können, was genau der Begriff meint. Es geht ums Ganze. Es geht ums Leben.

Taktgefühl, verloren

Alles Espresso, so beschrieb es schon vor Jahren der Soziologe und Zeitforscher Karlheinz Geißler und schaffte wie aus Trotz auf Dauer seine Armbanduhr ab.[1] Einmal sensibilisiert, lässt sich auf Schritt und Tritt beobachten, wie alles schneller, pausenloser und gleichzeitiger wird. Es fängt bei den banalen Dingen an. Statt Kaffeekränzchen der Coffee to go, im Gehen zu trinken. Statt Vorspeise, Hauptspeise, Nachspeise ein Buffet, an dem alles gleichzeitig und meist schneller konsumiert werden kann. Unauffällige Beschleuniger sind Selbstverständlichkeiten wie Teebeutel, Tempotaschentuch, Reißverschluss oder Suppenwürfel.

> »All diese ›Kleinigkeiten‹, diese ›Petitessen des Alltäglichen‹ bewirken eine tief greifende, aber nur selten mit Bewusstheit wahrgenommene Veränderung unserer Lebensumstände und unserer Verhaltens- und Wahrnehmungsweisen. Diese tragen entscheidend dazu bei, dem Schnellen, dem Eiligen, dem Rasanten, dem Flexiblen die Aura des Selbstverständlichen, des Modernen und des Erstrebenswerten zu verleihen.«[2]

Keine Zeit mehr für den Alltag.

Statt des ›früher‹ üblichen Informationsrhythmus ›morgens Zeitung – abends Tagesschau‹ sind wir längst per Liveticker den Krisenregionen dieser Welt zugeschaltet – oder sie uns, denn sie drängen sich ja mit Pieps und Blinklicht auf, zersplittert in nicht mehr im Einzelnen rezipierbaren Posts und Tweets, Hashtags, Newsflashs und vielem mehr. Nur zertickt uns der sekündliche Info-Beschuss das Hirn, ohne dass wir selbst im Hier und Heute auch einen Deut mehr für den Frieden oder für was auch immer tun können. Keine Zeit mehr zum Nachdenken.

Dazu die vielbesungene Digitalisierung des Lebens, die im Grunde alle Lebensbereiche erreicht hat. Ja, das alles ist ungeheuer praktisch. Aber: Die

---

1 Karlheinz A. Geissler, Alles Espresso. Kleine Helden der Alltagsbeschleunigung, Stuttgart 2007.

2 Ebd., 15.

digitale Parallelwelt des Internets kennt keine Rhythmen, keinen Tag und keine Nacht, keine Jahreszeiten. Online ist immer jemand wach. Im Internet ist es immer hell. Und niemand sagt: Es ist genug. Man selbst auch nicht. Karlheinz Geißler bringt es auf den Punkt. »Nur der Mensch kennt ein Genug, und das setzt ihn unter Zeitdruck – er stirbt nämlich.«[3] Keine Zeit mehr zum Schlafen.

Hinzu kommt, dass die allgegenwärtigen Tagesbegleiter und Zeitbestimmer, die Handys bzw. Smartphones und deren Ab- und Unterarten Multifunktionsgeräte mit Aufforderungscharakter sind. Früher hatten wir ein Telefon. Wenn keiner angerufen hat, war Ruhe. Heute fordern die Geräte dazu auf, sie ständig zu benutzen. Wenn keiner anruft, piepst eine SMS oder WhatsApp herein, könnte man eben mal in die E-Mails schauen, ein wenig sinnlos googeln oder selbst ein Foto, pardon, ein ›Selfie‹ machen, das man dann verschicken könnte, einfach nur, um ein Lebenszeichen auszusenden in das Paralleluniversum jenseits des echten Lebens. Immer noch geht es um Aufmerksamkeit, doch dieses Kokettieren mit dem Gesehenwerden hat sich vom Leben entfernt und virtuell verselbstständigt. Einfach mal abschalten? Im Doppelsinn des Wortes? Ist nicht attraktiv. Das verändert das Erleben. Der Mensch, wie wir ihn bisher kannten, passt nicht zu der Welt, die er sich geschaffen hat. Er ist dabei zu mutieren.

Das, was wir gegenwärtig an uns selbst, an unseren Kollegen, Freunden, Familienmitgliedern, an alltäglichen Szenen auf der Straße und im Fernsehen beobachten können, ist immer noch am besten mit dem alten Stichwort ›Entfremdung‹ zu beschreiben. Die Welt, die reale, wird zur Oberfläche, die uns jederzeit zur Verfügung steht. So beschreibt es Klaus Müller,[4] der als einer der wenigen unter den Theologen sich mit dem Thema Cyberphilosophie beschäftigt. Sie wird uns zur Oberfläche, weil wir mittels Handy mit den entsprechenden Apps jederzeit abrufen können, was ›dahintersteckt‹, woher welcher Wein kommt, wie sich welches Sternbild zusammensetzt, wer hinter dem Bauzaun baut und wie welcher Straßenzug weitergeht, Google sei Dank. Wir selbst können uns per GPS dabei beobachten, wie wir diese Welt mit digitaler Krücke in der Hand durchwandern, werden versorgt von auf uns individuell abgestimmten Aktionsvorschlägen und Hinweisen, was wir in welcher Gegend wohl ›*liken*‹ würden, den Algorithmen sei Dank. Abgesehen davon, dass wir uns mit einer Art Allmachts- und Ubiquitätsfantasie ausein-

---

3 Matthias Morgenroth, Zurück in die Zukunft. Strategien der Muße, Radiothema Bayern 2, 16.11.2011.

4 Klaus Müller, Endlich unsterblich: zwischen Körperkult und Cyberworld, Kevelaer 2011.

andersetzen müssen, die wenngleich noch nicht als Mensch, so doch als *User* unserem ›Profil‹ zu eigen ist.

Mutationen, unbeachtet

Wie konnte es so weit kommen? Einer, der die wohl derzeit umfassendste Phänomenologie der Beschleunigung vorgelegt hat, ist der Jenaer Soziologe Hartmut Rosa, und wer sich mit dem Thema Zeit beschäftigt, kommt nicht um ihn herum. Das Zeit-Paradox der Moderne fasst er in eine schlichte Formel: *Die Steigerungsrate liegt über der Beschleunigungsrate.*[5] Heißt in Worten: Der Zeitgewinn durch technische Errungenschaften wird dadurch zunichtegemacht, dass wir diese technischen Errungenschaften in viel schnelleren Taktzahlen nutzen. Bekanntes Beispiel Kommunikation. Vor vierzig Jahren schrieb jemand in einer Stunde drei Briefe, brachte sie zur Post und wusste, der Vorgang würde erst in ein paar Tagen weiter zu verfolgen sein. Wer heute drei E-Mails schreibt, braucht dazu vielleicht nur zehn Minuten. Eigentlich hätte er 50 Minuten Zeit gespart. Hat er aber nicht. Denn heute schreibt er in einer Stunde mindestens zehn E-Mails, weil es ja schneller geht. Die sind in Sekundenschnelle beim Empfänger und fordern quasi dazu auf, sofort beantwortet zu werden. Nur: Geht auch das Kommunizieren schneller, über jeden Vorgang, jeden Empfänger muss immer noch nachgedacht werden. Und das eben in immer schnellerer Taktzahl. Das verursacht schon im ganz Kleinen – Zeitdruck.

So geht es uns in allen Lebensbereichen, sagt Hartmut Rosa:

> »Natürlich geht's mit dem Auto schneller als zu Fuß, dafür haben wir aber die Strecken um einen höheren Faktor erhöht als wir die Geschwindigkeit erhöhen konnten. Allein schon die Strecke zwischen Schule und Wohnort, Arbeit und Wohnort. Wir wechseln die Kleider täglich, so dass der Zeitgewinn, den uns die Waschmaschine bringt, wieder aufgebraucht wird.«[6]

Klingt alles harmlos. Ist ja zugleich auch immer eine Arbeitserleichterung, die niemand missen möchte. Weil es aber der Charakter unserer modernen Gesellschaft ist, zu steigern, zu innovieren, zu beschleunigen, weil sich unsere Gesellschaft von der Grundstruktur her, insbesondere von der ökonomi-

---

5 Vgl. Hartmut Rosa, Beschleunigung und Entfremdung, Frankfurt am Main 2013; vgl. auch Matthias Morgenroth, Tag? Nacht? Abgeschafft! Notausgänge aus dem Beschleunigungskarussell, Radiothema zum Buß- und Bettag, Bayern 2, 19.11.2014.

6 Morgenroth, a. a. O.

schen Grundstruktur her, nur erhalten kann, wenn sie wächst, man Zeit aber nicht vermehren, sondern nur verdichten kann, führt die Summe all dieser Phänomene in allen Lebensbereichen zu einer enormen Zeitnot.

Zeit ist Geld – das ist nur eine von möglichen Währungen, in die Zeit übersetzt werden kann. Zeit ist Bildung – mehr gelesen in weniger Zeit ist mehr Bildung. Zeit ist Reisen – mehr gereist in weniger Zeit heißt mehr Welterfahrung. Zeit ist Beziehung – mehr Beziehung in weniger Zeit heißt mehr Freunde. Zeit ist Gesundheitsvorsorge – mehr gejoggt in weniger Zeit verheißt mehr Gesundheit. Kurzum: Die moderne, globalisierte Gesellschaft fordert uns mit einer großen Verheißung heraus – Welt in Reichweite bringen. Und da die Welt mehr zu bieten hat, als es in einem einzigen Leben zu erleben gibt, werden wir Getriebene der Lebenszeit. Hartmut Rosa:

> »Die uns offenstehenden Optionen übersteigen stets die in einem individuellen Leben realisierbaren Optionen – oder in den Worten Hans Blumenbergs: Die wahrgenommene Weltzeit und die Lebenszeit, also die individuelle Lebensspanne, fallen für Individuen in der modernen Welt auf dramatische Weise auseinander. Die *Beschleunigung des Lebenstempos* erscheint daher als naheliegende Lösung des Problems.«[7]

Diese traurige Analyse mag jeder mit seinen eigenen Erfahrungen noch ergänzen, wir haben an dieser Stelle, wen wundert's, nicht die Zeit, noch weiter bei Hartmut Rosa zu verweilen, auch wenn er mit seiner Analyse noch viele interessante Aspekte bereithält. Denn schon warten neue analytische Grausamkeiten: Da es eben so ist, dass die Zeit unser Leben ausmacht und wir umgekehrt mit unserer Existenz die Zeit sind, beginnen diese Prozesse der Akzeleration, uns wie ein Virus von innen her zu verändern.

Wir denken beispielsweise, was die Fortbewegung angeht, schon lange nicht mehr vom Menschen und seinen zwei Beinen her, sondern vom meistbenutzten Verkehrsmittel, dem Auto. Hermann Knoflacher, emeritierter Professor am Institut für Verkehrsplanung und Verkehrstechnik in Wien, Erfinder der Fußgängerzone und »globaler Fußgehervertreter« der Vereinten Nationen, hat es mit dem ihm eigenen beißenden analytischen Charme aufgedröselt, wie sehr wir Auto-Tiere geworden sind, dressiert mit dem Satz: »Mit dem Auto geht es schneller« und dem Zuckerl Faulheit. Die motorisierte Fortbewegung verringert unsere eigene Bewegungsenergie und beschleunigt zugleich unser Fortkommen. Und weil der Mensch ein bequemes Wesen ist, bewegt er sich gerne weniger, setzt sich stattdessen ins Auto und lässt sich bewegen. Dadurch haben wir Häuser, Städte, Länder komplett umgestaltet. Was einst

---

7 HARTMUT ROSA, Beschleunigung und Entfremdung, Frankfurt am Main 2013, 40.

im Nahbereich war, in ›Fußnähe‹, wurde ausgelagert: Einkaufen. Arbeiten. Bildung. Freizeit. Die Straße, einst wichtiger Kommunikationsort und öffentlicher Lebensraum, wurde komplett aufgegeben und ist jetzt gefährliche Todeszone. »Das Auto hat die Qualität der Nähe zerstört und die Menschen durch die von ihm errichteten Strukturen in eine geradezu tödliche Falle gelockt.«[8] Die Folgen für Städtebau und Lebensgestaltung sind bekannt, auch wenn wir sie erfolgreich verdrängen. Interessant in unserem Zusammenhang: In Wirklichkeit geht das Leben gar nicht schneller mit dem Auto, obwohl es das verheißt. Wir brauchen oft sogar länger fürs Einkaufen als früher, weil wir weiter fahren müssen und auch noch im Stau stehen, weil genau dasselbe ja alle tun müssen, da wir die nahe Umwelt fürs Auto umgestaltet haben. Dort gefällt es uns nicht mehr, mit folgender Konsequenz: Wir finden mögliche Erholung nur in der Ferne, weil wir den Nahbereich um des Verkehrs willen zerstört haben, bauen Umgehungsstraßen für Umgehungsstraßen, um in besagte Ferne zu kommen, und verbringen unsere Lebenszeit wiederum in Blechhüllen, weil unsere Städte zum Davonlaufen bzw. Davonfahren sind.

Auch das Auto ist nur ein weiterer Beschleuniger des Alltags – und entfremdet uns zugleich von der natürlichen Fortbewegung, Begegnungs- und Erfahrungsmöglichkeiten. Studien zeigen zudem, dass, wer mit atemberaubender Geschwindigkeit unterwegs ist, nur sehr wenig denken kann, weshalb ja schnelles Fahren absolut übersichtliche Fahrbahnen, Autobahnen mit einfachsten Zeichen voraussetzt.[9] Mit dem Effekt, einmal mehr das Gefühl zu haben, bei all dem Herumfahren zu wenig erfahren zu haben, zu wenig richtiges Leben zu erleben und immer noch mehr Freiheit, Natur, Berge, Meer etc. zu brauchen. Also schnell ins Auto ...

Im Bereich der körperlichen Bewegung sind wir, so könnte man sagen, bereits mutiert und haben uns dem schnellen Leben so gut es geht angepasst. Aktuell im Gange ist die Mutation des Geistes, Stichwort digitale Revolution.[10] Die Folgen für den Einzelnen, der per Mausklick und Tastendruck mit Blick auf einen Bildschirm virtuell an der ganzen Welt teilnehmen kann, sind ja schon in vielen Studien beleuchtet worden (eine ganz zentrale Folge soll uns gleich beschäftigen), und der Blick aufs Smartphone statt aus dem Fenster auf die Frage, wie denn das Wetter sei, ist nichts Ungewöhnliches mehr. Die Folgen für die Gesellschaft werden schon spürbarer. Wieder ein alltägliches

---

8 Hermann Knoflacher, Virus Auto. Die Geschichte einer Zerstörung, Wien 2009, 134.

9 Ebd., 69.

10 Jaron Lanier, Wem gehört die Zukunft? »Du bist nicht der Kunde der Internetkonzerne. Du bist ihr Produkt«, Hamburg 2014.

Beispiel: Das echte, leibhaftige Einkaufen ist passé, es wird bestellt und geliefert – Einzelhandelsläden sowieso, aber auch die Einkaufszentren gehören manchen Prognosen zufolge bald der Vergangenheit an. Ebenso verschwindet die Geselligkeit, dem virtuellen Weltanschluss sei Dank:

> »Der Internethandel wird damit sogar zum Baustein einer sich vereinzelnden Gesellschaft, was sich auch an anderen Symptomen zeigt. So belegte die Freizeitumfrage der Stiftung Zukunft dieses Jahr, dass nur noch sieben Prozent der befragten Deutschen regelmäßig Freunde einladen oder von ihnen eingeladen werden. Vor zwanzig Jahren waren es noch vier Mal so viele.«[11]

Als Evolutionsvorteil könnten sich also bald ein breiter Hintern und eine gute Bildschirmbrille erweisen. Das Interessante für unser Thema ist, dass natürlich auch der gesamten Digitalisierung eine millisekundenschnelle Verheißung zugrunde liegt. Nur mal schnell googeln, alles da.

Im Bereich der Beziehungen wird es gegenwärtig besonders spannend. Bleiben wir beim innersten Beziehungsgeflecht, der Familie, und im Speziellen beim Umgang mit Kindern, den eigenen noch dazu. War noch vor einigen Jahren landauf, landab zu hören, die ›Wahlfreiheit‹ der Eltern in Sachen Kinderbetreuung sei oberstes politisches Ziel, ist diese Aussage längst von der Realität überholt worden, dem Zeitdruck der Gegenwart sei Dank. Quer durch alle Parteien, quer durch alle Hirne wird sich nun die Pädagogik passend gemacht, es durchgeistert uns ein Leitgedanke, der heißt: Kinder werden nur dann angemessen gefördert, wenn sie lang und früh in Institutionen betreut werden.[12] Sprich: Auslagerung ist besser als Familie. Parallel dazu ist ein gespenstischer Wettlauf entstanden, welche Kommune oder Stadt die bessere, umfassendere, flexiblere Betreuungsquote vorweisen kann. Die Pädagogik spricht bereits von Kindheit und Jugend in Institutionen. Die Familie hat dann nur noch eine Hotelfunktion, sie ist fürs Schlafen zuständig. Für mehr reicht die Zeit nicht. Denn selbstverständlich steht hinter der Argumentation von der besseren Förderung in Krippe, Kita und Kindergarten ebenfalls dies: schneller, praktischer, funktionstüchtiger. An dieser Stelle verstummt in der Regel das Gespräch, das Gelände ist zu vermint. Zu viele Interessen aus den vergangenen Jahrzehnten bündeln sich hier, es geht um Emanzipation, Selbstverwirklichung, Mann-Frau-Beziehung, Gleichberechtigung, Pädagogik, Parteipolitik und um vieles mehr. Doch in den Zeiten der

---

11 MAX HÄGLER u.a., Geliefert. Wie verändert sich eine Gesellschaft, die immer mehr Waren im Internet bestellt?, Süddeutsche Zeitung, 20.12.2014, 13.

12 Vgl. auch RAINER STADLER, Vater, Mutter, Staat: Das Märchen vom Segen der Ganztagsbetreuung – Wie Politik und Wirtschaft die Familie zerstören, München 2014.

rasanten Beschleunigung haben sich oft einst wichtige Anliegen ins Gegenteil verkehrt. Beispiel Selbstverwirklichung: Selbstverwirklichung im guten Sinn ist längst dem Zwang gewichen, sich beständig weiterzuentwickeln, gemeinsam mit den Computerprogrammen und Smartphone-Generationen – Stillstand ist Rückschritt, und wer im Ist-Zustand verharren will, hat morgen schon das Gefühl, auf einer Rolltreppe abwärts zu stehen und fort von der Zukunft getragen zu werden. »Gegenwartsschrumpfung« nannte der Philosoph Hermann Lübbe das Phänomen schon vor Jahren[13], als das Tempo jener virtuellen Rolltreppe noch moderat erschien, Gegenwartsschrumpfung meint, dass das, auf das man sich gleichbleibend verlassen kann, angefangen von den Telefonnummern der Freunde bis zu den technischen Hilfsmitteln, immer weniger wird.

Beispiel Emanzipationsbewegung: Emanzipation und Gleichberechtigung von Mann und Frau waren einmal Bewegungen hinaus in die Freiheit, heute hat diese einst mühsam erstrittene Gleichberechtigung und Befreiung aus sozialen Zwängen zu einer freiwilligen Unterwerfung unter die Wirtschaftslogik geführt. Es geht längst um eine neue Emanzipation beider Geschlechter – und deswegen muss an diesem Punkt, mag das Gelände noch so vermint sein, unbedingt weitergesprochen werden.

Zum Beispiel über die Ergebnisse der bislang einzigen Langzeitstudie über frühe Fremdbetreuung von Kindern, die NICHD-Studie, die 1991 in den USA begonnen und 2007 veröffentlicht wurde.[14] Ein Ergebnis ist erschreckend, beinah so erschreckend wie die Tatsache, dass sich keiner so recht dafür interessieren will. Die Studie zeigt auf, dass die Unter-Dreijährigen mit einer langen Fremdbetreuung in vielen Fällen ungesund überfordert sind. Die Studie misst u.a. das Stresshormon Cortisol und stellt fest, dass Kinder, die täglich lang in einer Betreuungseinrichtung untergebracht sind, messbar unter gesundheitsschädlichem Stress leiden – ihr Cortisol-Spiegel ist verändert, sogar chronisch verändert. Das wiederum kann Auswirkungen haben auf die Entwicklung des Gehirns. Die sozioemotionalen Kompetenzen der Kinder verändern sich. Sie zeigen – und das auch noch Jahre später, vielleicht ihr Leben lang – dissoziales Verhalten, sie streiten, kämpfen, neigen zu Sachbeschädigung, Grausamkeit, Ungehorsam. Dazu sind sie später anfälliger für Sucht und Straffälligkeit, dazu, wen wundert's, für Depressionen oder klassische Herz-Kreislauf-Erkrankungen. Das Interessante: Die

---

[13] Vgl. Hermann Lübbe, Zeit-Erfahrungen: Sieben Begriffe zur Beschreibung moderner Zivilisationsdynamik, 1996; Ders., Im Zug der Zeit. Verkürzter Aufenthalt in der Gegenwart, 2003.

[14] https://www.nichd.nih.gov/research/supported/Pages/seccyd.aspx.

Qualität einer Einrichtung hat darauf keinen Einfluss. Das ist eine Mär von Eltern mit schlechtem Gewissen, Pädagogen und Politik.[15] Im Klartext: Wir verändern unsere Kinder durch eine dauerhafte Stressbelastung, die durch die zu lange Betreuung außerhalb der nächsten Bezugspersonen hervorgerufen wird, schauen aber bisher darüber hinweg – weil die Verhältnisse halt so sind, wie sie sind. Sachzwang vor Gefühl.

Dazu kommt: Stress wird immer kumulativ empfunden. Der Stress, den die Eltern in der verdichteten Arbeitswelt empfangen und an die Kinder weitergeben, der Stress durch die zunehmende Zahl der Kinderbetreuungen und Kinderförderung, der gesamtgesellschaftlich untergründig gefühlte Stress der Beschleunigung, all das summiert sich auf und verstärkt sich gegenseitig. Dennoch wird das ganz alltägliche Arbeit-Familien-Modell weiterverfolgt und -verfochten: Eltern arbeiten beide viel, lang und flexibel, Kinder sind lange fremdbetreut. Es geht schlichtweg gar nicht anders, um des lieben Geldes willen. Dazu kommt die weitere Verknappung der Zeit durch etwas völlig Neues: Durch den oben beschriebenen Beschleunigungsschub und die damit verbundene Flexibilisierung des gesamten Arbeitslebens entsteht eine ganz eigene Arbeit, Zeitarbeit, von Soziologen ›Organisationsarbeit‹ genannt. Die Arbeit nämlich, zu organisieren, wer wann wo ist, mit wem man sich wann wo treffen könnte, wenn es keinen Feierabend mehr gibt und die allgemeingesellschaftlichen Rhythmen und Räume verschwinden. Da ist noch keine Sekunde der eigentlichen Erwerbsarbeit getan. Heißt: Wieder verknappt sich die Zeit – und bei all dem Stress sind junge Familien auch dankbar, ihre Kinder ›wegorganisieren‹ zu können. Andere Zeitmodelle – Stichworte sind dann ›Lebensarbeitszeitkonten‹, ›Sorgezeiten‹ oder ›Grundeinkommen‹ – sind denkbar und werden zum Beispiel beim Deutschen Jugend Institut diskutiert.[16] Im allgemeinen Bewusstsein werden sie als Utopien abgetan; um sie wirklich werden zu lassen, bräuchte man vielleicht einfach mehr Zeit.

Die Spitze der Mutation aber betrifft unser Gehirn selbst – und hier verzahnen sich Effekte der Beschleunigung und der Digitalisierung. Die Zeichen

---

[15] Rainer Böhm, Die dunkle Seite der Kindheit, FAZ, 4.4.2012; Ders., Auswirkungen frühkindlicher Gruppenbetreuung auf die Entwicklung und Gesundheit von Kindern, in: Kinderärztliche Praxis 82 (2011), 316–321.

[16] Vgl. Karin Jurczyk/Josefine Klinkhardt, Vater, Mutter, Kind? Acht Trends in Familien, die Politik heute kennen sollte, Gütersloh ²2014; Karin Jurczyk u.a. (Hg.), Doing Family. Warum Familienleben heute nicht mehr selbstverständlich ist, Weinheim und Basel 2014; Johanna Possinger, Kommunale Zeitpolitik für Familien: Ansätze, Erfahrungen und Möglichkeiten der Praxis – Reihe Jugend und Familie (J 10), Freiburg 2011.

der Zeit stehen, wir haben es gesehen, auf Multitasking, anders kommen wir unseren Lebensumständen nicht mehr hinterher. Gleichzeitig sind wir im Internet, emailen, telefonieren, schicken Nachrichten auf WhatsApp und Facebook, schreiben, hören, sprechen, denken, fahren dabei Auto oder Bahn, essen und lesen und tun noch vieles mehr. Gerald Hüther, einer der führenden Hirnforscher unserer Tage, hat schon lange darauf hingewiesen: Das geht. Unser Hirn kann das. Unser Hirn macht den ganzen lieben langen Tag nichts anderes als Multitasking. Es sorgt gleichzeitig dafür, dass die Atmung stimmt, der Hormonspiegel, die Muskelspannung, der Blutzucker etc. Es macht das alles automatisch. Das ist das Stichwort. Denn mit dem Bewusstsein ist es so: Sobald wir unsere Aufmerksamkeit auf etwas Bestimmtes lenken, können wir sie nicht auf etwas Zweites lenken. Sprich: Wir sind zwar multitaskingfähig. Doch um einen hohen Preis. Um den Preis der Bewusstheit. Gerald Hüthers Zeitdiagnose: »Wir surfen in vielen Aktivitäten herum und machen nichts richtig. Es kommt uns nicht mehr zu Bewusstsein. Wir arbeiten Automatismen ab.«[17] Dabei verlieren wir etwas ganz Entscheidendes, für den Hirnforscher sogar messbar: Wir verlieren die Freude. Das Gefühl, eine Erfahrung gemacht zu haben. Und dann passiert das, das auch alle kennen. Am Ende fragt man sich, was man eigentlich gemacht hat und kann sich an gar nichts erinnern. Am Ende des Tages. Am Ende des Jahres. – Am Ende des Lebens?

Wenn wir durchs Leben rennen, ohne Gefühle zu haben, dann ist das ein erneuter Schub der Entfremdung. Den ersten brachte die Reduktion unserer öffentlichen ›Leitkultur‹ aufs Denken, auf die Ratio. »Wir glauben, unser Denken sei realistisch, wenn es vom Mitgefühl befreit ist, von der Fähigkeit, Schmerz zu teilen, Leid zu verstehen, und vom Gefühl der Verbundenheit mit allen Lebewesen«, so beginnt Arno Gruen die rückblickende Zusammenfassung seiner Zivilisationskritik. »Denken wir aber ohne Mitgefühl, dann leben wir in einer Scheinwelt aus Abstraktionen, die Kampf und Konkurrenz zu den Triebkräften unserer Existenz machen.«[18] Dies wird im Grunde schon seit über 200 Jahren beobachtet und auch beklagt, die Aufbruchsbewegung der Frühromantik Anfang des 19. Jahrhunderts ist ja der erste große Versuch einer Wiederbelebung des Gefühls durch die ›Romantisierung‹ und damit

---

[17] Vgl. Matthias Morgenroth, Zurück in die Zukunft. Strategien der Muße, Radiothema Bayern 2, 16.11.2011. Vgl. Gerald Hüther, Bedienungsanleitung für ein menschliches Gehirn, Göttingen [9]2010; Ders., Was wir sind und was wir sein könnten – ein neurobiologischer Mutmacher, Göttingen 2011.

[18] Arno Gruen, Dem Leben entfremdet. Warum wir wieder lernen müssen zu empfinden, Stuttgart 2013, 11.

›Spiritualisierung‹ der Welt, Dichtertheologen wie Friedrich Schleiermacher, Novalis, Friedrich Schlegel sind die Programmatiker dieser heiligen Revolution.[19] Eine pointierte Wiederauflage dessen brachte das Ende des 20. Jahrhunderts mit der ›ästhetischen Wende‹, die Philosophie und Theologie ergriffen hat. Sie ersetzt eine als vielfach moralinsauer empfundene Ethik durch eine ›Lebenskunst‹, die Welt und Mitmensch achtsam in Würde und Schönheit wahrnimmt, und sie versteht die gesamte Welt der Kunst als Schule dafür. Hermann Timm war maßgeblich daran beteiligt und hat die postmoderne Ästhetisierung des ausgehenden Jahrtausends auf exzellent verdichtete Weise rückbinden können an die geistige Aufbruchsbewegung der Romantik.[20] Die Lebenswelt in ihren Phänomenen erfassen und sie mit ihrer geistigen Bedeutung wieder zu verknüpfen, sie auch in der Postmoderne wieder zu ›romantisieren‹, zu ›resymbolisieren‹, das war eines seiner großen Anliegen. Für den Tageslauf durchgespielt hat er es in dem wunderbaren Buch *Zwischenfälle. Die religiöse Grundierung des All-Tags.*[21]

Die Welt und den Mitmenschen mit ästhetischem Blick zu betrachten, führte unweigerlich zum Gegenstück, zur Kunst. Die Kunst als Schule fürs Leben zu revitalisieren, ist ebenfalls etwas, das die Romantiker schon ins Spiel gebracht hatten. Hermann Timms akademischer Schüler Klaas Huizing hat in seiner dreibändigen *Ästhetischen Theologie* die einzelnen Medien auf ihre spezifischen religiösen Valenzen hin abgeklopft. Mit Friedrich Schleiermacher im Rücken stellt er folgende Gleichung für die religiöse Ästhetik auf: »Sünde ist Gefühlskälte.«[22] In unserem Kontext könnten wir hinzufügen: Sünde ist Entfremdung. Wenn wir in Literatur, Film und Musik in Geschichten, Bilder und Sehnsüchte eintauchen, um fremden Lebensentwürfen auf Zeit nachzuschmecken, wäre das, nach Klaas Huizing, ein probates Gegenmittel gegen die rational dominierte Alltagswelt. So schön, so wahr.

Was aber, wenn in der beschleunigten Gegenwart der Zuschauer zum Zapper und der Leser zum Downloader wird, eher ein Sammler digital verfügbar gemachter Literatur denn ein echter Ästhet? Wenn Kunst zur Unterhaltungsindustrie mutiert und – jetzt wird es ernst – die Medien, in denen Kunst genossen werden könnte, die digitalen Medien nämlich, selbst Teil

---

19 Vgl. dazu HERMANN TIMM, Die heilige Revolution. Schleiermacher – Novalis – Friedrich Schlegel, Frankfurt am Main 1978.

20 HERMANN TIMM, Das Ästhetische Jahrzehnt. Zur Postmodernisierung der Religion, Gütersloh 1990.

21 HERMANN TIMM, Zwischenfälle. Die religiöse Grundierung des All-Tags, Gütersloh 1983.

22 KLAAS HUIZING, Ästhetische Theologie, Band I: Der erlesene Mensch, Stuttgart 2000, 64.

des Problems der Gefühllosigkeit und Entfremdung werden, da die virtuelle, digitalisierte Wirklichkeit eines der Hauptbeschleuniger des Lebens ist?

Die ästhetische Wende braucht eine Rolle rückwärts ins ›echte‹ Leben.

Menschlichkeit, unersetzlich

Wer mit dem Zuschnell und dem Zuviel und dem Zugleich nicht zurechtkommt, zeigt Symptome des Totalzusammenbruchs der Handlungsfähigkeit. Eine Depression, eine Angststörung, für die wir den Namen ›*Burn-out*‹ gefunden haben. Das betrifft viele. Aber natürlich immer eine Minderheit. Das Gefühl, kurz *vor* dem *Burn-out* zu stehen, das allerdings kennen die meisten – auch Systeme, Unternehmen oder mittlerweile sogar Staaten. Die klassischen Strategien der Verlangsamung oder des Zu-sich-Kommens, etwa Meditation am Morgen oder Joggen am Abend, greifen nicht mehr, weil sie oftmals nur hilflose Strategien sind, um danach noch besser, schneller funktionieren zu können. Das Entspannen, der Ausgleich, das virtuelle Durchleben von Gegenentwürfen durch die Kunst, ganz gleich ob Literatur, Film, Theater oder bildende Kunst, greift ebenso wenig mehr, weil etwas ganz Entscheidendes mit der verdichteten Vergleichzeitigung des Lebens verschwindet – die Muße, Guter Rat ist teuer.

Wer mit dem Zuschnell und dem Zuviel und dem Zugleich nicht zurechtkommt, der wird krank, und deshalb wird dieses alles durchdringende und uns alle betreffende Phänomen Beschleunigung, Verflüssigung und Verdichtung der Zeit deutlich zunächst im Kontext von Therapie und Heilung angesprochen. Mit einer überraschenden Pointe. Nachdem die Theologie und Kirche im Zeitalter der Aufklärung für damalige Verhältnisse sehr zu Recht geistliches Heil und medizinische Heilung sorgsam getrennt haben, Krankheit in aller Regel heute nicht mehr als Strafe Gottes oder als Dämonenbefall verstanden wird, kommt nun im Bereich der Therapie das Thema Spiritualität auf neue Weise wieder ganz nach vorne. Es gibt eine wachsende Zahl von Menschen, und darunter sind auch Mediziner, die merken: Jede Krankheit ist nicht nur eine körperliche, sondern natürlich gleichermaßen auch eine seelische Krise. Das kann beim Schnupfen anfangen und hört beim Krebs auf. Die Medizin, die die Seele ausklammert, transportiert unbewusst ein Menschenbild, das mit dem Selbstbild der Patienten (und der Ärzte und Psychotherapeuten) gar nicht übereinstimmt – denn jeder von uns erlebt sich ja nicht nur als Maschine aus Haut und Knochen. Dasselbe gilt für die Psychotherapeuten, die ebenfalls in den allermeisten Fällen Gott aus der Seelenlandschaft verjagt haben. Die empirischen Wissenschaften, in diesem Fall Medizin und Psychologie

> »argumentieren, dass ihre Forschungsansätze weltanschaulich neutral seien und damit auch Menschen mit einer atheistischen und religiösen Weltanschauung offenstehen würden. Dabei wird übersehen, dass eine säkulare Weltanschauung eben auch eine Weltanschauung ist.«[23]

Wir sind an einem Punkt angelangt, an dem es darum geht, die Erfahrbarkeit des Lebens, das Spüren im Hier und Jetzt, das Sich-anrühren-Lassen, das Fühlenkönnen an sich wieder zu lernen. Man kann das auch religiös ausdrücken: Es geht darum, sich selbst als Geschöpf zwischen Himmel und Erde, Vergangenheit und Zukunft wahrzunehmen. Wir müssen also, wenn man so will, einem Traditionsabbruch begegnen, der weit mehr umfasst als ein spezifisch religiöses Wissen. Es geht um den Traditionsabbruch zu wissen, wie es sich anfühlt, voll und ganz in Geistesgegenwart zu leben, verbunden mit allem, was ist. Mit allen Sinnen geistesgegenwärtig auf der Welt zu sein.

Diese religiöse Grundkompetenz ist leider heute weniger denn je im Sonntagsgottesdienst zu erfahren oder zu lernen. (Dort wird sie ja schon vorausgesetzt, um sie für die Woche wieder fit zu machen.) Nein, diese religiöse Grundkompetenz wird dort gesucht und gefunden, erprobt und geübt, wo es um das Entdecken und Wiederentdecken von Erfahrung allgemein geht – mit Leib und Seele. Wo es darum geht, die Gefühllosigkeit und die Automatismen des kollektiven Zeitrausches zu überwinden. Um Entschleunigung zu lernen. Auf seelischer, aber vor allem auch auf ›ganzheitlicher‹ Ebene. Wir kommen mit dem Thema logischerweise auch gar nicht zur Kirche oder zur Seelsorge, sondern zunächst zum Arzt. Allerdings nicht zu demjenigen, der wiederum nur den Körper betrachtet, sondern zu einem, der wie immer geartet ›ganzheitlich‹ denkt. Dieses gesamte weite Feld, auf dem Heil und Heilung ganz individuell zusammenkommen, wird gewöhnlich je nach Zugangsweise ›ganzheitliche Medizin‹ oder ›Komplementärmedizin‹ oder ›Esoterik‹ genannt, mit vielen dazugehörigen Spielarten, von Meditationspraktiken bis zur Geistheilung, von Akupunktur bis zum Schamanismus. Sie wird dort von Menschen gefunden, die gar nicht auf spezifisch ›religiöser‹ Suche waren, sondern vielleicht eher auf der Suche nach Gesundheit, bedingt vor allem durch die Anforderungen der Zeit – und die über diesen Umweg erfahren oder darauf gestoßen werden, dass diese Suche nach Gesundheit nichts anderes ist als eine Suche nach ›mehr Leben‹, ›mehr Lebensgefühl‹ – und das umfasst die

---

[23] Konrad Stauss, Die heilende Kraft der Vergebung. Die sieben Phasen spirituell-therapeutischer Vergebungs- und Versöhnungsarbeit, München 2010, 29.

spirituelle Ebene eben auch. Viele erzählen von den Erfahrungen der Heilung wie von Bekehrungserlebnissen. Manches wird nur in seltenen Momenten oder gar nicht zur Sprache gebracht – die Heilung von Körper-Seele-Geist ist durchaus mit den ›Erleuchtungserlebnissen‹ durch meditative Praktiken vergleichbar, über die ja auch nicht geschwätzig geredet werden soll. Anderes erscheint beinah wie eine Arkan-Disziplin, eine Weisheit im Verborgenen. Denn in der Komplementärmedizin gilt ja nach wie vor: Vieles ist mit den klassischen Studien der sogenannten Schulmedizin nicht erfassbar und wird von deren Vertretern belacht oder bekämpft. Bis man am eigenen Leib Erfahrungen machen kann. Denn eines, da müssen alle Mediziner sofort zustimmen, wissen beide einander gewöhnlich gegenüberstehenden medizinischen Arbeitsfelder gleichermaßen nicht: Wie sie denn ›funktioniert‹, die Heilung, im Körper – in der Seele – im Geist.[24] Die aktuelle 5. EKD-Kirchenmitgliedschaftsstudie aus dem Jahr 2014 will zwar erkennen, dass es kaum eine spirituelle Suche im Bereich der Esoterik gibt außerhalb der Gruppe derjenigen, die sich auch mit einer Kirche verbunden fühlen, sondern dass religiös motivierte Menschen eben zugleich einen Sinn für den Sonntagsgottesdienst wie auch für Meditation oder Schamanismus haben.[25] Auch die aktuellen Ausführungen von Hansjörg Memminger über den Zustand des Protestantismus in Deutschland nennen eine relativ geringe Zahl von an Esoterik Interessierten, nämlich zwei bis drei Millionen.[26] Im Anschluss an unseren bisherigen Rundgang stellt sich allerdings einmal mehr die Frage, ob bei den Erhebungen an richtiger Stelle gesucht wurde.

Körper, Seele und Geist im Rahmen der Heilung (und darüber hinaus!) zusammen zu denken, spirituelle Ressourcen des Patienten zu nutzen – dafür berühmt geworden sind zunächst die Heiligenfeld-Kliniken. In Bad Kissingen hat Joachim Galuska als wohl Erster in Deutschland ein ganzheitliches Therapiekonzept in einer Klinik umsetzen können – bewusst Spiritualität miteingeschlossen. Sein Bezugspunkt sind dabei vor allem fernöstliche Praktiken, Zen als Übung ist ja kompatibel mit allen möglichen religiösen Überzeugungen. Anfangs wurde er misstrauisch beäugt, es wurde ihm, so berichtet er, abgeraten, den Begriff Spiritualität überhaupt zu benutzen. Heute ist das anders. Stück um Stück sind die Heiligenfeld-Kliniken gewachsen,

---

24 Vgl. auch MATTHIAS MORGENROTH, Medizin und Menschlichkeit, Radiothema am Buß- und Bettag, Bayern 2, 20.11.2013.

25 EKD-Erhebung über Kirchenmitgliedschaft, www.ekd.de/EKD-Texte/kmu5.html.

26 HANSJÖRG MEMMINGER, Wer sind wir und wie viele? Anmerkungen zur Zukunft des Protestantismus aus Sicht der Weltanschauungsarbeit. EZW-Texte 231/2014, 8.

heute gibt es dort Platz für 600 Menschen.[27] Joachim Galuska hat mit anderen führenden Medizinern einen Aufruf gestartet, eine gesamtgesellschaftliche Debatte zu beginnen – er versteht die Menschen, die zu ihm kommen, als Ausdruck einer krank machenden Gesellschaft, die einen psychosozialen Druck auf den Einzelnen ausübt, der bald therapeutisch nicht mehr aufgefangen werden kann.

> »Seelische Erkrankungen und psychosoziale Probleme sind häufig und nehmen in allen Industrienationen ständig zu. Circa 30 % der Bevölkerung leiden innerhalb eines Jahres an einer diagnostizierbaren psychischen Störung. Am häufigsten sind Depressionen, Angststörungen, psychosomatische Erkrankungen und Suchterkrankungen. [...] Nur die Hälfte der psychischen Erkrankungen wird richtig erkannt, der Spontanverlauf ohne Behandlung ist jedoch ungünstig: Knapp 1/3 verschlechtert sich und knapp die Hälfte zeigt keine Veränderung, chronifiziert also ohne Behandlung. In allen Altersgruppen, bei beiden Geschlechtern, in allen Schichten und in allen Nationen zunehmenden Wohlstands nehmen seelische Erkrankungen zu und besitzen ein besorgniserregendes Ausmaß. [...] Wir benötigen einen gesellschaftlichen Dialog über die Bedeutung des Subjektiven, des Seelischen, des Geistig-spirituellen, des sozialen Miteinanders und unseres Umgangs mit Problemen und Störungen in diesem Feld. Wir benötigen einen neuen Ansatz zur Prävention, der sich auf die grundlegenden Kompetenzen zur Lebensführung, zur Bewältigung von Veränderungen und Krisen und zur Entwicklung von tragfähigen und erfüllenden Beziehungen konzentriert.«[28]

Der Aufruf gipfelt in dem Satz: »Wir benötigen mehr Herz für die Menschen.« Das schreibt wohlgemerkt ein Mediziner – und das ist der Maßstab, an der sich die theologische und seelsorgerliche Diskussion der Gegenwart diesbezüglich messen lassen muss.

Von Joachim Galuska inspirieren lassen hat sich der ehemalige Benediktiner Georg Reisach, er hat zwei ebenfalls mittlerweile renommierte psychosomatische Kliniken im Allgäu gegründet.[29] An diesen Kliniken ist sehr vieles von größtem Interesse für die Reflexion von gelebter Religiosität: Dort verstehen sich Patienten und Therapeuten als ›Therapiegemeinschaft‹ ohne Oben und Unten. Beide sind gemeinsam auf der Suche – und wissen, dass Heilung letztlich immer unverfügbar ist, ›Selbstheilung‹ des Körpers. Der Körper

---

27 www.heiligenfeld.de.

28 www.psychosoziale-lage.de, vgl. auch MATTHIAS MORGENROTH, Medizin und Menschlichkeit, Radiothema am Buß- und Bettag, Bayern 2, 20.11.2013.

29 www.dr-reisach-kliniken.de; vgl. auch MATTHIAS MORGENROTH, Wo der Wunsch nach Heilung ansteckt, IQ Wissenschaft und Forschung, Bayern 2, 28.10.2010.

selbst wird als ›Weisheitsorgan‹ betrachtet – es gibt nicht nur die Weisheit der Vernunft, sondern die leibhaftig aktivierbare Weisheit jeder einzelnen Körperzelle. Wer auf seinen Körper zu hören lernt, der kann daraus immense seelische und sogar spirituelle Impulse empfangen. Die Stichworte, die uns mittlerweile aus dieser therapeutischen Szene vertraut sind, lauten ›*Connectedness*‹ – heilsame Verbundenheit mit sich selbst und mit allem, was ist. Und ›Achtsamkeit‹, ein staunendes Leben in einer beseelten, bedeutsamen, sinnerfüllten Welt.[30] Ähnlich wichtige Impulse gehen seit über 30 Jahren von den ›Heiligkreuztaler Begegnungstagen‹[31] aus, die Anneli und Jochen Gleditsch, Letzterer einer der wichtigen Pioniere im Bereich der Akupunktur, ins Leben gerufen haben, damit sich Therapeuten und Theologen unterschiedlichster Herkunft zusammentun können – auf der Suche nach ganzheitlichen Erfahrungen des Heilens und des Heils. Unter dem Motto ›Medizin und Menschlichkeit‹ (MuM) haben junge Medizinerinnen und Mediziner, davon inspiriert, eine Art *Summer School* ins Leben gerufen, damit angehende Ärzte lernen, über den Tellerrand ihrer körperfixierten Disziplin zu schauen.[32]

Die umgekehrte Aufgabe wartet auf die Seelsorger. Körper, Seele und Geist zusammenzudenken, das ist das eine. Diese *Connectedness* und Achtsamkeit einzuüben – das ist auch die religiöse Aufgabe der Gegenwart. Wie diese Verknüpfung von östlichem und westlichem religiösen Denken geleistet werden kann, dieser Aufgabe hat sich der mittlerweile emeritierte Münchner Religionswissenschaftler Michael von Brück verschrieben – es ist aber eine Frage, die nicht in den Religionswissenschaften allein bleiben darf, sondern eine theologische Kernfrage der Gegenwart ist. Es ist gut, aber längst nicht ausreichend, gegen die allumfassende Beschleunigung der Zeit vorzugehen und eine Allianz für den arbeitsfreien Sonntag zu gründen, wie es die Kirchen gemeinsam mit Gewerkschaften gegenwärtig tun[33] – aber es reicht nicht aus. Das Buchstabieren von für uns Heutige verständlichen Worten für das Heilige wirkt oft als hilflose Geste, weil die Wurzel des Übels selbst noch nicht richtig erfasst wurde. Es geht um viel mehr als um die Vermittlung von angeblich lebenswichtigen religiösen Inhalten, es geht darum, die religiöse Musikalität an sich am Leben zu halten, jenseits allen sekundären Wissens. Es geht tatsächlich um das, was Friedrich Schleiermacher 1799 eingefordert hat, um »Sinn und Geschmack fürs Unendliche«. Wir brauchen eine

---

30 Vgl. Michael Tischinger, Jeder Tag ist ein geschenktes Leben, Freiburg im Breisgau 2013. Tischinger ist Mediziner und Theologe und Chef der Adula-Klinik in Oberstdorf.

31 www.christliche-besinnungstage.de.

32 www.medizinundmenschlichkeit.de.

33 www.allianz-fuer-den-freien-sonntag.de.

Revolution, eine Zeit-Revolution, so fordert es Hartmut Rosa und spricht von Resonanzen und Resonanzoasen.[34] Das klingt als eine um einiges an Dringlichkeit gewonnene Wiederholung dessen, was vor über 200 Jahren durch die geistigen Lande klang: Wir brauchen eine heilige Revolution. Eine – es fehlen die Worte –, nennen wir es in großen Anführungszeichen ›charismatische Erneuerung‹, die eben *nicht* zu dem führt, zu dem eine solche gewöhnlich führt, zu einer wörtlich verstandenen Bibellektüre und evangelikaler Grüppchenbildung verbunden mit dem Selbstbild, den wahren, ernsthaften Glauben, das wahre, ernsthafte Wissen über Gott für sich gepachtet zu haben. Sondern die dazu führt, in großer Freiheit wahrzunehmen, was lebendige Religion auf dieser Welt alles umfassen kann – und dass der Mensch aus bio-psycho-sozio-spirituellen Aspekten besteht.[35] Das würde bedeuten, dass sich die religiös-theologische Kompetenz der christlichen Fachleute radikal ändert – noch praxisorientierter wird – und offen für die Haltung, die in einer psychosomatischen Klinik ›Therapiegemeinschaft‹ genannt werden würde. Die Haltung, sich als religiöse Suchgemeinschaft zu verstehen, offen für wirklich erfahrene und erfahrbare religiöse – parapsychologische – Phänomene, eine ›Glaubensgemeinschaft‹ im besten Sinne des Wortes. Dies würde wiederum einem Pfarrerbild Nahrung geben, das die Pfarrerin und den Pfarrer als ›Mystagoge‹, als Türöffner für jeweils eigene Erfahrungen des Heiligen und des Heils begreift, wie Manfred Josuttis dies beschrieben hat.[36] Was das Einstehen der ganzen Person für die ›Sache‹ miteinbezieht. Die Pfarrerin und der Pfarrer als »exponierte religiöse Subjektivität«, so wie Wilhelm Gräb es bezeichnet hat,[37] bedeutet eben auch, dass damit nicht allein Bibelkunde gemeint sein kann, dass die zu öffnenden Türen nicht nur in die Kirchen führen, dass eine solche exponierte religiöse Subjektivität, um ein glaubwürdiges Gegenüber zu sein, sich durchaus als Teil der Suchbewegung nach spirituellen Erfahrungen versteht und auch selbst wirklich unterwegs ist. Was nach dem bisher Beschriebenen nur bedeuten kann, was ansteht, ist auch eine theoretische Öffnung für die vielen religiösen Erfahrungen, die derzeit gemacht werden – in einem Bereich, der als Esoterik bezeichnet und damit auch pauschal abqualifiziert wird. Der Marburger Theologe Gerhard M.

---

[34] Hartmut Rosa, Über Stress, in Süddeutsche Zeitung, 28.12.2013; Matthias Morgenroth, Tag? Nacht? Abgeschafft! Notausgänge aus dem Beschleunigungskarussell, Radiothema zum Buß- und Bettag, Bayern 2, 19.11.2014.

[35] Vgl. Tischinger, Jeder Tag ist ein geschenktes Leben, a.a.O., 14.

[36] Manfred Josuttis, Die Einführung in das Leben. Pastoraltheologie zwischen Phänomenologie und Spiritualität, Gütersloh 1996.

[37] Wilhelm Gräb, Sinnfragen: Transformationen des Religiösen in der modernen Kultur, Gütersloh 2006.

Martin hat in seinem äußerst bedenkenswerten Buch *Was es heißt: Theologie treiben*[38] gezeigt: Theologie treiben hat nur dann seine Berechtigung, wenn es darum weiß, dass es darum geht, in Kontakt zu kommen mit der phänomenologisch vielfältig wahrnehmbaren universalen Lebenskraft. Martin führt seine Studierenden und seine Leser schließlich – zum Schamanen. Die Diskussion, die William James 1901 mit seinem Buch *Die Vielfalt der religiösen Erfahrung*[39] angestoßen hat, ist eben keine allein theoretische. Sie muss durch die praktische Diskussion ergänzt werden – ganzheitliche Lehrjahre sind angesagt. So wie ganzheitliche Medizin von einem immensen interdisziplinären Austausch – und das nicht nur auf theoretischer Ebene – lebt, so kann die Seelsorge und Theologie der Zukunft nicht im Elfenbeinstübchen von Bibel und Dogmatik gelernt werden. Es geht um Heil und Heilung – um eine heilige und heilende Revolution, um am Leben zu bleiben, am Leben 1.0.

---

38 Gerhard Marcel Martin, Was es heißt: Theologie treiben, Stuttgart 2005.

39 William James, Die Vielfalt der religiösen Erfahrung (1901/02), Olten 1979.

Evangelischer Symbolismus

Wandel des Konfessionellen und Sprache der Religion

Marianne Schröter/Christian Senkel

1. Bekenntnis im Zwielicht. Zum postkonfessorischen Zeitalter

Das 20. Jahrhundert hat in Deutschland einen neuen Konfessionalismus zum Abschluss gebracht. Er ist teilweise dem Selbstbehauptungskampf der Kirchen gegen die weltanschaulichen Totalitarismen geschuldet. Die Wurzeln des neuen Konfessionalismus sind jedoch älter und die Entstehungsherde vielfältiger, sie liegen im unentschiedenen Ringen des Christentums mit der Moderne und in seinem Ringen um Modernität. Gedrungene und drängende Sprachformen sind seit etwa 1920 die Folge dieses Ringens gewesen, die neue Konfessionalität fällt in medialer Hinsicht auf. Ihre Sprachgestalt ist konfessorisch, das Bekennen genießt höchsten Rang in der kirchlichen und theologischen Selbstvergewisserung, auch als Form des gesellschaftspolitisch erklärten *casus confessionis*. Dieser permanenten Erklärung des Ausnahmezustands entspricht eine apodiktisch reduzierte Rede von Gott, deren Eigentlichkeit alles andere – vor allem die Reden Andersdenkender – als Allotria erscheinen lassen will. Bis heute prägt dieser konfessorische Verbalismus Selbstthematisierung und öffentliche Wahrnehmung des Evangelischen; im Bekennen glaubt man mit sich identisch zu sein.

»Mein Sprachglaube«, schreibt Karl Kraus um 1910, in einer Zeit der Bedeutungskrisen und ihrer Reduktionstherapien, »mein Sprachglaube zweifelt vor allen Wegen, die nach Rom führen«.[1] Rom: das ist Einheitsintention, ist Katholizität des Sinns, eines Sinns, der nicht als *sensus communis* erworben ist, sondern als Präskript ererbt. Wer dagegen zur Sprache des Heiligen unterwegs ist, kann sich mit reduktivem Verstehen nicht begnügen. Das sollte auch allen sprachgläubigen Protestanten zu karg sein. Evangelischem Sprach- und protestantischem Stilgefühl muss die konfessorische Reduktion der Konfessionalität in Kirche und Theologie verdächtig sein, verdächtig, den evangelischen Geist des Christentums zu schwächen.

---

1 Karl Kraus, Aphorismen, Schriften Bd. 8, hg. v. Christian Wagenknecht, Frankfurt am Main 1986, 8.

Zum konfessorischen Element in der kirchlichen und theologischen Sprache des 20. Jahrhunderts tritt wie sein Schatten der Aufruf zur Moral. Diese lebensweltliche Abschattung ethisch zu nennen, wäre zu hoch gegriffen. Um dezidiert Ethische Theologie geht es nicht, vielmehr um eine Flucht vor ethischer Deskriptivität in den Moralismus. Die Kirche erscheint im konfessorischen Zeitalter als Moralagentur, die in unübersichtlicher Zeit weiß, wo es lang geht. Auch in ihr triumphiert eine Reduktion im Augenblicksglück der medialen Prominenz über die langen Strecken ethischen Verantwortens. Auch die demokratische Form des Politischen, der Kompromiss, wird dadurch verstellt.

Während die konfessorische Reduktion Theologie und Kirche esoterisiert, verharrt die öffentliche Moralpredigt in politisierter Sprachlosigkeit und geistlichem *Burn-out*. Beide Dimensionen greifen ineinander, zum Schaden der Christenmenschen und derer, die es werden könnten. Angewandte konfessionsbezogene Religionssoziologie wie in den *Kirchenmitgliedschaftsuntersuchungen* oder im *Bertelsmann Religionsmonitor* verweist darauf, dass der Gestus einer verallgemeinerungsfähigen Werteagentur oder einer exklusiven Bezugsgröße für die Lebensdeutung nicht mehr greift.[2] Die konfessorische Selbstthematisierung wird zum Fall unter vielen anderen Fällen, unabhängig von jederlei exklusivistischer Selbstwahrnehmung – sei sie hoch-, volks- oder freikirchlich. Auch innerkonfessionell schwinden Einheitskulturen: Kirchliche Äußerungen im Sinn einer starken konfessorischen Identität erwarten nur wenige Kirchenmitglieder. Dieser Anteil kann, muss aber nicht mit den Gottesdienstbesuchern der Kerngemeinden identisch sein. Und wie eine Pointe zum frühen Schleiermacher klingt die Beobachtung der vorletzten Kirchenmitgliedschaftsuntersuchung, es gebe unter aktiven Kirchenmitgliedern Nichttheisten und unter kirchenfernen Protestanten durchaus überzeugte Theisten.[3] Die Fantasie religiöser Virtuosen ist eben freischaffend.

---

2 WOLFGANG HUBER u. a. (Hg.), Kirche in der Vielfalt der Lebensbezüge. Die vierte EKD-Erhebung über Kirchenmitgliedschaft, Gütersloh 2006; JAN HERMELINK u. a. (Hg.), Kirche in der Vielfalt der Lebensbezüge. Die vierte EKD-Erhebung über Kirchenmitgliedschaft, 2. Band: Analysen zu Gruppendiskussionen und Erzählinterviews, Gütersloh 2006; sowie Kirchenamt der EKD (Hg.): Kirche – Horizont und Lebensrahmen. Weltsichten, Kirchenbindungen, Lebensstile. Vierte EKD-Erhebung über Kirchenmitgliedschaft, Hannover 2003; Woran glaubt die Welt? Analysen und Kommentare zum Religionsmonitor 2008, hg. von der Bertelsmann Stiftung, Gütersloh 2009.

3 Kirchenamt der EKD (Hg.): Kirche – Horizont und Lebensrahmen. Weltsichten, Kirchenbindungen, Lebensstile. Vierte EKD-Erhebung über Kirchenmitgliedschaft, Hannover 2003, im Kern 63–70.

Freilich stehen solche Beobachtungen nicht für sich, sie bedürfen der Erklärung. Nichts wäre unseres Erachtens jedoch falscher, als diese Beobachtungen mit einem Säkularisierungstheorem zu erklären und der vermeintlichen Verweltlichung normativ durch noch stärkere Konfessorik zu begegnen. Denn ihre Sprachgestalt findet sich auch unter notorischen Kirchenkritikern in West und Ost, in scheinbar säkularen Milieus. Auch in diesen Milieus wird wenig zwischen der eigenen konfessionellen Identität und dem konfessorischen Sprachgestus unterschieden. So verwandeln die Propagandisten des evolutionären Humanismus ihre Bezugswissenschaft in Biometaphysik.[4] Und die ›Volkskirche‹ des einstigen wissenschaftlichen Atheismus mobilisiert ihre Anhänger mithilfe einer Redeweise, deren erster Artikel »Ich glaube an die Wissenschaft«, lautet. Diese Volkskirche hat ihre eigenen kirchendistanzierten Mitglieder, wie sich an Pausenhofgesprächen zeigt: Kinder bringen den Traditionsbruch in die Schule mit – »wenn du erst erwachsen bist, glaubst du nicht mehr an Gott« – dieselben Kinder finden aber nach der Schule in die Christenlehre und zum Kinderkirchenchor. Die Gemengelage der gelebten Konfessionalität ist schwieriger, als der juristische Konfessionsbegriff und vielfältiger als ihre Reduktion auf das konfessorische Reden vermuten lassen.

Zwielicht webt ums Bekennen. Statistische Konfessionslosigkeit ist nicht mit einem Fehlen von Konfessorik gleichzusetzen. Umeinander geklammert lähmen die Bekenntnisse einander. So entsteht auch ihr Begriff voneinander. Oder, diskurstheoretisch: Die Dispositive der Konfessorik entsprechen einander funktional so, dass die Inhaber der Bekenntnisse nicht miteinander sprechen können, sondern bloßen Machtgebrauch organisieren. Der öffentliche evangelische Diskurs sollte sich daher entspannen. Nur hermeneutisch wird die manichäische Elite des reinen Szientismus überwunden, keinesfalls aber durch konfessorische Reduktion. Ein reduktives Beharren passt auch nicht für das Gespräch mit den sogenannten religiös Indifferenten. Denn möglicherweise sind diese vermeintlich Indifferenten einfach nur nicht als religiös fantasiebegabt erfasst. In ihrer Mitte könnten sich ein wildes Gottesdenken und eine eigenmächtige Symbolkultur finden, von der Berufschristen gegebenenfalls sogar für die Vitalisierung ihrer eigenen Gottesgeschichten lernen können.

---

[4] So z.B. Richard Dawkins, Die Schöpfungslüge. Warum Darwin Recht hat, Berlin 2012, 15. Dawkins verwaltet als Naturwissenschaftler ein Geschichtsdenken, das seiner Wissenssphäre nicht zukommt. Überhaupt wäre es angemessen, in dem primitiven Streit zwischen den sogenannten Evolutionisten und den sogenannten Kreationisten jeweils von ›Bekenntniswahn‹ zu sprechen.

In einer Zeit aufgelöster Ordnungsvermutungen ist dem Schwimmen in der Zeichenflut der Vorzug vor fundamentalistischem Dammbau zu geben. Novalis darf als Orakel dienen: »Wahrhafte Anarchie ist das Zeugungselement der Religion.« Die spezifische Anarchie des postkonfessorischen Zeitalters erfordert, um sich ihr aussetzen zu können, subjektive Wahrhaftigkeit. Objektiv wahrhaft ist diese Anarchie, wenn und indem sie aus dem Morgengrauen der Konfessorik einen evangelischen Symbolismus zutage treten lässt. Dieser evangelische Symbolismus vermag den Gedanken der gelebten Konfessionalität im Sinne eines hermeneutisch aufgeschlossenen Suchbegriffs aufzunehmen, er meidet aber die Monokultur einer konfessorischen Sprachgestalt in Theologie, Kirche und Gesellschaft.

2. Alltag als Symbol evangelischen Lebens

Von einer Unbefangenheit im Umgang mit christlichen Symbolen kann heute nicht die Rede sein. Allgemein verbreitet ist eher Befangenheit. Sie entsteht aus Kenntnislosigkeit und Ablehnung, aber auch aus dem Bewusstsein, Symbole aneignen zu müssen und gerade durch diese Mühe gehemmt zu werden. Dieser Befund gilt deutlich erkennbar für den sozialistischen Traditionsbruch. Verordnete Überzeugungen waren ins Kollektivformat geschrumpft. Als Religionsersatz wurde zugleich bekenntnishaft Wissenschaftsglaube propagiert: Man legte – und legt – in Weltanschauungsfragen mit einer Ausschließlichkeit Bekenntnisse ab, die alternative Thematisierungsformen des Ausgeschlossenen von vornherein abwehren. Beides hat nicht nur die traditionelle Kirchlichkeit beeinträchtigt, sondern auch die individuelle Fähigkeit zur Selbst- und Weltdeutung beschädigt.

Die wahrnehmbaren Schäden einlinig auf die sozialistische Situation und ihre Bearbeitungsfolgen zu beziehen, wäre jedoch unterbestimmt. Befangen ist der Umgang mit christlichen Symbolen längst auch unter kapitalistischen Bedingungen. Überangebote an Orientierung, Spiritualität und Heilsversprechen zerstören deren Aneignungsbedingungen durch Vergleichgültigung. Und die ungehemmte Ökonomisierung von Lebenszeit und Deutungskapazitäten erschwert Selbstvergewisserung und Weltaneignung in kaum geringerem Maß, als die sozialistische Enteignungsdisziplin es tat. Durch das Bekenntnis zu angeblich alternativlosen Sachzwängen wird der christliche Möglichkeitssinn herausgefordert: Das Symbolische verwahrt sich selbst gegen jede Prämisse von Eindeutigkeitsrationalismen. Es bleibt ebenso opak, wie die konfessionelle Lage diffus ist.

Symbole sind einfache Sachen. Auch wenn harte Gedankenarbeit an ihr Verständnis gewendet wird und wenn man sie wortreich auslegt, bleiben sie einfach. Symbole entziehen sich nicht jeder, aber jeder endgültig-eindeutigen begrifflichen Analyse.[5] Die Ersetzung von Symbolen durch ihresgleichen, von Symbolen durch andere Symbole, ist nicht ohne weitreichende Veränderungen ihres Umfelds möglich. Symbole sind widerborstig.[6] Die Einfachheit der Symbole ist eine Stärke, die ans Hölzerne reichen kann, und doch erlaubt gerade diese hölzerne Einfachheit den Symbolen, in jeder Strömungshöhe der Verständigung zu treiben und sogar gegen den Strom zu schwimmen.

Eine evangelische (Selbst-)Aneignung[7] der christlichen Symbolkultur und ein Ausweis von Symbolwelten als christlich tragfähig muss niedrigschwellig einsetzen. So wohnt das Symbolische einer kreatürlichen Initialgestalt inne, für die man nicht an einem exklusivistisch-voreingenommenen Modell von Hochreligion Maß nehmen darf. Das heißt beispielsweise, dass ein in protestantischen Milieus stattfindender Schwund an Kosmologie nicht im normativen oder identitätsgebenden Sinn als evangelisch akzeptiert werden muss. Vielmehr kann in solch einem Fall an einen initialen Text erinnert werden, der die Reflexion elementarisiert: »Ich gläube, daß mich Gott geschaffen hat sampt allen Kreaturen.« Des Weiteren sind nicht nur Berufschristen aller Art Quellen für evangelischen Symbolismus. Gemäß dem heißen Kern der unterschiedlichen reformatorischen Theologien stellt vielmehr das allgemeine Priestertum der Getauften die auch für die theologischen Experten verbindliche Quelle einer christlichen Symbolkultur dar.[8] Jeder Christenmensch ist symbolistisch sensibel, würde man in Abwandlung eines Ausspruchs von Joseph Beuys sagen können. Und schließlich zeigt sich das symbolisierend Verbindliche nicht nur in außeralltäglicher Weise. Im Gegenteil: Am Alltag findet die Erinnerung ans inkarnierte Heilige ihre Präzision, in der alltäg-

---

5 Vgl. Klaus Tanner (Hg.), Religion und symbolische Kommunikation, Leipzig 2007.

6 Sofern man den Symbolbegriff nicht synonym mit dem Zeichenbegriff verwendet, sind Symbole schon aufgrund der Uneindeutigkeit ihres Begriffs widerborstig. Sie sind es aber erst recht, sofern man von einer inkommensurablen Bilddimension oder einer ontischen Priorität des Symbols ausgeht.

7 »Was du ererbt von deinen Vätern hast, / Erwirb es, um es zu besitzen.« Wolfgang Goethe, Faust I, Hamburger Ausgabe Bd. 5, hg. von Erich Trunz, München [12]1982, 682 f. Mit Pietismus und Aufklärung beginnen diese Prozesse, die man statt als ›Umformung‹ vielleicht besser als Wiederaneignungen und Intertextualisierungen bezeichnen sollte.

8 Vgl. zur Verbreitung und Überzeugungskraft dieses reformatorischen Topos Thomas Kaufmann, Der Anfang der Reformation. Studien zur Kontextualität der Theologie, Publizistik und Inszenierung Luthers und der reformatorischen Bewegung, Spätmittelalter, Humanismus und Reformation 67, Tübingen 2012, 506–549.

lichen Gegenwart desselben Heiligen findet die Zukunft von Christenmenschen ihre Kraft. Die Koinzidenz von Himmel und Erde macht es möglich und fassbar. Das Symbolische ist weder hochreligiös-exklusiv und damit auf Experten festgelegt, noch ist es ein rein außeralltägliches Phänomen, das heißt umgekehrt: es ist fasslich.

Mit vielen der genannten Stichworte und Beschreibungshinsichten ist auf eine Hermeneutik und Phänomenologie des Religiösen verwiesen,[9] die mittels eines *Miniaturisierungsverfahrens* Orientierungsmöglichkeiten innerhalb disparater, nur scheinbar eindeutiger Erfahrungsräume aufgewiesen hat. Diese religionstheologische Denkform hat den symbolistischen Vitalsinn der christlichen Überlieferung in ihren kulturellen Kontexten auf verschiedenen Wegen erkundet.

Unser Interesse richtet sich in besonderer Weise auf eine Selbstkorrektur des Protestantismus, die die oben angeführten Aneignungsbedingungen christlicher Symbolkultur ernst nimmt, reflektiert und darstellt: *Zwischenfälle. Die religiöse Grundierung des All-Tags.* Diese evangelische Korrektur an einer einsilbig-protestantischen Sprachform bietet eine hermeneutisch-phänomenologische Auslegung von Begebenheiten und Begegnungen zwischen Morgen und Abend. Diese Auslegung erhebt über das Szenisch-Singuläre hinaus Anspruch auf individuelle Allgemeinheit im Sinn eines »*Diariums*«. Der solchermaßen inszenierte Tagesverlauf steht für den Gang des Lebens mit seinen Zwischenfällen und den durch sie erschlossenen Deutungsmöglichkeiten. Diese Zwischenfälle lassen sich grob unterteilen in Selbstbegegnungen und Fremdbegegnungen – eine Disposition, die wir im Folgenden übernehmen wollen. Allerdings geschieht dies nicht im Sinn eines Referats, sondern unter Bezugnahme auf die eingangs skizzierte Problematik eines konfessorischen Reduktionismus, wie er das religiöse Feld und seine Akteure lange geprägt hat. Die konkrete Anwendung gilt gewissen wechselseitigen Zuschreibungen von Konfessionalität und Konfessionslosigkeit, wie sie derzeit vor allem in Bezug auf postsozialistische Umfelder erfolgen. Wir sind der Überzeugung, der gegenwärtige *Clash* der Weltanschauungen müsse auf jene Art therapiert werden, die Hermann Timm wiederholt mit einem Zitat von Gerhard von Rad intendiert hat: »Das kleine Gespräch des Menschen mit seinen Widerfahrnissen zwischen Morgen und Abend muß dem großen ›Weltgespräch‹ vorangegangen sein.«[10]

---

9 Vgl. zur hermeneutisch-phänomenologischen Verschränkung Hermann Timm, Das Weltquadrat. Eine religiöse Kosmologie, Band 1. Elementarlehre, Gütersloh 1985, 10–21.

10 Gerhard von Rad, Christliche Weisheit? In: Evangelische Theologie 31 (1971), 153f.

3. Begebenheiten bei der Selbstbegegnung

Jede starke Identitätsbehauptung, sei sie dogmatisch-konfessionalistisch, militant-atheistisch oder skeptisch-agnostisch verfasst, wird durch Zwischenfälle in ihrem Geltungsanspruch gestört. Diese Störungen fragmentieren Identität und regen dennoch neue Orientierungen an. In der Logik des Diariums steht dafür die buchstäbliche Orientierung am Morgen:

Der Tagesanbruch zeigt sich im Morgengrauen diffus. Das Bedürfnis nach Identifizierbarkeit wird enttäuscht. Erst in der zunehmenden Helligkeit bildet sich ein konturierter Anschauungsraum. Der Standort des Betrachters wird vor einem Horizont erschlossen. Aber zugleich erweist sich im Morgenaufgang das Versprechen eindeutiger und totaler Anschaubarkeit als uneinlösbar: Das überstarke Sonnenlicht muss in den Rücken nehmen, wer wahrnehmen und unterscheiden will. So zeigt der Einstieg in den Tagesablauf, wie ein Sehen in Hinsichten durch Abschattung neue Wahrnehmungsräume erschließt. Es kommt immer darauf an, *in der* Wahrheit und nicht nur *die* Wahrheit zu sehen.[11]

Unter dem Eindruck kopernikanischer Unhintergehbarkeiten wurde lebensweltliche Evidenz vielfach verkannt. Als strikte Alternative gesetzt, verlor sie ihre symbolische Ausdeutbarkeit. Die Wiedergewinnung dieser Sinnressource ist ausgerechnet der Technologiegeschichte zu verdanken. Die Erfüllung des Traums von der Anschaubarkeit der Welt durch die Astro- bzw. Kosmonautik hat das Streben ins Fernste des Universums umgekehrt. Entgegen der im Scientismus gepflegten Metapher vom Ausbruch aus dem Weltkerker[12] bildet der Rückblick auf den blauen Planeten eine Anschauung der Welt mit der Sonne im Rücken. Der Rückblick bewegt, relativiert, rührt: ›Welt-Anschauung‹ ist statt auf den Begriff auf ein Bild gebracht.[13] Somit stehen differente, sich antagonistisch gebende weltanschauliche Perspektiven unter einem gemeinsamen Titel.

Bekenntnishafte weltanschauliche Identitäten stehen im Licht der morgendlich-planetaren Ikone vor den Schatten, die sie selber werfen. Das muss jeden Inhaber eines Schattens stutzig machen: Die Quelle der Erkenntnis liegt unhintergehbar im Rücken, sie steht nicht zur Verfügung, ermöglicht aber

---

[11] Vgl. zur Epistemik der Symbolszene Timm, Zwischenfälle, 30–36.

[12] Darauf weist hin: Hannah Arendt, Vita activa oder Vom tätigen Leben, München/Zürich ^{6}2007, 7 ff.

[13] Vgl. auch Hermann Timm, Die planetarische Ikone – Vor und nach Kopernikus, in: Ders., Diesseits des Himmels. Von Welt- und Menschenbildung, Gütersloh 1988, 17–27, hier bes. die ›Bauanleitung‹ zu einem ikonischen Emblem 21–25.

gleichwohl ein Sehen in ihrem Licht. So gerät sie zum Ausgang des Erkennens der Begrenztheit eigenen Bekennens wie zu seinem Ermöglichungsgrund.

Das morgendliche Aufstehen startet eine Reihe von Bewegungsprozessen, die bei ansteigender Motorik verschiedene Selbstbegegnungen anstoßen. Zunächst führt der Weg ins Bad, wo der Blick in den Spiegel versucht, den Punkt zu erhellen, der »den blinden Fleck der sonnigen Weltanschauung«[14] dargestellt hat. Mit dem Spiegelbild wird über die Subjekt-Objekt-Identifizierung im wörtlichen Sinne Reflexion in Gang gesetzt.

An der Selbstspiegelung im Spiegelbild fasziniert die empirisch offenbare Grenze von Selbsterkenntnis. Der Spiegel zeigt das Konterfei richtungs- und seitenverkehrt, dazu unendlich fortgesetzt in den eigenen Pupillen. Diese Irritation erhellt aber auch die Disposition unseres Wahrnehmens. Hier werden weder Transzendenz noch die spekulative Kraft des Sich-Einbildens verabschiedet, aber deren narzisstische Ichzentrierung. Der schaffende Spiegel verbürgt eine Spekulativität, die als allgemeinmenschliche Imaginationskraft beschrieben werden kann. Die so gefasste Reflexivität stellt den Übergang von der Innenansicht zur Außensicht dar.

Starre Bekenntnishaftigkeit pflegt eine evidenzabweisende Identitätssicherung. Solche Selbstbilder wollen das jeweilige weltanschauliche Bekenntnis zwanghaft oder selbstverliebt bestätigt wissen. Beiden Formen der Identitätssicherung entgehen die Spiegelverkehrtheit und Gebrochenheit von Selbstbildern.[15] Konfessorik aller Art vergisst ihre eigene Entstehung. Sie verfehlt den Erkenntniswert von Bekenntnissen, indem sie deren Perspektivität verkennt. Dagegen erlaubt die an der Selbstspiegelung bewusst gemachte Perspektivität konkrete Perspektiven auf andere. Die Kondeszendenz aller Gottessprache kommt so in den Blick.

Welt-Anschauung und ein Selbst-Bild zu haben, ist unvermeidbar, gerade deshalb darf man sich ihnen aber nicht ganz und gar überlassen. Ohne Selbst-Bild kann keine Perspektive vor einem Horizont entstehen – ohne Welt-Anschauung verabsolutiert sich die Selbstwahrnehmung. Nur unter der Voraussetzung solcher kritischen Evidenz vermag Konfessionalität Welterfahrung zu gewinnen und das zu Bekennende auszulegen.

Selbstbegegnung kann vor dem Spiegel beginnen, aber nicht vor ihm stehenbleiben. Der göttliche Geist treibt nach draußen – der menschliche Geist bewegt sich in der Welt. Bewegungen und Wege im Alltag bekommen mit kleinen Teleologien zu tun. Diese kleinen Teleologien prägen den individuellen Weltumgang unmittelbar. Andererseits sind sie auch leicht durch

14 Timm, Zwischenfälle, 37.

15 Timm, Zwischenfälle, 40 ff.

Zwischenfälle zu stören. Wer etwa das Ziel der Universalgeschichte nicht im ersten Anlauf zu bestimmen vermag, kann seine Fragestellung wieder aufnehmen (oder es sein lassen), wer aber einen Termin verbummelt oder eine Chance verstolpert, hat unmittelbar das größere Problem. Doch dafür machen die unterbrochenen Alltagsteleologien den Tagesverlauf erfahrbar, die Reflexion der Ruptur gliedert das Unterbrochene.

Im Verstolpern kommt auf komische Art ein reflexives Element zum Zug. Wer stolpert, hat das Gleichgewicht verloren, ein Gleichgewicht allerdings, das schon vor dem Zwischenfall prekär war. Gehen, auf dem Laufenden sein, ist ein permanent vermiedenes Hinfallen.[16] Frei ist, wer fallen kann, um wieder aufzustehen, und auf diese Weise erlernt, sich gehen lassen zu können.

Dieses Bild ist ein Mittel gegen Risiken, wie sie auch in Konsequenz konfessioneller Positionierungen entstehen. Die Gefahr einer verhärteten Unbeweglichkeit liegt auf der Hand. Mit der Bewegtheit von Welterfahrung gewinnt man dagegen eine Abgrenzungsmöglichkeit gelebter evangelischer Konfessionalität von konfessorischen Attitüden des Szientismus und des militanten Atheismus, die um ihre Bekenntnishaftigkeit oft gar nicht wissen. Auch die gegenteilige Gefahr wäre zu benennen: Die postkonfessionelle Kolonisierung religiöser Symbolwelten führt oft genug zu einem diffusen Synkretismus, der in einem Zwang, sich ins Differenzlose gehen zu lassen, mündet. Die Bewegung ist ins Hektische gesteigert, die Erfahrungsinhalte gehen verloren, ja, sie können sich erst gar nicht festsetzen.

Gegenüber beiden Extremen gilt es, jene Beweglichkeit zu erhalten, die eine vorläufige konfessionelle Identität zum Ziel hat. Genau dafür stehen die Zwischenfälle der Fremdbegegnung.

4. Ankunft bei Anderen – Ankunft der Anderen

Auf der Spur von Selbstbegegnungen im Alltag ist davon die Rede gewesen, wie die Formen des weltanschaulichen, spekulativen und empirischen Wissens durch gewisse Zwischenfälle irritiert werden: das weltanschauliche Besserwissen durch die in den Rücken genommene und den Blauen Planeten welt-anschaulich erschließende Sonne, die Festlegung des Selbstbildes durch die Einsicht in die tiefe Oberflächlichkeit der Selbstanschauung und die rigide Lebensführung durch ein Verstolpern scheinbarer Sicherheiten. All diese Irritationen des Projekte machenden Menschen haben indes ihre neuschöpferische Kehrseite. Sie lösen nicht nur von Selbstbildern, sondern

---

16 Timm, Zwischenfälle, 51–54.

auch von Feindbegriffen, und somit kommen die Anderen ins Spiel der Selbstbegegnung.

Mitten im Alltagsgeschäft unterwegs haben die meisten schon den Lapsus der unfreiwilligen Begegnung erfahren: Zwei Passanten laufen aufeinander zu und vertreten einander den Weg. Sie weichen nicht höflich voreinander aus – vielmehr laufen beide spiegelbildlich-seitlich voreinander her. Die Fehlleistung verschlägt den Beteiligten die Sprache, bevor sie mit einem Lächeln zum lösenden Wort finden. Phänomenologisch wichtig ist der somit erfolgte Übergang vom konfrontativen Anfang zum befriedeten Ende, da sich aus der Panik der Wegblockade eine interpersonale Option eröffnen kann.

Nun auch ist abzusehen, wie sich Timms Begegnungsmodell mit seinem religionskulturellen und kategorialen Deutungsansinnen auf den Zusammenprall von Bekenntnissen miteinander und mit Formen der Konfessionslosigkeit übertragen lässt. Die Erschließungskraft des Ansinnens liegt im Entschärfen aussichtsloser Konfrontationen, das die üblichen Schauplätze konfessorischer Kommunikationsblockaden kondeszendent umgeht.

Keinerlei doktrinäre Richtigkeiten vermögen jene Bindung zu lösen, in der kontradiktorisch Andersdenkende sich befinden, die einander mit ihren Bekenntnissen den Weg vertreten. Eine Lösung kann nur aus der gemeinsamen Überwindung der Situation selbst kommen. Man könnte diesen Vorgang mit dem Begriff des Gemeingeistes in Verbindung bringen. Das gemeinsame Einlenken erweist sich jedenfalls als Weg zu jener Wahrheit, in der man überhaupt erst sieht, worauf sich das jeweilige Bekenntnis bezog. Im Zweifelsfall ist es gut evangelisch, mit dem Freigeben des Weges anzufangen, schon weil der vertretene Weg nur so ein gemeinsamer werden kann und die betretenen Mienen nur so sich lösen. Evangelische Humilität und die enthierarchisierende *docta ignorantia* bilden ein entwaffnendes Angebot, Konfessorik als Außenhülle von Wichtigerem zu erkennen.

Der konfrontative Charakter von Begegnungen, in denen es zu beidseitigen Alteritätserfahrungen kommt, kann auch mit zwei anderen Alltagsszenen illustriert werden. Zum einen kommt die Liebe, zum anderen das gemeinsame Mahl als Grundsituationen menschlichen Miteinanders zu stehen. Im Blick auf das Pathos und den Aktivitätsanteil stellen sie Steigerungen der Wegblockade dar.

Die erotische Liebe ist ein Widerfahrnis. Wer sich verliebt, verschaut sich. Indes reicht dieses pathetische Verschauen nicht zu einem Verhältnis, zur emotionalen Reflexivität des Verhältnisses bedarf es sprachlicher Aktivität. An dieser Stelle kommt das Bekenntnis als Liebesbekenntnis ins Spiel. Dafür bedarf es einer Sprache, die zwischen stammelnder Unsagbarkeit und auratisch fatalem Gerede zum Gegenüber hindurch findet. Auch ein angemessen formuliertes Liebesbekenntnis kann allerdings ins Leere gehen, wenn die gleichsinnige Antwort ausfällt. Im Fall der Erhörung folgt das Umarmen mit beredtem Schweigen. Aller klarstellende Wortwechsel bleibt den Liebenden vorerst im Rücken. Sie verständigen sich buchstäblich post-konfessorisch miteinander.[17]

Nicht als Gleichnis für die Auflösung von konfessioneller Diversität taugt der ›bekennende‹ Eros, wohl aber als Irritation von doktrinärer Konfessorik.[18] Liebende erfüllen die Symbolizität des Bekenntnisses erst wahrhaft. Sie vereinigen, was in der Halbheit des Symbolon getrennt bleibt. So werden auch deutsch-deutsche, west-östliche Prägungen lebensdienlich nivelliert, ohne in Vergessenheit zu geraten. In einem Identitätspanzer kann man einander nicht umarmen, und wer seine Seele behalten will, verliert am Ende die identisch geglaubte. Wenn irgendwo, dann zergehen Weltanschauungsreste gewaltlos im Liebesbekenntnis. Und im west-östlichen Liebesverhältnis wird aus dem Beitritt Vereinigung. Liebe entgrenzt Konfessorik und überwindet Konfessionslosigkeit. Fast alle Menschen bekennen irgendwann einmal zu lieben – sie bekennen, aber ohne alle Rechthaberei.

Mit der freundschaftlichen Geselligkeit ergibt sich eine weitere Überschreitung des Alltäglichen mitten im Alltag. Die dyozentrische Liebe wird durch eine polyzentrische Begegnungsform ergänzt. Diese Polyzentrik und ihre Sprache verändern den Symbolwert der Begegnung. Nach der Irritation rationaler Eindeutigkeit durch die Wegblockade und das Liebesversprechen steht nun eine neue, spezifische Rationalität des Symbolischen auf dem Programm. Demgemäß verändert sich auch die Übertragung des Zwischenfalls auf die Konfessionalitätsthematik.

Der Zufall tritt hier, anders als bei den vorigen Zwischenfällen, erst sekundär in Kraft. Auswahl und Sitzordnung der Anwesenden geschehen bei einem gemeinsamen Essen ja meist nicht zufällig. Dennoch verschwindet der Zufall nicht. Er wohnt in Zwischenräumen von empathischer Geselligkeit und planbarer Gemütlichkeit, die Kontingenz muss buchstäblich mit vollem Mund bewältigt werden. Wie bei allen anderen ist auch bei dieser Modellszene das prärationale Inbegriffensein sinnlicher Natur: Der *homo sapiens*

---

17 Vgl. Timm, Zwischenfälle, 94 ff.

18 Feinsinnig zur Verknüpfung von Beichte und Liebesbekenntnis in Dante Alighieris Dichtung: Hans Urs von Balthasar, Herrlichkeit. Eine theologische Ästhetik, Bd. 2/2: Fächer der Stile. Laikale Stile, Einsiedeln 1984, 410–422.

folgt als Sinnenwesen seiner Natur vergeistigend.[19] Das geschieht noch in rudimentären Formen gemeinsamer Nahrungs- oder Getränkeaufnahme, um wie viel mehr aber in festlich-geselliger Form. Wird die Aneignung des bloß Lebensnotwendigen zur Abundanzpartizipation, so verwandelt sie das sinnliche Bedürfnis in Sinn. Daher muss sich die Festtafel biegen und den vertikalen Sinneswandel verbürgen.

Auf unser Thema übertragen verbindet vom kondeszendenten Gottessohn her das gemeinsame Mahl christliche Teilnehmer enthierarchisierend zu weiser Ignoranz: Wie man den Offenbarer des Vaters nicht immer hat und die ganz große Wahrheit nur wie durch einen Spiegel sieht, verhält es sich auch in den Zonen der Geselligkeit. Alles können Tischgenossen nicht voneinander wissen, müssen sie aber auch nicht, um einander eines gelungenen Abends vergewissern zu können. Am Ende hat sich der erhabenste Geist in Zwischentönen gezeigt und konfessionelle Identität zu kosten gegeben statt sie zu erpressen. Das festliche Brechen des alltäglichen Brotes kann gebrochene Tradition erneuern – am Altar kann es ja nur für christliche Insider stattfinden. Der Sinneswandel der Tischgenossen sublimiert so auch Konfessionalität. Einem vollmundig-angeheiterten Aufschub letzter Identitätsfragen entsprechen klärende Nebensätze, heimliche Andeutungen und verbindender Humor. Das suspendiert jene Fragen nicht um einer bloßen Partykultur willen, wohl aber zugunsten einer Atmosphäre, die Weltanschauungskrämpfe löst. Sie legt nahe, nirgendwo anders als im Vorletzten (Dietrich Bonhoeffer) Analogien zu unserer allzu menschlichen konfessorischen Insistenz und Indolenz zu suchen. Das vielartige Anderssein am Runden Tisch ist ein Zusammenkommen im Vorletzten.

Am Runden Tisch mit Andersdenkenden wird schließlich auch die Sorge um Traditionsbrüche kleiner, die Bedeutung der ausdauernd mit *Powerpoint* an die Wand gemalten Anankasmen einer religionssoziologischen Apokalyptik schrumpft. Wer vor der Tafel quantifizierender Richtigkeiten das volle Tuch des christlichen Symbolismus ausbreitet, erzeugt vitalisierenden Gemeinsinn. Auf ihn kommt es an, soll man sich miteinander in die großen Gottesgeschichten verstricken.

---

[19] Timms diesbezügliche anthropologische Genealogie greift über Plessner auf Herder und dessen sensualistisch-symbolistische Synopse von Antike und Aufklärung zurück.

5. Evangelische Konfessionalität und die Resymbolisierung des Alltags

Mit der letzten Fremdbegegnungsszene aus Timms Diarium rundet sich die Gruppe von Zwischenfällen. Nun muss das symbolistische Deutungsangebot christlichen Lebenssinns noch inbegrifflich gefasst werden. Analog zur spekulativen Reflexion der Reflexion bedarf es eines Symbols für das Symbolisieren.[20] In der suggestiven Symbolik des Tageslaufs entspricht dem morgendlichen Offenbarwerden eines Horizontes dessen Entzug im verblassenden Lichtraum des Abends.[21] Im Verschwinden des Sichtbaren beginnt die Erinnerung ans Gesehene und Geschehene, die Reflexion einer abschiedlich sich selbst thematisch werdenden Wahrnehmung. Die Plausibilität von Kausalitäten und Sachzwängen tritt zurück, das diffuse Licht eröffnet neue Deutungszusammenhänge. Zu neuer Vitalität öffnen sich die eben noch müden Augen dann und zum klaren Sehen ins Dunkle hinein.

Die Abendsonne ist ein Realbild der Gnadensonne, angesichts derer man nur das Nach-Sehen haben kann. Hat man es aber, dann kann sich das Nachsehen als Gabe (1Kor 4,7) erweisen: Es lässt das Leben in seiner Opakheit nachsichtig ›Revue passieren‹. Nichts anderes ist Alltagsreflektion auf der symbolistischen Basis von Zwischenfällen. Sie bewegt sich zwischen dem minimalistischen Vertrauen auf die alltägliche Wiederholung des gewohnten Guten und der maximalistischen Hoffnung auf die Herrlichkeit des endgültigen Schöpfungsmorgens.

Schon an dieser Stelle ergibt sich eine Übertragung auf die Vieldeutigkeit von Konfessionalität und Konfessorik. Mit der nachsichtigen Relativierung vermeintlicher Überzeugungssicherheiten kommt es zu einer Resonanz auf die morgendliche Neusymbolisierung der Welt-Anschauung. Nun ist es das abendliche Dämmern, das eine Resymbolisierung dessen ermöglicht, was bekennende Christen, bekennende Atheisten, bekenntnisfreie Agnostiker und indolente Konfessionslose voneinander trennt. Statt nun die Gretchenfrage zu stellen, wie das Gegenüber es mit der Religion halte, wäre eine andere Frage am Platz: Wie viel Verklärung ist für ein Leben erforderlich, das mehr sein soll als illusionsloses Überleben nach dem Zuschnitt des jeweiligen Bekenntnisses? Damit ist der Resymbolisierung eine Richtung gewiesen.

---

20 Der Grundgedanke einer in der symbolischen Sphäre nötigen Vermittlung rein durch Symbole findet sich bei den drei theoriestarken Frühromantikern Friedrich Schlegel, Friedrich Schleiermacher und Friedrich von Hardenberg (Novalis). Vgl. zum Ort dieser Symbolpotenzierung im Diarium Timm, Zwischenfälle, 142–155.

21 Vgl. zur Epistemik der Symbolszene Timm, Zwischenfälle, 122–129.

Ein evangelischer Symbolismus kann aus eigener Gewissheit heraus Deutungsvorschläge zum alltäglichen Lebenssinn machen, um minimale Verklärungserfordernisse von Konfessionslosen oder -freien einerseits und an die Konfessorischen andererseits zu thematisieren. Diese Aufgabe ließ sich hier nur andeuten, aus Platz-, aber auch aus Sachgründen. Denn nicht das bessere Wissen, sondern ein besseres symbolistisches Arrangement ist am abendlichen Ende des Diariums fällig. So soll die überlieferte Ambivalenz des Dämmerlichts als evangelisches Entspannungsangebot an Konfessionalisten aller Art eingespielt werden.

Das Diarium enthält notwendigerweise vielfach Kontingenzen. Sie erschüttern und irritieren fixe Vermutungen über die Wirklichkeit und normative Erwartungen an diese. So schwächen die Erfahrung solcher Zufälle und deren symbolisierendes Bewusstmachen konfessorische Identitäten. Hier kommt nochmals die Meta-Metapher der Dämmerung – die des Morgens wie die des Abends – zum Tragen: Das Widerfahrnis des zwielichtig Schwebenden veruneindeutigt manche Kausalrationalität, setzt indes durch diese Veruneindeutigung eine alternative Reflexionsform frei. Diese Freisetzung ist dynamisch-offen, weil ihr jeder neue Lebenskontext neue Inhalte und Ausdrucksformen von Erfahrung aufgibt. Der Vorteil des evangelischen Symbolismus liegt in der Verschränkung von erfinderischer Tüchtigkeit und traditionaler Verlässlichkeit. Er versucht, den Zufall des Erlebnisses mit dem überlieferungsgestützten Einfall zu kombinieren. So vermag dieser Symbolismus zugleich, ein fatales Progredieren des *homo symbolicus* ins Unendliche zu verhindern, indem seine Formen zu einem ausgewogenen Belassen und Bearbeiten anregen. In der Dämmerung sind also keineswegs alle Kühe schwarz, ist doch das veruneindeutigende Dämmern zugleich der Anfang einer die Einbildungskraft (klassisch: Inspiration) reizenden Mehrdeutigkeit. Das heuristische Potenzial für die Theologie liegt in einer doppelten Wahrnehmungsschärfung; die Relektüre des christlich-religiösen Intertextes und die aufgeschlossene Lektüre kultureller und damit konfessionell vielartiger Umgebungen befruchten einander wechselseitig. Das Christentum kann mehr zum Leben sagen, wenn es eigene und andere konfessionelle Selbstthematisierung überschreitet, als wenn es dies unterlässt.

Der Konfessorik dämmert so gesehen der Abschied, evangelische Symbolkultur dämmert herauf.

Gesten in der »Aura des Sinns«

Geistes Gegenwart als Leitmotivik einer von den Künsten inspirierten Seelsorge

Anne M. Steinmeier

»Von der hermeneutischen Muse stammt die Kunst des Verstehens, vom poetischen Geist die Kraft des Bedeutens. Kommen beide zusammen, findet neuschöpferisches Ansinnen statt.«
(Hermann Timm)[1]

1. Seelsorge in der »Aura des Sinns«

Seelsorge in der Gegenwart steht im Horizont von Lebenskunst. Der facettenreiche Begriff meint hier nicht jene dekorative Leichtigkeit, in der Dinge, Geschehnisse, Menschen abwechselbar, austauschbar, zur Dekoration des Selbst werden. Lebenskunst, um die es hier geht, ist die nachmoderne Form einer neuen Ernsthaftigkeit des Suchens, wenn traditionelle Antworten nicht mehr einfach bereitstehen.[2] Denn die Ordnungen des Lebens sind brüchig geworden. Es gibt das Lebensgefühl einer grundsätzlichen Fragmentarität, nicht nur in besonderen Situationen, an bestimmten Wendepunkten des Lebens. Hermann Timm schreibt: »Menschen finden sich in einer Welt vor, die es gibt, aber nicht geben muß. Sie ist kontingent, ohne innere Notwendigkeit.«[3] Viele Menschen empfinden sich in Zonen des Übergangs, des Wandels und der Veränderungen, auf Schwellen, auf denen sich vielstimmige und vielgestaltige Lebenswelten überlagern, die sich nicht mehr in einen integrativen Kulturzusammenhang einbinden lassen. Und die doch nach Sinnbildung und »Kontingenzwaltung«[4] verlangen. Timms Begriff schließt mehr ein als Bewältigung, er verweist auf die Herausforderung sinnstiftender Ge-

---

[1] Hermann Timm, Dichtung des Anfangs. Die religiösen Protofiktionen der Goethezeit, München 1996, 8.

[2] Vgl. Dieter Henrich, Fixpunkte. Abhandlungen und Essays zur Theorie der Kunst, Frankfurt am Main 2003, 25 ff.

[3] Timm, Dichtung des Anfangs, 31.

[4] Ebd.

staltung in »Poiesis und Mimesis«[5] und der Erzählung eines eigenen und zugleich gemeinsam human gestalteten Lebens.[6]

Das betrifft auch die Transformation religiöser Signaturen. Nicht nur in religionssoziologischer Hinsicht relevant, sondern auch theologisch ernst zu nehmen sind Suchbewegungen einer freigesetzten Subjektivität, eines tastenden und suchenden Transzendenzverhältnisses, einer »Religion im Modus der Spiritualität«.[7] So sehr diese oftmals mit der Distanz gegenüber einer »von außen, institutionell gestützten Sekurität verbunden«[8] ist, so sehr ist hier kein bloß beliebiger ›Containerbegriff‹ bezeichnet, in den jede Form individualistischer, sich in keiner Weise mehr bindender Religiosität ›hineingeschüttet‹ werden könnte. Menschen suchen vielmehr für sich selbst und doch nicht allein für sich privat Symbole, Zeichen, Metaphern, in denen sie zusammen mit anderen an der Welt teilhaben, in denen die Fragen nach »Sinn und Nicht-Sinn«[9] aufgenommen und verstanden werden, aber in denen zugleich auch ein ›Mehr‹ und ›Anderes‹ Ausdruck finden mag, ein »Durchriß auf das Sichverbergende, das Unaussprechliche«[10] gewährt und der »Sinn für das Geheimnis«[11] geweckt wird. Menschen sind auf der Suche nach Sinn-Räumen, die nicht immer schon bereitstehen, sondern die sich nur dort öffnen, wo »Begegnung statthat«, wo sich eine »Aura des Sinns«[12] eröffnet, in der auch das »Unausdrückliche« der unverwechselbar eigenen und zugleich mit anderen vernetzten Geschichte eines Lebens gehalten ist.[13]

---

5 Ebd.

6 Im Begriff der Erzählung beziehe ich mich auf Paul Ricœurs Konzeption der narrativen Identität, vgl. Anne M. Steinmeier, Kunst der Seelsorge. Religion. Kunst und Psychoanalyse im Diskurs, Göttingen 2011.

7 Vgl. Wilhelm Gräb, Religion und Glaube/Spiritualität, in: Kristin Merle (Hg.), Kulturwelten. Zum Problem des Fremdverstehens in der Seelsorge, Berlin/Münster 2013, 35–54, hier 41.

8 Dieter Henrich, Fixpunkte, 26.

9 Vgl. Emil Angehrn, Sinn und Nichtsinn. Das Verstehen des Menschen, Tübingen 2010.

10 Dieter Mersch, Ereignis und Aura, Untersuchungen zu einer Ästhetik des Performativen, Frankfurt am Main 2002, 114.

11 Ebd., 294.

12 Vgl. Paul Ricœur, Der Konflikt der Interpretationen, Bd. 2, München 1974, 175. Diese Formulierung trifft die Spannung des In-Schwebe-Geratens von sinnschöpferischem Subjekt und Alterität genau, in die der Sinn für das Unendliche als das ›Un-endliche‹ führt. Vgl. auch Walter Benjamin: »Die Aura einer Erscheinung erfahren, heißt, sie mit dem Vermögen belehnen, den Blick aufzuschlagen.« (Walter Benjamin, Gesammelte Schriften, Bd. 1, Frankfurt am Main 1991, 646 f.).

13 Paul Ricœur, Zeit und Erzählung, Bd. 1: Zeit und historische Erzählung, München

Eine Erfahrung, die sich in Augenblicken dynamischer Zeit eröffnet. In »transzendentalen Momenten«, wie Friedrich Hölderlin sie genannt hat. Es sind Augenblicke, in denen sich ein Leben sammelt, in denen sich konstelliert, was ein Leben ausmacht, bestimmt und bedeutsam prägt, in denen ein Leben wach und seiner selbst gewärtig wird. Im Unterschied zu jenen »Augenblicken religiös-ästhetischer Epiphanie«, in denen alles Endliche als »verschwindend« gewähnt wird, in einer alles Geschichtlich-Endliche übergreifenden Ordnung aufgehoben wäre bzw. ästhetisch erlöst erscheint, sind die transzendentalen Augenblicke, in denen ein Leben seiner selbst innewird, in den Verhältnissen der Endlichkeit verstanden, ihrer Temporalität, ihrer Kontingenzen von Gefährdung und Gelingen.[14]

Eine Erkenntnis, die sich heute empirisch gegenlesen lässt. Den »transzendentalen Augenblicken« wohnt die Prägnanz unverfügbarer Formen des Erlebens inne, in denen sich die Zeit dramatisch verdichtet. Auf der Spur des Gedächtnisses des Selbstempfindens und der Fragen, wie sich Veränderungen zu Leben und Lebendigkeit hin vollziehen, hat der 2012 verstorbene, weit über seine Fachgrenzen hinaus bekannt gewordene Säuglingsforscher, Entwicklungspsychologe und Psychoanalytiker Daniel Stern den »Gegenwartsmoment« als entscheidenden Grundbaustein der Narration eines Lebens erforscht.[15] Das bewusste Innewerden wird »erweckt« durch im dyna-

---

1988, 120. Der Begriff des Unausdrücklichen bezeichnet nicht nur ein individuelles, gar nur verdrängtes und im Letzten sprachlich aufhebbares Unbewusstes, von dem Freud und mit ihm der frühe Ricœur noch ausging, sondern er verweist auf ein soziales, ein gesellschaftliches und gemeinsam geteiltes Unbewusstes. Erst langsam, in den ersten Jahren des 21. Jahrhunderts, ist die Bedeutung der inneren Verflechtung unserer Geschichten über Generationen erkannt und zum Forschungsthema geworden. Vgl. z.B.: LUDWIG JANUS (Hg.), Geboren im Krieg. Kindheitserfahrungen im 2. Weltkrieg und ihre Auswirkungen, Gießen 2006; SABINE BODE, Kriegsenkel. Die Erben der vergessenen Generation, Stuttgart [14]2015; MARIANNE LEUZINGER-BOHLEBER/HEINZ WEISS (Hg.), Psychoanalyse – Die Lehre vom Unbewussten. Geschichte, Klinik und Praxis, Stuttgart 2014.

14 Vgl. DIETER HENRICH, Versuch über Kunst und Leben. Subjektivität – Weltverstehen – Kunst, München/Wien 2001, 156. »Daß kein Gott in der Weise allmächtig sei, wie es der Urgrund selbst als Person zu sein hätte, ist für Hölderlin die Bedingung dafür, der Konsequenz des Denkens, dem Wissen von der Wirklichkeit der Menschenwelt [...] gerecht zu werden oder, wie er selbst sagen würde, treu zu bleiben.« (DIETER HENRICH, Grund im Bewußtsein. Untersuchungen zu Hölderlins Denken (1794–1795), Stuttgart 1992, 769). Vgl. auch VOLKER RÜHLE, Geschichtserfahrung und poetische Geschichtsschreibung, in: JOHANN KREUZER (Hg.), Hölderlin Handbuch. Leben – Werk – Wirkung, Stuttgart 2011, 128–137.

15 Vgl. DANIEL N. STERN, Der Gegenwartsmoment. Veränderungsprozesse in Psychoanalyse, Psychotherapie und Alltag (2005), Frankfurt am Main [2]2007, 23; STEINMEIER, Kunst der Seelsorge, 54–61.

mischen Sinne unbewusste und präreflexive Fließmuster des Erlebens, von Stern sogenannte transmodale und multisensorische Vitalitätsformen, die zwar inhaltlich gefüllt, aber zugleich von Inhalten unterschieden sind. Diese Entdeckung geht mit aktuellen Transformationen im Verständnis des Unbewussten einher, das im Anschluss an musikalische Metaphern als Balance, Rhythmus und Resonanz beschrieben wird.[16] Denn wie eine musikalische Phrase »tauchen« innerhalb von Sekundenbruchteilen subjektiv erlebte Veränderungen innerer Gefühlszustände auf, durch die die Zeit sich dramatisch zwischen Vergangenem und Zukünftigem verdichtet.[17] Die Entfaltung des Gegenwartsmoments erinnert an eine Vorwärtsbewegung, eine Orientierung auf ein Ziel hin. Stern spricht unter phänomenologischem Blickwinkel von einem »intentionalen Gefühlsstrom«, der »als ganze Phrase unterhalb der spezifischen intentionalen Inhalte« fließt und das Gefühl eines Vorwärtsstrebens gibt.[18]

Diese dynamischen Formen der Vitalität sind trotz ihrer fundamentalen Bedeutung für unser Erleben so wenig erforscht worden, weil sie so nah am eigenen Leib sind, weil wir sie so gut, zu gut kennen – und doch wieder gar nicht, weil sie von den Emotionen, die mit ihnen einhergehen, und vor allem auch den expliziten Agenden der Gedanken, verdeckt werden.[19]

---

[16] Vgl. Michael B. Buchholz/Günter Gödde, Balance, Rhythmus, Resonanz. Auf dem Weg zu einer Komplementarität zwischen ›vertikaler‹ und ›resonanter‹ Dimension des Unbewussten, in: Das Unbewusste. Metamorphosen eines Kernkonzepts, Sonderheft Psyche, 67. Jg. 2013, 844–880, hier 859.

[17] Stern bezieht sich explizit auf Husserl, der den Gegenwartsmoment in drei Teile gliedert. Es gibt einen Jetztpunkt, einen vergangenen, als »Retention« bezeichneten und einen zukünftigen, als »Protention« bezeichneten Gegenwartsmoment. Die erinnerte Vergangenheit wird in der gefühlten Gegenwart wahrgenommen. Die Protention ist die unmittelbare Zukunft, die antizipiert wird oder in der impliziert ist, was im vergangenen oder aktuellen Gegenwartsmoment geschehen ist bzw. geschieht. In ihr ist eine, wenn auch nur vage, Erwartung präsent, die richtungsweisend wirkt und auch eine Vorstellung dessen entwickeln kann, was sich entfalten wird. »Der vielleicht wichtigste Aspekt dieses dreiteiligen Gegenwartsmoments besteht darin, dass all seine Bestandteile subjektiv eine einheitliche, kohärente, globale und in einem subjektiven Jetzt wahrgenommene Erfahrung bilden« (Stern, Gegenwartsmoment, 46). Vgl. auch Sterns Bezug auf Merleau-Ponty, Stern, Gegenwartsmoment, 50.

[18] Vgl. ebd., 76 f.

[19] »Deshalb widmen wir unsere Aufmerksamkeit nicht der Art und Weise, wie sich die Heranbildung eines Gedankens anfühlt, sondern meist nur dessen Inhalt. Die Vitalitätsform rutscht uns durch die Finger« (vgl. Daniel N. Stern, Ausdrucksformen der Vitalität. Die Erforschung dynamischen Erlebens in Psychotherapie, Entwicklungspsychologie und den Künsten, Frankfurt am Main 2011, 21).

Solche Gegenwartsmomente müssen nicht reflexiv bewusst werden. Bewusst und gedeutet aber können sie ein neues Verstehen ermöglichen, Erinnerungen abwandeln, zu Neuarrangement, Klärung des bewussten und sich sprachlich verständigenden Wissens, manchmal auch in eine andere Richtung der Lebenserzählung führen. Stern hat vom Kairos als dem Augenblick der Wahrheit gesprochen, in dem sich ein Schicksal entscheiden und »ein kleines Fenster des Werdens« öffnen kann.[20]

2. »Überweltigung des Subjekts«[21]

Nicht jeder Gegenwartsmoment ist ein transzendentaler Augenblick, aber es gibt keinen transzendentalen Augenblick ohne die ›Tiefendimension‹ der Gegenwartsmomente. Es ist die Prägnanz dieser Augenblicke, die den Raum zwischen den ›großen‹ Worten *Geistes* und *Gegenwart* füllen, die diese Festschrift titeln. Sie füllen ihn, ohne ihn ausdeuten zu können. Denn es ist die Prägnanz, die mit dem »Rätsel des Leibes« gegeben und aufgegeben ist, jener sinnenhaft-leiblichen Dimension, der Inkarnation des Sinns, in der das Subjekt, wie Hermann Timm formuliert, »überweltigt« wird: diese Erfahrung »all-einen Gefühl[s], von dem bis zu Schleiermacher hin das intellektualismuskritische Religionsdenken angeleitet wurde«, diese Erfahrung, die »die Phänomenologie heute *Stimmung* nennt« und die doch zugleich noch mehr und anderes ist, nämlich »die Körperempfindung, in der ich unmittelbar mit dem anderen meiner selbst, dem Leib, vereinigt bin«. Deshalb ist hier auch »die Berührung« gemeint, »bei der der Stoß, den ich aktiv ausübe, und der Druck, den ich vom anderen passiv verspüre, so intim korrespondieren, daß ihre Wechselwirkung beliebig sublimiert werden kann, ohne selbst im zärtlichsten Extremfall den Elementarkontakt zu verlieren«.[22]

So ist die Mitte der Worte *Geistes Gegenwart* nicht durch ein drittes Wort auszufüllen, sondern die Leere zeigt eine Schwebe an, die sich in Form wechselseitiger Verschränkung im Medium einer Zwischenleiblichkeit (intercorporéité) zeitigt, wie Maurice Merleau-Ponty diese Erfahrung auszudrücken versucht hat: als gleichzeitiges Ergreifen und Ergriffenwerden, als Verflechtung von Empfindendem und Empfundenem.[23] So lässt sich – um an dieser

20 Stern, Gegenwartsmoment, 26.

21 Timm, Dichtung, 23.

22 Ebd.

23 Diese Medialität der Leiblichkeit bezeichnet Merleau-Ponty im Spätwerk als chair du monde. Der schillernde Begriff des ›chair‹ ist in der deutschen Übersetzung ›Fleisch‹

Stelle eine Metapher[24] zu gebrauchen – die Mitte der beiden Worte *Geistes Gegenwart* nur »seiltanzend« betreten: in der Beweglichkeit schöpferischer Responsivität.[25]

Von hier ließe sich die Leitmotivik dieses Bandes als religiöse Deutung der Lebenswelt im Horizont der kulturwissenschaftlich so bezeichneten »kleinen Metaphysik« lesen, in der sich die metaphysische Erwartung umkehrt, so dass »nicht mehr jenseits des Sinnlichen de[r] Sinn aufzusuchen, sondern jenseits seiner auf die verborgene Sinnlichkeit, Materialität und Körperlichkeit der Medien zu stoßen«[26] ist.

3. Seelsorge als Poiesis in Gesten[27] – »Kontingenzwaltung« nach Künstler-Art

Für die immer noch missverständlich sogenannte Seelsorge – die im Begriff implizit weiterträgt, was hier überwunden werden soll, jene in der Wirkungsgeschichte platonischer Metaphysik mit der Seele verbundene Vorstellung einer immateriellen, vom Leib getrennten Substanz – bedeutet das die Profilierung im Horizont der »für die Inszenierung, Aufführung und Praxis-

nur äußerst unzureichend wiederzugeben. Im Französischen schwingen Bedeutungen wie Inkarnation, Begehren, sinnliche Fülle mit. Zum Problem der hier zugleich genannten Metaphysik vgl. Christian Bermes, Medialität – anthropologisches Radikal oder ontologisches Prinzip? Merleau-Pontys Ausführung der Phänomenologie, in: Christian Bermes u. a. (Hg.), Die Stellung des Menschen in der Kultur. Festschrift für Ernst Wolfgang Orth zum 65. Geburtstag, Würzburg 2002, 41–58.

24 »Ein bewegliches Heer von Metaphern«, so Friedrich Nietzsche, »wird zum Grund menschlicher Erkenntnistätigkeit« (zit. in: Gottfried Boehm [Hg.], Was ist ein Bild? [1994], München ^{4}2006, 16).

25 In diesem Zusammenhang kann ich nur andeuten, was mich zu dieser Metapher des Seiltanzes angeregt hat: Es ist zuerst Paul Klees Bild, dann der im Sommer 2014 auf ›arte‹ gezeigte Film *Acting is life. Anything else just waiting* über den englischen Theaterregisseur Peter Brook, in dem die Erfahrung eines Tanzes auf einem imaginären Seil im Blickpunkt stand, schließlich ein mit dem Pfarrer und Tanz- und Bewegungstherapeuten Volker Lang gemeinsamer Workshop auf der 2015 veranstalteten Tagung der Deutschen Gesellschaft für Pastoralpsychologie (DGfP) zum Thema ›Im Vorübergehen. Pastoralpsychologie im Kontext von Veränderungsprozessen in Kirche und Diakonie‹.

26 Sybille Krämer, Medium, Bote, Übertragung. Kleine Metaphysik der Medialität, Frankfurt am Main 2008, 35.

27 Vgl. Christoph Wulf/Erika Fischer-Lichte, Gesten. Inszenierung. Aufführung. Praxis, München 2010, 9. Die an der Universität Kyoto lehrende Professorin Shoko Suzuki definiert Poiesis als eine »Imitation, die stets auch kreativ ist« (Shoko Suzuki,

menschlicher Kommunikation«[28] zentralen »Denkfigur« der Geste.[29] Gesten spielen eine wesentliche Rolle für die Entwicklung geteilter Intentionalität.[30] Sie stellen Emotionen und Denkprozesse dar und können sie zugleich evozieren. Dabei kommt der aisthetischen und ästhetischen Seite eine entscheidende Bedeutung zu. Christoph Wulf und Erika Fischer-Lichte sprechen vom mimetischen Akt, der in Prozessen der »Anähnlichung« einen »Resonanzprozess« zu erzeugen vermag. Giorgio Agamben bezeichnet als Geste eine »Potenz, die nicht in den Akt übergeht, um sich in ihm zu erschöpfen, sondern als Potenz im Akt verbleibt und in ihm tanzt«.[31] In diesem Sinne ließe sich auch lesen, was Timm als »neuschöpferisches Ansinnen« formuliert.

Für die Reflexion der Sprache und des Gesprächs als Ort und Instanz der Sinnfindung in der Seelsorge bedeutet das die Sensibilität für die leibliche Präsenz des Gegenübers, seine Inszenierungen, die Verkörperungen der Sprache auf der Bühne des Gesprächs.[32] Denn weit anderes als ein bloß geistiger, gar nur abstrakt-intellektualistischer Akt ist Sprache ein leibhaftes Tun. Kein Ergon, das bloß wiedergibt, sondern Energeia, die etwas zuwege bringt, eröffnet, verändert. Sprache ist ›an der Arbeit‹, im Kampf um Sinn und um Neuland. Sprache ist Sprechen und Hören, in dem die Beteiligten »durch Desorientierung und Überraschung hindurch einander verändern wie Liebende, [...] und damit neue Bedingungen des Verstehens schaffen«.[33] Ein Verstehen, in dem Sprache zum »Residuum«, zum »Asyl« werden

---

Sein und Werden – Poiesis in Gesten. Gemeinsamkeiten der Etymologie von ›Gesten‹ und *miburi* und ihre geschichtliche und kulturelle Bedeutung, in: WULF/FISCHER-LICHTE, Gesten, 116–122). Miburi ist das japanische Äquivalent zum deutschen Wort ›Gesten‹ und bedeutet im wörtlichen Sinne »den Körper bzw. Leib [...] zu schütteln« (ebd., 116), weshalb der Ausdruck auch für den Tanz verwandt wird. In diesem kulturellen Kontext ist der Tanz der Mimesis verwandt, die aber keine einfache Nachahmung meint, sondern »poiesis in dem Sinne, dass die eigene Form immer wieder geboren wird« (ebd., 122).

28 WULF/FISCHER-LICHTE, Gesten, 9.

29 ULRICH RICHTMEYER u. a. (Hg.), Bild und Geste. Figurationen des Denkens in Philosophie und Kunst, Bielefeld 2014, 13.

30 Vgl. WULF/FISCHER-LICHTE, Gesten, 10.

31 GIORGIO AGAMBEN, zit. in: GABRIELE BRANDSTETTER, Bild-Sprung. TanzTheaterBewegung im Wechsel der Medien, Berlin 2005, 208.

32 Dazu gehört auch das »Wie unseres Sprechens mit unserer gesamten Präsenz, unserer leiblichen Erscheinung und der uns umgebenden Atmosphäre« (DIANA PFLICHTHOFER, Spielräume des Erlebens. Performanz und Verwandlung in der Psychoanalyse, Gießen 2008, 45).

33 BERNHARD WALDENFELS, Einleitung, in: MAURICE MERLEAU-PONTY, Die Prosa der Welt, München 1984, 9.

kann[34] und Bilder auftauchen, »die wir nie sahen, ehe wir uns ihrer erinnerten«.[35] »Dialektische Bilder«, wie Walter Benjamin sie im Anschluss an Hölderlin genannt hat. Bilder, »worin das Gewesene mit dem Jetzt blitzhaft zu einer Konstellation zusammentritt«.[36] Ein »Gedichtetes«, in dem ein unendliches Netz gelebten Lebens ansichtig wird, neuschöpferisch.[37] Denn Erinnerung ist ein schöpferischer Prozess, in dem man »nicht mit Kindheitserinnerungen, sondern durch Kindheitsblöcke« schreibt: »Erinnerung-Werden« könnte man im Anschluss an Gilles Deleuze die Geste der Memoria vielleicht nennen.[38]

Vor allem aber, und darauf konzentriert sich an dieser Stelle mein Interesse, ist hier die Fokussierung der Seelsorge, zumindest der protestantisch geprägten, auf Wortsprache und Gespräch als noch immer entscheidendes Medium zu erweitern.[39] »Kontingenzwaltung nach Dichters

---

[34] JOHANN KREUZER, »Gut auch sind und geschickt einem zu etwas wir«. WALTER BENJAMINS Hölderlin-Lektüre, in: WALTRAUD MEINTS u. a. (Hg.), Raum der Freiheit. Reflexionen über Idee und Wirklichkeit, Bielefeld 2009, 99–122, hier 116.

[35] WALTER BENJAMIN, Gesammelte Schriften, Bd. II, Frankfurt am Main ^{2}1999, 1064.

[36] »Nicht so ist es, daß das Vergangene sein Licht auf das Gegenwärtige oder das Gegenwärtige sein Licht auf das Vergangene wirft, sondern Bild ist dasjenige, worin das Gewesene mit dem Jetzt blitzhaft zu einer Konstellation zusammentritt. [...] Bild ist die Dialektik im Stillstand. [...] Nur dialektische Bilder sind echte (d.h.: nicht archaische) Bilder; und der Ort, an dem man sie antrifft, ist die Sprache« (WALTER BENJAMIN, Passagen-Werk, Frankfurt am Main 1983, 576f.).

[37] »Es ist die Welt im Stand der Ähnlichkeit und in ihr herrschen die ›Korrespondenzen‹, die zuerst die Romantik und die am innigsten Baudelaire erfaßte, die aber Proust (als Einziger) vermochte, in unserem gelebten Leben zum Vorschein zu bringen« (BENJAMIN, GS II, 320).

[38] GILLES DELEUZE/FÉLIX GUATTARI, Was ist Philosophie?, Frankfurt am Main 2000, 197. Vgl. STEINMEIER, Kunst der Seelsorge, 251–265. Im Horizont von Erinnerung und Gedächtnis ist neben dem mündlichen Gespräch auch das Schreiben als performative und transformative Geste zu entdecken. Hierzu vgl. ausführlich, STEINMEIER, Kunst der Seelsorge, 236–251.

[39] Paul Ricœur ging davon aus, dass zwar nicht alles Sprache ist, aber dass es doch »immer möglich« ist, auch Nichtsprachliches, wie Gesten und Gefühle, auch nichtsprachliche Künste, »zur Sprache zu bringen« (PAUL RICŒUR, Die lebendige Metapher, München ^{3}2004, I f. Zur Bedeutung der Sprache in der Seelsorge vgl. ANNE M. STEINMEIER, Momente des Sinns – Zur Leiblichkeit der Sprache, in: Evangelische und Katholische Klinikseelsorge, Zentrum für Psychiatrie Emmendingen [Hg.], Festbroschüre. Sprach-Spuren. Auf der Suche nach einer berührenden Sprache. Ein Projekt der Klinikseelsorge zum Jubiläum 125 Jahre Klinik, 100 Jahre Kirche im Zentrum für Psychiatrie Emmendingen, Dresden 2014, 20–22, und DIES., Poetik der Seele, in: JÖRG DIERKEN/MALTE DOMINIK KRÜGER [Hg.], Leibbezogene Seele? Interdisziplinäre Erkundungen eines kaum noch fassbaren Begriffs, Tübingen 2015, 195–217). Dieser Beitrag geht davon aus, dass auch »[j]enseits der Sprache [...] gewaltige Räume von Sinn« existieren, »ungeahnte Räume der Visualität,

Art«[40] – diese Herausforderung Hermann Timms lässt sich aktuell im Horizont jener Sinnräume aufnehmen, die sich im Medium vielfältiger symbolischer Formen der Künste erschließen. Hölderlin hat vom Lernen des Lebens in der Kunst gesprochen.[41]

Die Kunst am Ort der Seelsorge zu würdigen aber ist nur möglich, wenn ihr Anspruch auf Autonomie, ihre Eigensprachlichkeit geachtet wird, in der sie einen eigenen Zugang zur Welt erschließt. Kunst ist ein »unabhängiges ›Diskurs-Universum‹«.[42]

Wer in der Kunst das Leben lernen will, wird sich im Respekt ihrer Unabhängigkeit der Vielsprachigkeit und Vielstimmigkeit ihrer Farben, ihrer Klänge, ihrer Bewegungen aussetzen, in denen sie Wirklichkeit durch und in ihren eigenen Schöpfungen entdeckt. Sinnlich formuliert, ins Material geprägt, den Tönen anvertraut, in der Hingabe an den Rhythmus und in der Achtung des Takts kann ein Kunstwerk eine Erfahrung vermitteln, die es ohne dieses nicht gäbe. Hier wird nicht vorher schon Bekanntes bloß abgebildet, hier werden die eigenen (Vor-)urteile und Deutungen nicht nur wiederholt und bestätigt, sondern hier geht es um ein Sichtbar- und Hörbarmachen, um ein zur-Gestalt- und In-Bewegung-Bringen, um eine »Hervorholung« und zugleich Findung eines bisher noch nicht Dagewesenen.[43] Was es zu hören, zu sehen, zu lesen, nachzudenken und vorzustellen gibt, sind nicht bloß »Vorgaben«, sondern »zugleich Vorstöße und Vorfälle ins Offene [...], Freigaben und

---

des Klanges, der Geste, der Mimik, der Bewegung«, die keiner »Nachbesserung [...] durch das Wort« bedürfen. »Der Logos ist eben nicht nur die Prädikation, die Verbalität und die Sprache. Sein Umkreis ist bedeutend weiter. Es gilt, ihn zu kultivieren« (GOTTFRIED BOEHM, Jenseits der Sprache? Anmerkungen zur Logik der Bilder, in: GOTTFRIED BOEHM, Wie Bilder Sinn erzeugen, Die Macht des Zeigens, Berlin ²2008, 34–53, hier 52 f.).

40 TIMM, Dichtung des Anfangs, 31.

41 FRIEDRICH HÖLDERLIN, Προς εαυτον, in: MICHAEL KNAUPP (Hg.), Friedrich Hölderlin. Sämtliche Werke und Briefe, Bd. 1, München 1992, 236. Vgl. WILHELM SCHMID, Auf der Suche nach einer neuen Lebenskunst. Die Frage nach dem Grund und die Neubegründung der Ethik bei Foucault, Frankfurt am Main 2000, 163 ff. Lernen meint hier mehr und anderes als den Erwerb von Kompetenzen, mehr und anderes auch als Wissenszugewinn. Lernen bedeutet hier den Weg zu einer inneren Umstellung. Es bezeichnet einen Entwicklungszuwachs, Prozesse einer inneren und auch äußeren Wandlung. Eine Wandlung durch weichenstellende Erkenntnisse.

42 ERNST CASSIRER, Versuch über den Menschen. Einführung in die Philosophie der Kultur, Frankfurt am Main 1990, 234.

43 Die nicht zu verzweckende Bedeutsamkeit der Kunst liegt in der Dynamik verwandelnder Bewegungen, in der lebende, symbolische Formen entstehen und in die sie in der ästhetischen Erfahrung hineinnehmen, vgl. CASSIRER, Versuch über den Menschen, 228.

Offenlegungen, in denen Hörbarkeiten und Sichtbarkeiten erst wirklich als solche aufgehen«.[44]

Im Rahmen dieses Aufsatzes möchte ich mich auf zwei Künste beziehen, die Bilder und den Tanz. Während die Rückkehr der Bilder sich auf den verschiedenen Ebenen vollzogen hat und der iconic turn die kulturtheologische Diskussion inzwischen wesentlich mitbestimmt,[45] wird der Tanz als eigenständige »Form des Wissens« erst langsam anerkannt und in seiner Bedeutung gewürdigt.

3.1 »Ikonische Temporalität« – Der Kuss der Bilder

Die bildgegebene Sinnstruktur zeigt sich nur ikonisch, das heißt, in einer vom Sehen realisierten Differenz sehenden Sehens.[46] Eine Differenz, die sich nicht aus der Sicherheit des überkommenen neuzeitlichen, cartesisch-zentralperspektivischen Blicks erschließt, sondern die Prozessualität und Leiblichkeit des Sehens voraussetzt, wie Merleau-Ponty sie im Atelier Cézannes kennengelernt hat: »Der Blick ist nämlich selbst Einkörperung des Sehenden in das Sichtbare, Suche nach sich selbst im Sichtbaren, dem es ZUGEHÖRT (en est)«,[47] ein wechselseitiges »Geflecht aus Sehen und Bewegung«[48] in dynamischer Zeit.

Der Kunstwissenschaftler Gottfried Boehm spricht von einer »ikonischen Temporalität«, oder metaphorisch formuliert: »Die Bilder schlafen den hundertjährigen Schlaf des Dornröschens, und doch braucht es nur des Kusses, eines Blickes – dieses freilich im genau richtigen Moment –, um sie zu nie endender Wachheit zu erwecken.«[49]

In diesem Sinne können Bild und Wahrnehmende einander als zwei körperlich anwesende Präsenzen begegnen, die sich aufeinander zu bewegen und aufeinander einwirken. Darum kann ein Bild »den Vorrat biographischer

---

44 Peter Sloterdijk, Zur Welt kommen – Zur Sprache kommen. Frankfurter Vorlesungen, Frankfurt am Main 1988, 23.

45 Vgl. aktuell die Hallenser Habilitationsschrift von Malte Dominik Krüger, Das andere Bild Christi. Spätmoderner Protestantismus und kritische Bildreligion, Tübingen 2015 (im Druck).

46 Boehm, Jenseits der Sprache?, 37.

47 Maurice Merleau-Ponty, Das Sichtbare und das Unsichtbare (1964), München 1985, 173.

48 Maurice Merleau-Ponty, Das Auge und der Geist, in: Ders., Das Auge und der Geist. Philosophische Essays, Hamburg 2003, 275–317, hier 278.

49 Gottfried Boehm, Die ikonische Figuration, in: Gottfried Boehm u. a. (Hg.), Figur und Figuration. Studien zu Wahrnehmung und Wissen, München 2007, 33–52, hier 51.

Erfahrung und die Ahnung einer Transzendenz zu einem suggestiven Formereignis« zusammenfügen: »Ich weiß nur, daß ich mir selbst nirgendwo sonst so bewußt und zugleich unbewußt begegne wie in der Konfrontation mit einem Kunstwerk, das mir erlaubt, es auszuwählen – offenbar für diesen einen Zweck des Mir-selbst-Gegenüberstehens«, schreibt der Kunstpädagoge Gert Selle.[50] So kann vor dem Verstand und vor den Sinnen ein Kunstwerk erscheinen, dem ich mich anvertrauen kann, in dem, was ich sehe und spüre. »Sinn-Konstrukteur bin ich selbst. Aber den Anlaß habe ich dringend gebraucht.« Dabei gibt es Bilder, die »ich [...] aus guten, wenngleich kaum erklärbaren Gründen, anderen Werken vorgezogen« habe: Ein »Luxus der Bevorzugung, den ich selbstbewußt auch als ein Bevorzugt*werden* von diesem Werk empfand. Da hat sich plötzlich ein Kunstwerk in meine ›Lebenslinie‹ eingeschrieben.«[51]

Im Vertrauen auf diese unverfügbare Möglichkeit kann in Seelsorge und Therapie ein Kunstwerk als ›Drittes‹ ins Gespräch kommen. Der Facharzt für Neurologie und Psychoanalytiker Hartmut Kraft spricht von einer »Dyade zu dritt«.[52] Ein äußeres Bild kann innere Bilder sichtbar werden lassen und die Suche nach eigenen Innen-Bildern initiieren. Bilder vom Leben, von sich selbst, von anderen Menschen, von Gott. Bilder, die noch Gestalt suchen, Bilder im Möglichkeitsraum. Vielleicht auch vergessene Bilder, Bilder, die verschüttet und wie verloren sind. Abwesende Bilder. Ein Bild kann einen Menschen in den Tiefenschichten seines Bewusstseins emotional berühren, zur Metapher werden für Vor- und Unbewusstes.

Darum kann ein Bild ein Kohärenzgefühl und innere Ressourcen wecken. Ein Bild kann zusammenhalten, was zu fragmentieren droht, und helfen, auseinanderfallende Bilder anzusehen und zu einer neuen Gestalt zu integrieren. Ein Bild kann zu einem Containment für abgespaltene Gefühle werden. So kann ein Bild zum anderen des Selbst, jenseits der Sprache zum sprechenden Selbst, zum Begleiter werden. Ein Bild kann zu einer Art »Fremdsprache« werden, die in vergessene, verlorene Landschaften des »Mutterlandes« der Seele führt.[53] Es kann dem, was sich nur schwer sagen lässt, vielleicht sich überhaupt der Wortsprache verweigert, Ausdruck geben und eine ›Sprache‹ leihen, die zugleich schützt.

---

50 GERT SELLE, Betrifft Beuys. Annäherung an Gegenwartskunst, Unna 1994, 17.

51 Ebd., 18.

52 Vgl. HARTMUT KRAFT, Psychoanalyse, Kunst und Kreativität. Die Entwicklung der analytischen Kunstpsychologie seit Freud (1984), Berlin ^{3}2008, 3ff.

53 Vgl. ebd., 6.

Diese Prozesse sind nicht ohne die »Arbeit der Bilder«.[54] Auch das Kunstwerk hat eine Lebensgeschichte. Eine Lebensgeschichte, die nicht aufzulösen ist in der vermeintlichen Intention des Künstlers. Das Bild enthält wie ein ›Container‹ auch Dramen eines Künstlerlebens, Empfindungen, Ungewusstes, ist Arbeit und Ringen um ein Selbst, das es doch zugleich übersteigt.[55] Der Spiegelprozess, den Giacomo Rizzolatti entdeckt hat, kann auch in der Begegnung mit Bildern aktiviert werden.[56]

Den, Künstler wie Betrachter gleichermaßen betreffenden, Prozess der imaginativ-kinetischen Auseinandersetzung bezeichnet Hartmut Kraft als »mehrfache zirkuläre Selbst-Objekt-Passage«.[57] In der Sensibilität, die sich jedem naiven Sensualismus entzieht, sondern die Ambivalenz jeder Wahrnehmung festhält, die nicht mehr zu beruhigen ist in einem »Universalfeld der Sichtbarkeit«, kann sich in der Begegnung mit einem Bild eine Kommunikation ereignen auch in dem und über das, das sich dem deutenden Zugriff entzieht, einem »Unsagbaren im Sagbaren«, einem »Unhörbaren im Hörbaren«, einem »Unberührbaren im Berührbaren«,[58] wie die Psychoanalytikerin Christa Rohde-Dachser im Anschluss an Bernhard Waldenfels formuliert.

In ihrer Arbeit am »Unbewussten im Bild«, so deutet Gisela Greve an, im Zögern, über sich selbst zu schreiben, dann doch »wenigstens einige persönliche Bemerkungen hinzuzufügen«, ist

> »mein Mann nach schwerer Krankheit verstorben. Die Krankheit und die damit verbundene Belastung vor seinem Tod, die Trauer danach, die Notwendigkeit, im hohen Lebensalter mein Leben neu auszurichten, haben gewiss

---

[54] PHILIPP SOLDT/KARIN NITSCHMANN (Hg.), Arbeit der Bilder. Die Präsenz des Bildes im Dialog zwischen Psychoanalyse, Philosophie und Kunstwissenschaft, Gießen 2009.

[55] Vgl. KRAFT, Psychoanalyse, Kunst und Kreativität, 8. Ein Überblick zu Kunst und Psychoanalyse findet sich ebd., 13 ff. In kritischer Fortschreibung des Freud'schen Sublimierungsgedankens und in Wahrnehmung der Form als konstitutiv für den Inhalt spricht Paul Ricœur vom Kunstwerk als »Symptom und Kur zugleich«, in der die Fantasie den Stoff des Lebens aufnimmt und in der ästhetischen Form schöpferisch verwandelt (PAUL RICŒUR, Die Interpretation. Ein Versuch über Freud [1974], Frankfurt am Main [4]1993, 183. Vgl. auch ebd., 186: »Einzig das Kunstwerk gibt den Phantasien des Künstlers eine Gegenwart; und die ihnen so verliehene Realität ist diejenige des Kunstwerks im Innern einer Kulturwelt.«).

[56] Vgl. ebd., 37.

[57] Ebd., 7.

[58] CHRISTA ROHDE-DACHSER, Einleitung zu Kapitel 3, Schwere Persönlichkeitsstörungen in der Außenperspektive: entwicklungspsychologische, soziologische und philosophische Aspekte, in: CHRISTA ROHDE-DACHSER/FRANZ WELLENDORF (Hg.), Inszenierungen des Unmöglichen. Theorie und Therapie schwerer Persönlichkeitsstörungen (2004), Stuttgart [2]2005, 291–296, hier 296.

> – teils bewusst, teils weniger bewusst – auch die Arbeit [...] beeinflusst. Seltsamerweise hatte ich die Maler und auch ihre Bilder schon lange vor seinem Tod ausgewählt, aber es ist doch fesselnd zu sehen, dass einige der behandelten inhaltlichen Fragen Bezüge zum eigenen Leben haben.«

So kann sie

> »sicher sagen, dass die Auseinandersetzung, die Carus gewählt hat, um den Verlust der ihm liebsten Menschen zu verwinden, auch für mich eine Hilfe war. Indem ich darüber nachgedacht habe, dass seine Bilder diese Funktion gehabt haben könnten, habe ich auch selbst Lebensmut zurückgewonnen und Perspektiven gefunden, die über die Bilder von Carus hinausweisen. Weil ich darüber nachdenken konnte, dass Heckels Bilder depressive Momente seines Lebens und seiner Person widerspiegeln, habe ich auch über eigene Trauerreaktionen nachdenken können.«[59]

Dabei kann das Übertragungs- und Gegenübertragungsgeschehen nicht als psychische Erklärung und auf die Vergangenheit bezogene Aufarbeitung reduziert werden. In der Begegnung mit einem Bild ereignet sich etwas Neues, nicht Ableitbares, das nicht übertragbar und also anwendbar ist, sondern das sich in einem unverfügbaren Raum eines ›Dritten‹ vollzieht, in dem nicht nur die Kunst das Leben, sondern die Lebenslektüre der Kunst auch die Kunst bereichern kann.[60]

So kann auch die Begegnung mit einem nicht explizit religiösen Bild in eine »anschauende Andacht«[61] münden. Mark Rothko hat vorgeschlagen, »überall im Lande« Orte einzurichten, »ähnlich wie kleine Kapellen, in denen ein Reisender oder Wanderer eine Zeitlang über ein einziges in einem kleinen Raum hängendes Bild meditieren könnte«.[62]

Die Empfindungen und Erfahrungen des Gegenübers nicht durch die Wortsprache zu verlieren, nicht durch Worte jene Erfahrung ›auszuloten‹, kann heute die protestantische Haltung bedeuten, die »den Menschen Gott direkt gegenüber« achtet »und sich davor hütet, dazwischenzutreten, sich

---

[59] GIESELA GREVE, Das Unbewusste im Bild. Psychoanalytische Kunstbetrachtungen, Göttingen 2015, 14 f.

[60] Vgl. GREVE, Das Unbewusste, 15; vgl. KLAUS EVERTZ/LUDWIG JANUS (Hg.), Kunstanalyse. Ästhetische Erfahrung und frühe Lebenszeit, Heidelberg 2002, 50.

[61] MICHAEL BOCKEMÜHL, Die Wirklichkeit des Bildes. Bildrezeption als Bildproduktion. Rothko, Newman, Rembrandt, Raphael, Stuttgart 1985, 169. Vgl. hierzu auch KLAUS SACHS-HOMBACH, Mystik und Religion im Medium des Bildes, in: THOMAS ERNE/PETER SCHÜTZ (Hg.), Der religiöse Charme der Kunst, Paderborn 2012, 69–86.

[62] MARK ROTHKO, zit. in: HUBERTUS GASSNER u. a. (Hg.), Mark Rothko. Retrospektive, München 2008, 22.

einzumischen«.[63] Im Verhältnis von ästhetischer und religiöser Erfahrung ist die Grenze je neu zu achten und sich dessen bewusst zu bleiben, dass jeder Versuch einer Deutung, die über die ästhetische Erfahrung hinausgeht, der ästhetischen Erfahrung äußerlich bleibt.[64]

Der 1995 im Alter von nur 39 Jahren verstorbene Theologe und Künstler Thomas Lehnerer hat angesichts seines bevorstehenden Todes vom »Glück« eines »ästhetischen Bewußtseins« gesprochen, das »selbst eine eigene Art von religiöser Perspektive«[65] gebe. Ein Gedanke, der, wenn auch »noch nicht bis ins letzte ausgedacht«, so doch in innerer Verbindung zu seinen früheren Studien zu Schleiermachers Ästhetik formuliert und zugleich auf den Spuren seines künstlerischen Denkens und Bildens weitergeführt ist: Der dem Künstlertum aller Menschen implizite Gedanke Schleiermachers, »daß auch der Betrachter, auch der Mensch, der nicht unmittelbar künstlerisch produktiv ist, [...] sich in gewisser Weise wie ein Künstler verhält, künstlerisch arbeitet, wenn er ästhetisch empfindet«, erfährt ein »noch Unausgedachtes« ins noch gegen den Tod widerständig Lebendige: Als Künstler einzig auf den Spuren der Frage, wie Lebendiges entsteht und ob »ein Werk in die Welt entlassen [wird], das lebt«, das also für uns, »die wir es sehen, ›nie am Ende ist‹«,[66] hat er sich dem freien Spiel der Kräfte überlassen, in dem Figuren entstanden, die es nur einmal gibt. Seine kleinen, nur mit der Hand geformten Figuren tragen die Spuren ihres Entstehungsprozesses auf ihrer Oberfläche, als fühlten sie noch den Moment des »Abdruck[s] seiner bildenden Hand«.

Sie mögen wie eine »vorläufige Form« und »noch nicht zur Vollendung gebracht«[67] erscheinen, aber den Blick nach innen und zugleich nach außen

---

63 Rémy Zaugg, in: Selle, Betrifft Beuys, 22.

64 »Ist ästhetische Erfahrung«, so Wilhelm Gräb, als immanente Glückserfahrung »die Wirkung im Subjekt, die durch sie ausgelöst wird, so macht die Religion eben diesen Sachverhalt ausdrücklich. [...] Die ästhetische Erfahrung wird zur religiösen Erfahrung, wo das freie Spiel, zu dem sie verlockt, in dem unbedingten Grunde thematisch wird, der es frei sein lässt« (Wilhelm Gräb, Lebensgeschichten, Lebensentwürfe, Sinndeutungen. Eine praktische Theologie gelebter Religion, Gütersloh 1998, 118).

65 Petra Giloy-Hirtz (Hg.), Thomas Lehnerer, Lesebuch, Ostfildern-Ruit 1996, 46. »Glück ist keine glatte Harmonie. Vielmehr zeichnet sich der Zustand des Glücks durch tiefe Brüche, Kanten und Störungen aus – aber alles spielt im Glück so zusammen, daß es im Ganzen zufrieden stimmt [...]. Glücklichsein ist eine heitere Bewegung aller Gedanken und Eindrücke, die in der Ruhe des Sehens entsteht« (Lehnerer, Lesebuch, 65).

66 Thomas Lehnerer, Die Methode der Kunst, Würzburg 1994, 151. Im Horizont seiner Kunsttheorie als freies kommunikatives Spiel hat Lehnerer von Schönheit als Glücksfall gesprochen, aber nicht nur für den Künstler, sondern auch für den, dem die Kunst begegnet (ebd., 76).

67 Vgl. das Gedicht, das Wilhelm Gräb zu einer Figur Lehnerers geschrieben hat,

gerichtet, »versunken und dennoch erwartungsvoll«, »wussten« sie längst, was der Künstler ihnen mit Worten erst nachsprach: dass das ästhetische Empfinden ein »Zustand absoluter Geistesgegenwart« ist, »ein Zustand auch absoluter Gelassenheit, [...] im Grunde ein Zustand, in dem alles Leid und alle Angst und Furcht, wenn man es radikal sieht, überwunden ist«.[68] »[D]ie Erlösung ist unmittelbar, real da, indem man sich genau in diesen Zustand begibt.«[69]

Im Ausstellungskatalog *Geistesgegenwart* ist zu Lehnerers Figur *Stehender Lazarus*, die 1995, kurz vor seinem Tod, entstanden ist, zu lesen:

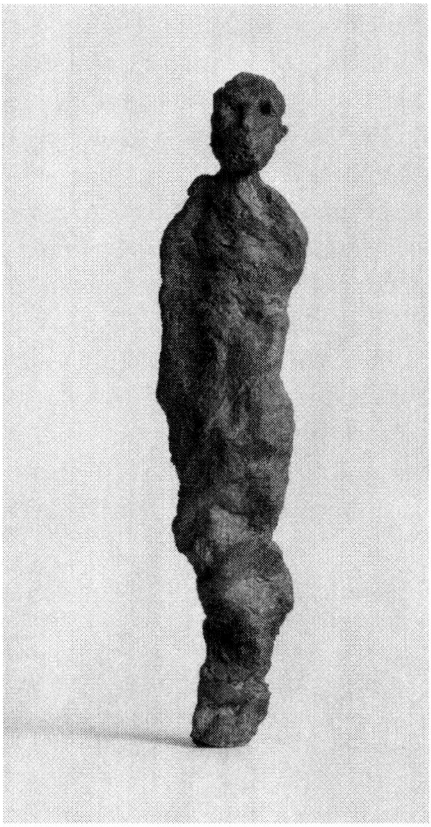

»Als aber der Arme starb, wurde er von den Engeln in Abrahams Schoß getragen (Lk 16,22). Lazarus ruhend in Abrahams Schoß, in jenem Bildmotiv ist seit dem 11. Jahrhundert das Paradies verkörpert, Inbegriff der Glückseligkeit. Lazarus ist ganz in die Ruhe des Glücks eingegangen. Und wir, die wir davor stehen? Glück zu empfinden, bedarf es – so Thomas Lehnerer – ›Geistesgegenwart‹. Das meint nicht allein Intelligenz und Wachheit, das setzt voraus, daß Geist gegenwärtig ist.«[70]

Thomas Lehnerer, Stehender Lazarus[71]

in: KARL-CHRISTOPH EPTING/PAUL GRÄB (Hg.), Gerechtigkeit, Frieden, Bewahrung der Schöpfung, Karlsruhe 1990, 162.

68 LEHNERER, Lesebuch, 46.

69 Ebd., 46 f.

70 Ebd.

71 THOMAS LEHNERER, Stehender Lazarus, 1993, Bronze, Abbildung in: Öffentliche Kunstsammlung Basel/Museum für Gegenwartskunst, JOHANNES STÜCKELBERGER (Hg.), Thomas Lehnerer, Homo pauper, Stuttgart 1993, 21.

3.2 »WISSEN IN BEWEGUNG« – GLAUBE ALS TANZ[72]

Der Tanz ist ein »anderes« Wissen, ein Wissen allein am »Schauplatz« des sich bewegenden Körpers.[73] Es ist

> »besonders der Tanz in seiner vergänglichen Raum-Zeit-Gestalt, der uns darauf aufmerksam macht, dass das traditionelle Bild vom Gedächtnis der Kultur statisch, architektonisch, quantitativ und enzyklopädisch angelegt ist; das Performative, die *Bewegung* einer jeden Gedächtnis-Praxis, wird dabei häufig gekappt. Tanz hingegen, gerade sein *Fehlen* in den Archiven der Kunst und Kultur, macht sichtbar, dass auch das vermeintlich statische, enzyklopädisch in Ordnungen des Wissens standardisierte Gedächtnis der Kultur dynamisch ist: kontingent und in unüberschaubarer Bewegung.«[74]

Das gilt auch für die Gedächtnis-Praxis der Religion.

»Ich bin Christ und Tänzer«, sagt John Neumeier, der seit langem in Hamburg arbeitende Tänzer, Ballettdirektor und Chefchoreograph des Hamburg Ballett.[75] Seine 1981 zuerst choreographierte und seitdem vielfach aufgeführte Matthäus-Passion Johann Sebastian Bachs zeigt Glaube als Tanz.[76] Der »kultische Kern«, der nach Neumeier im Tanz überlebt hat, ist »ganz konkret, ganz körperlich« zu erfahren und tritt gerade darin, in diesen Bewegungen, gleichzeitig aus Zeit und Geschichte heraus. Kein Glaube und Tanz, sondern Glaube *als* Tanz. Der tänzerische Gestus ist nicht ein bloßes Instrument, dessen sich der Kultus bedient,[77] um sich auszudrücken, sondern *in* der individuellen Geste des Tänzers, im Einsatz seiner Kreativität, seiner Präsenz, aus dem Reichtum der symbolischen Gesten der Tänzer und Tänzerinnen kann

---

[72] WULF/FISCHER-LICHTE, Gesten, 15. Zum Folgenden vgl. meinen Aufsatz: Individualität und Expression im Tanz, in: WILHELM GRÄB/LARS CHARBONNIER (Hg.), Wer lebt mich? Die Praxis der Individualität zwischen Fremd- und Selbstbestimmung, Berlin 2015, 200–269.

[73] Vgl. GABRIELE BRANDSTETTER, Tanz als Wissenskultur. Körpergedächtnis und wissenstheoretische Herausforderung, in: SABINE GEHM u. a. (Hg.), Wissen in Bewegung. Perspektiven der künstlerischen und wissenschaftlichen Forschung im Tanz, Bielefeld 2007, 37–48, hier 40.

[74] Ebd., 39 f.

[75] JOHN NEUMEIER, Ich bin Christ und Tänzer, in: www.hamburgballett.de/d/rep/passion.htm (Stand: 9.7.2015), 1.

[76] In dem ›als‹ liegt jene von Bernhard Waldenfels im Anschluss an Imdahl so genannte »signifikante Differenz, die das, was eine Erfahrung genannt werden kann, charakterisiert«. (BERNHARD WALDENFELS, Spiegel, Spur und Blick. Zur Genese des Bildes, in: GOTTFRIED BOEHM [Hg.], Homo pictor, München 2001, 14–31, hier 15).

[77] Vgl. NEUMEIER, Christ und Tänzer, 2.

der Kultus, kann eine Liturgie sich ereignen und »eine verschollene Sprache«[78] wiedergefunden werden.

Der Sinn des Tanzes ist individuell leiblich und gemeinschaftlich zugleich. Das bedeutet die Verabschiedung von Soli oder Duos mit sekundären Figuren oder Unisono-Figuren, die es den Zuschauenden leicht machen, einem Tänzer auf der Bühne zu folgen, weil die Aussage eindeutig ist. Die Tanzenden zelebrieren vielmehr, was sie bewegt, und darum hat jede ihrer Bewegungen eine ›un-endliche‹ Vielfalt. So werden ganz verschiedene Interpretationen in einem Bild gleichzeitig sichtbar und erfahrbar, auch für die Zuschauenden. Denn durch das beteiligte, investierende, sehende Sehen von Bewegungen werden dieselben Hirnareale beansprucht wie in der Bewegung selbst.[79] So ist der Erfahrungsraum dieses »anderen« Wissens ein vielfacher, da sich »die tänzerische Szenographie mit dem Aufmerksamkeitshorizont des Zuschauers [...] überlagert«.[80] Die Gabe des Tanzes ist ein reziprokes Geschehen.[81]

»Das Wunder der Kunst ist, dass sie im Inneren entsteht«, sagt Neumeier.[82] Ein »Innen«, das sich erst »zeigt«, nach Neumeier in der Arbeit, die Antworten liefert, auf die man nicht gefasst war, denen man sich öffnen muss, ich denke auch theologisch. Es sind Momente, die man tanztheoretisch im Horizont einer Still-Motion beschreiben könnte.

---

78 Ebd., 3.

79 Vgl. Brandstetter, Tanz als Wissenskultur, 44.

80 Ebd., 40.

81 Ebd., 44. Der von Brandstetter hier eingebrachte Begriff der Gabe verlangt eine genauere Diskussion im Horizont der französischen Gabe-Diskussion, die hier nicht zu leisten ist. Nur dies: Im Anschluss an Überlegungen von Joachim Küchenhoff scheint mir der Bezug auf Derrida naheliegend (vgl. Jacques Derrida (1993), Falschgeld. Zeit geben I, München 1993). Die Kriterien der Gabe sensu Derrida sind: Sie ist reziprok, sie zeitigt unkalkulierbare Effekte, und sie ist nur im Nachhinein als Intention zu beschreiben. Sie ist wesentlich durch eine »Zone der Unbestimmtheit« charakterisiert, die nicht nur den Empfangenden, sondern auch den Gebenden einbezieht. Auch der Gebende konstituiert sich erst »durch die Nachträglichkeit, in der er auf die Gabe rekurrieren kann.« (Zu diesem Konzept der Gabe im Vergleich zu der Konzeption von Marcel Mauss vgl. Joachim Küchenhoff, Das psychoanalytische Gespräch als Austausch von Worten oder als Gabe, in: Emil Angehrn/Joachim Küchenhoff, Macht und Ohnmacht der Sprache. Philosophische und psychoanalytische Perspektiven, 114–136, hier 126f.). Von hierher wäre zu fragen, ob das Gespräch nicht implizit auch im Horizont des anderen Wissens erst zu verstehen wäre, womit der Tanz nicht nur ein anderes Medium, sondern zugleich eine Metapher wäre. Zu diesen hier nur angedeuteten Überlegungen vgl. auch Miriam Fischer, Denken in Körpern. Grundlegung einer Philosophie des Tanzes, Freiburg 2010.

82 John Neumeier, Nijinsky, Eine Faszination und ihre Facetten, www.hamburgballett.de/d/nijiinsky-jn.htm, 2, 141024.

Da ist die Szene, an der der Tanz abbricht, es ist an der Stelle des Rezitativs Nr. 30, jenes Gesangs der Anfechtung:

> »Evangelist. Und er kam zu seinen Jüngern, und fand sie schlafend, und sprach zu ihnen: ›Könnet ihr denn nicht eine Stunde mit mir wachen? Wachet und betet, daß ihr nicht in Anfechtung fallet.‹ [...] Zum andern Mal ging er hin, betete und sprach: ›Mein Vater, ist's möglich, daß dieser Kelch von mir gehe, ich trinke ihn denn; so geschehe dein Wille.‹«[83]

An dieser Stelle werden Max Midinet, der Tänzer des Christus, und seine Rolle eins: Hier ist nicht nur die Angst und Einsamkeit des Menschen Jesus angesichts dessen, was ihm aufgetragen ist, sichtbar. Nicht nur die drei Apostel sind eingeschlafen, sondern das ganze Ensemble, es ist dieser Moment der Verlassenheit, der die Grenzen verschwimmen lässt.

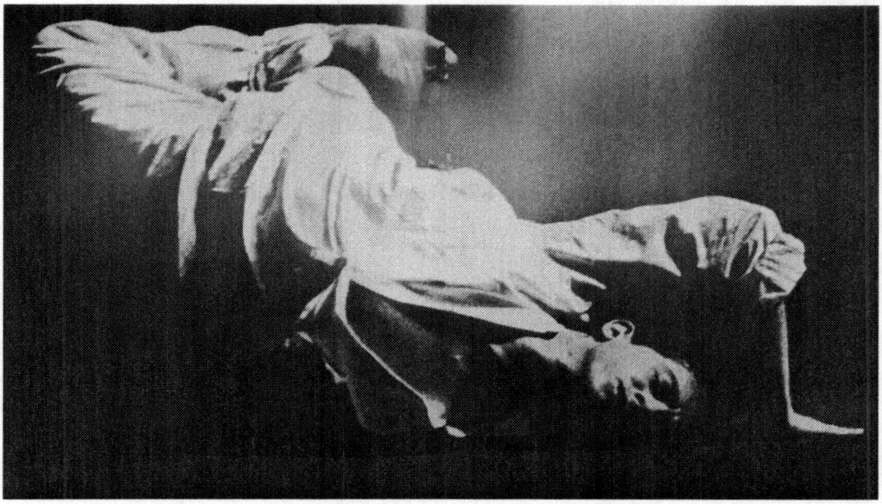

Szenenfoto Matthäus-Passion. »Mein Vater, ist's möglich, [...]« Max Midinet[84]

In diesem Moment ist nicht mehr auszumachen: Ist er Christus, der von den Menschen verlassen wurde oder Max Midinet, der von den anderen Tänzern verlassen wurde, oder ist er beides, er selbst und seine Rolle?[85] Max Midinet geht langsam von einem Tänzer zum anderen; keiner reagiert.

---

[83] Nr. 30 Rezitativ, zit. in: John Neumeier, Johann Sebastian Bach. Matthäus-Passion. Photographien und Texte zum Ballett von Neumeier. Ein Arbeitsbuch, Hamburg 1983, 64.

[84] Abbildung 3: Szenenfoto Matthäus-Passion Nr. 27. »Mein Vater, ist's möglich, [...]« Max Midinet, in: Neumeier, Matthäus-Passion, 186f.

[85] Vgl. John Neumeier, Nachruf Max Midinet, www.hamburgballett.de/d/max.htm, 130622.

In diesem Moment der absoluten Einsamkeit gibt es keine Tanzbewegung mehr.[86] In diesem Moment findet ein Unendliches der menschlichen Verlassenheit Ausdruck. Die »Kunst des Verstehens«, von der Timm schreibt, wird im Tanz individuell und subjektiv, am Ort der körperlichen Empfindung hervorgebracht, was nicht heißt, allein durch das Subjekt konstituiert. Das tanzende Subjekt arbeitet sich mit seinen Fragen an der Musik ab. Es kommt aber dadurch auch anders auf sich selbst und auf den Gehalt der Musik zurück. Es wird ein *Andere*s, nicht als Resultat persönlicher Entscheidung, sondern durch den Prozess des Tanzens und des Verstehens dessen, was im Tanz geschehen ist und geschieht, hervorgebracht. Eine Musik wie die Matthäus-Passion zum Ausdruck zu bringen, heißt nicht allein, die Sinnintention ihres Komponisten zu erfassen, es heißt auch nicht nur, diese immanent aus dem Werk zu erheben.[87] Szenische Bilder einer Musik zu sehen und zu tanzen, heißt, sich in der physischen Präsenz *mit* den eigenen Lebens- und Sinnfragen in der symbolischen Welt und der körperlichen Erfahrung neu zu verstehen, die die Musik aufbaut. Dann erst habe ich verstanden. Dann erst habe ich die Musik gehört. Dann erst ist zur »Kunst des Verstehens« vom »poetischen Geist die Kraft des Bedeutens« hinzugekommen.

Das gilt nicht nur für die Musik Bachs und die Matthäus-Passion. Neumeiers »choreografische Meditationen« zu Mozarts Requiem in der Staatsoper Hamburg könnten auch den Titel tragen »unterwegs zwischen Leben und Tod«.[88]

Tänzer und Tänzerinnen kommen in den Raum, einzeln, jeder und jede auf eine andere Art, in Gedanken versunken, teilweise mit einem Gepäck, einem Kleidungsstück oder einem anderen Gegenstand. Frauen, Männer, Einzelne, isoliert. Im Bühnenraum steht eine lange Bankreihe, auf der ein Mensch liegt: Schläft er, ist sie betrunken? Tot? Die Tänzer und Tänzerinnen suchen sich einen Platz, irgendwo in Beziehung zu dem Menschen auf der Bank. Dann hört man Choralmusik, gestisch gestaltet von einer Gruppe weiß gekleideter Tänzer, die im Ritual dieser Musik aufgehoben sind.

---

86 Vgl. JOHN NEUMEIER, Johann Sebastian Bach. Matthäus-Passion. Photographien und Texte zum Ballett von Neumeier. Ein Arbeitsbuch, Hamburg 1983, 68.

87 »Die Subjektivität des [...] Interpreten«, der Tänzer und Tänzerinnen, »ihr Sich-immer-schon-in-der-Welt-Verstehen«, ihr inneres Wissen, das sie im Tanz erfahren und ausdrücken, ist gefordert, um von daher die existenziellen Fragen zu verstehen, auf die das Werk Antwort sein könnte« (WILHELM GRÄB, Sinn fürs Unendliche. Religion in der Mediengesellschaft, Gütersloh 2002, 297).

88 JOHN NEUMEIER, Requiem, in: WOLFGANG WILLASCHEK (Hg.), Zwanzig Jahre John Neumeier und das Hamburg Ballett 1973–1993. Aspekte. Themen. Variationen. Das zweite Jahrzehnt, Hamburg 1993, 217–221, hier 217.

Szenenfoto Requiem, Gregorianik – ruhige archaische Gesten, Janus Mazoń, Ballettensemble[89]

Wenn auch die Bewegung nicht denkbar wäre ohne die Konzentration jedes Einzelnen, so scheint doch keiner mehr als ein Teil in dieser für sie »höheren« Ordnung sein zu wollen.[90] Die einzelnen anderen bleiben in ihrer Haltung erstarrt. Sie erwachen erst, als Mozarts Requiem ertönt: In diesem Moment, so Neumeier, »denken für mich alle schlagartig dasselbe: Das ist der Tod, ›sein Tod‹, ›mein Tod‹.«[91]

Eine Frau löst sich, beginnt, auf die Musik zu reagieren. Wie mit »zerrissenen« Bewegungen macht sie »einen Anfang«, wagt, »sich zu ›ihrer‹ Geschichte zu bekennen«[92] und die Verbindung zwischen den Einzelnen und der in Bewegungsmeditationen versunkenen Gruppe der Choraltänzer zu knüpfen.

---

[89] Szenenfoto Requiem, Gregorianik – ruhige archaische Gesten, Janus Mazoń, Ballettensemble, in: John Neumeier, In Bewegung, München 2008, 328.

[90] Vgl. Wolfgang Willaschek, Zur Choreographie von ›Requiem‹, in: Ders. (Hg.), Zwanzig Jahre, 209–212, hier 209.

[91] Neumeier, Requiem, ebd., 221.

[92] Willaschek, Choreographie, ebd., 210.

Szenenfoto Requiem, Jean-Jacques Defago, Anna Grabka[93]

Was hier anfängt, setzt sich in immer neuen Hör-Bildern fort: So löst sich beim *Tuba mirum* ein Mensch von der Bank, um sich aufzurichten und nach einem anderen zu suchen. Menschen wie an einer Klagemauer formieren sich zu einer Trauergemeinde, um den verlorenen, toten Einzelnen in den Schutz ihrer Bewegung mit hineinzunehmen.

»[P]arallel zu den von Mozart komponierten leisen Momenten völliger Selbstaufgabe (›Salva me‹ etc. [...])« entfalten sich Bewegungen »vorsichtiger Annäherung [...]: Erstmals nimmt man einen anderen Menschen in den Arm, nimmt dessen Körper wahr, erfährt seine Nähe als Schutzschild. [...] Die Liebe und das Gefühl, nah beieinander sein zu wollen, werden zu einer Kraft gegen Verzweiflung und Tod.«[94]

---

93 Szenenfoto Requiem, Jean-Jacques Defago, Anna Grabka, in: NEUMEIER, In Bewegung, 329.

94 WILLASCHEK, Choreographie, in: WILLASCHEK (Hg.), Zwanzig Jahre Neumeier, 212.

Szenenfoto Requiem, ›Benedictus‹, Anders Hellström, Stefanie Arndt, Solisten des Ballettensembles[95]

Mozarts Requiem als »eine musikalische Antwort auf den [...] existentiellen Zustand des Menschen«, die »in diesem Eingeständnis der menschlichen Haltlosigkeit von faszinierender, atemberaubender Aktualität« ist,[96] stellt Tänzer und Tänzerinnen und Zuhörerinnen und Zuhörer in einen Spannungsraum, in dem jeder und jede selbst zu antworten herausgefordert ist. Denn es kann nur dem individuellen Empfinden jedes und jeder Einzelnen »überlassen bleiben«, wie weit er, wie weit sie in der Musik die eigene Gegenwart hört, die eigenen Bewegungen spiegeln kann und durch diese zur Erfahrung der eigenen Existenz findet. Das schließt das Risiko ein, »diese Geschichte wieder zu verlieren, die Intensität der Bewegung nicht festhalten zu können«.[97]

»Ich würde nur an einen Gott glauben«, hat Nietzsche geschrieben, »der zu tanzen verstünde«,[98] denn »[u]nverwundbar bin ich allein an meiner

95 Szenenfoto Requiem, ›Benedictus‹, Anders Hellström, Stefanie Arndt, Solisten des Ballettensembles, in: WILLASCHEK (Hg.), Zwanzig Jahre Neumeier, 220.

96 Ebd., 210.

97 Ebd., 211.

98 FRIEDRICH NIETZSCHE, Also sprach Zarathustra, Kritische Studienausgabe, hg. von GIORGIO COLLI und MAZZINO MONTINARI, Neuausgabe 1999, Bd. 4, 49; vgl. RENATE RESCHKE, Ein Gott, der zu tanzen verstünde. Eine Skizze zur Ästhetik des Dionysischen im Zarathustra, in: GERHARDT (Hg.), Zarathustra, 257–284, hier 258.

Ferse«.[99] Das kann nur einer sagen, der sich »zu wissen traut«, der »die stillste Stunde kennt«,[100] dem vielleicht »nicht nur eine Sonne untergegangen« ist – und der dennoch bejaht.[101]

In der *Matthäus-Passion* gibt es die leitmotivische Geste suchender und bittender Hände. Einer der Tänzer versucht, wie Neumeier notiert, all diese »suchenden und bittenden Hände in seiner Hand aufzunehmen und zu tragen, ganz vorsichtig, als würde er die zerbrechlichen Seelen all der Menschen halten«.[102] Eine leibliche Geste in Geistes Gegenwart. Eine Geste, die zugleich die Religionen und Kulturen zu verbinden vermag: nicht in einer Antwort, sondern im Gebet und in der Suche. Eine Geste in der Aura »neuschöpferischen Ansinnens«, die auch im Nachdenken über die religiöse Grundierung der Lebenswelt leitmotivisch werden kann.

Szenenfoto Matthäus-Passion, Ronald Darden[103]

[99] NIETZSCHE, Zarathustra, 145; vgl. RESCHKE, Ein Gott, der zu tanzen verstünde, in: GERHARDT (Hg.), Zarathustra, 273.

[100] JÖRG SALAQUARDA, Die Grundconception des Zarathustra, in: GERHARDT (Hg.), Zarathustra, 69–91, hier 78.

[101] Vgl. ebd., 82. 83f.

[102] Vgl. NEUMEIER, Matthäus-Passion, 146.

[103] Szenenfoto Matthäus-Passion, Ronald Darden, ebd.

Anthropologie des Alten Testaments

Eine theologische Grundlegung

Ernst-Joachim Waschke

1. Problemstellung

1.1 Vorbemerkung

Texte bilden die Grundlage einer theologischen Anthropologie des Alten Testaments. Diese auf den ersten Blick banale Einsicht ist deshalb anzumerken, weil damit zugleich die Probleme dieses Themas angezeigt sind.

Die Schriften des Alten Testaments sind zum einen historische Textzeugnisse der Antike. Zum anderen sind diese Schriften in dem Prozess ihrer Kanonisierung zu »heiligen Schriften« geworden, die im Judentum wie im Christentum normative Geltung erlangt haben.

Dieses grundsätzlich zweiseitige Textverständnis, historisch *versus* normativ, hat natürlich auch Auswirkungen auf den Gegenstand selbst.

Die alttestamentlichen Texte sind von Menschen verfasst. Sie beschreiben Menschen in ganz unterschiedlichen Zusammenhängen, bieten Selbstzeugnisse, mitunter auch Selbstreflexionen. Aber so wenig wie sich im Alten Testament eine einheitliche Gottesvorstellung herausgebildet hat, so wenig bietet es uns eine gleichbleibende Vorstellung vom Menschen, von einer Lehre ganz zu schweigen. Jeder Versuch, auf Grundlage der alttestamentlichen Texte eine Anthropologie zu erheben, steht schon aufgrund der historischen Bedingtheit der Texte vor einer Vielfalt von Anschauungen, die ohne eine Systematisierung von außen gar nicht in den Griff zu bekommen ist.

Das Problem der Vielfalt und Widersprüchlichkeit wird durchaus nicht einfacher, sondern verschärft sich noch, wenn man es hinsichtlich der normativen Seite der alttestamentlichen Texte in den Blick nimmt. Schon anhand ihrer Wirkungsgeschichte und ihrer unterschiedlichen Auslegung im Judentum und Christentum ließe sich dies leicht zeigen. Trotz teilweise gleicher Textbasis haben sich ganz unterschiedliche Vorstellungen vom Menschen herausgebildet, die dann auch noch in den unterschiedlichen Epochen und den verschiedenen religiösen Strömungen bzw. Konfessionen variieren. Auch hier stehen wir wieder vor einer Vielfalt von Anschauungen, die ohne eine Systematisierung von außen gar nicht zu bewältigen ist.

Die Frage, die sich daraus im Blick auf eine Anthropologie des Alten Testaments heute stellt, könnte im Anschluss an Jürgen van Oorschot und im Rückgriff auf Christian Frevel wie folgt formuliert werden: Wie verhält sich »›die historisch kontingente Selbstauslegung des Menschen in Israel, Palästina, der südlichen Levante‹ zu einer theologischen Anthropologie«?[1] Wie van Oorschot zu Recht betont, ist mit dieser Frage nichts weniger aufgerufen als allgemein die Frage nach dem Verhältnis von Geschichte und Theologie und hier konkret die Frage nach dem Verhältnis von historischer und theologischer Anthropologie.[2]

Die in diesem Verhältnis enthaltene Spannung ist aber nicht einfach nur auszuhalten, sondern zuallererst ernst zu nehmen. Ob sie sich überbrücken und damit fruchtbar machen lässt, diese Frage steht dann auf einem ganz anderen Papier.

1.2 Historische versus theologische Anthropologie

Die historische Anthropologie ist zunächst einzig und allein Aufgabe der alttestamentlichen Wissenschaft. Wenn diese sich für ihr Unternehmen Partner aus anderen historisch forschenden Fächern sucht, dann ist das gut und richtig. Die Frage nach dem Menschen gewinnt so nicht nur an Weite, sondern auch an Tiefe und Differenz. Die daraus gewonnenen Ergebnisse allerdings gehören, um mit Schleiermacher zu sprechen, zum »historischen Bildungsgut des Theologen«.[3] Sie besitzen weder an sich noch weil sie im Kontext des Alten Testaments formuliert worden sind theologische Relevanz für Theologie und Kirche.

Die Gefahr des Mangels an hermeneutischer Reflexion lässt sich beispielhaft an der umstrittenen »Orientierungshilfe« der EKD zur »Familie«[4] verdeutlichen. Angesichts neuer Lebenskonzeptionen und unterschiedlicher

---

1 Jürgen van Oorschot, Zur Grundlegung alttestamentlicher Anthropologie, in: Ders./Markus Iff (Hg.), Der Mensch als Thema theologischer Anthropologie, BThSt 111, Neukirchen-Vluyn 2010, 1–41, 38f., mit Verweis auf Christian Frevel, Die Frage nach dem Menschen. Biblische Anthropologie als wissenschaftliche Aufgabe – Eine Standortbestimmung, in: Ders. (Hg.), Biblische Anthropologie. Neue Einsichten aus dem Alten Testament, QD 237, Freiburg u. a. 2010, 29–63, 53.

2 Jürgen van Oorschot, ebd.

3 Vgl. die Ausführungen zur »exegetischen Theologie« in: Kurze Darstellung des theologischen Studiums zum Behuf einleitender Vorlesungen (1830) = F. D. E. Schleiermacher, Theologische Schriften (hg. von Kurt Nowak), Berlin 1983, 296–305.

4 Zwischen Autonomie und Angewiesenheit. Familie als verlässliche Gemeinschaft stärken. Eine Orientierungshilfe des Rates der Evangelischen Kirche in Deutschland, Gütersloh 2013.

Partnerbeziehungen, einschließlich der damit vorgegebenen Rechtsnormen, versucht die evangelische Kirche in diesem Papier Position zu beziehen. Zur Legitimierung verschiedener Partnerschaftsformen werden zwei Stellen des Alten Testaments mehrfach prominent herausgehoben und dienen in der theologischen Begründung[5] als alttestamentliche Schlüsseltexte: Da ist als Erstes die Aussage von der »Gottebenbildlichkeit« des Menschen (Gen 1,26) und als Zweites die Aussage, dass »es nicht gut ist, dass der Mensch allein sei« (Gen 2,18). Die erste Stelle dient der Begründung, dass jeder Mensch, unabhängig seines Geschlechts, seiner Abstammung, seiner Religion, seiner sozialen Stellung und seiner sexuellen Orientierung schon von der Schöpfung her die gleiche Würde besitzt. Die zweite Stelle dient zur biblischen Begründung dafür, dass der Mensch von Anfang an auf Gemeinschaft angelegt und angewiesen ist. Während der universalen und allgemeinen Gültigkeit der ersten Stelle kaum etwas im Wege steht, ausgenommen es fehlt der Glaube an den Schöpfer, hat die zweite Stelle den Makel, dass hier *expressis verbis* von der Gemeinschaft von Mann und Frau die Rede und dieser Text auch noch zu einem Basistext der christlichen Trauagende geworden ist. Um also auch diese Aussage auf jede Gemeinschaftsform beziehen zu können, muss der Kontext der Stelle ausgeblendet bzw. dekonstruiert werden. Dies geschieht einerseits mit dem Hinweis auf die historische Bedingtheit des Textes mit seiner heute nicht mehr gültigen patriarchalischen Weltsicht sowie andererseits mit dem Verweis auf Luther, der die Ehe eben nicht mehr als »Sakrament«, sondern als ein »weltliches Geschäft« verstanden hat. Wenn man aber schon, wie in der Einleitung formuliert, weiß, dass »ein normatives Verständnis der Ehe als ›göttliche Stiftung‹ und eine Herleitung der traditionellen Geschlechterrollen aus der Schöpfungsordnung [...] nicht der Breite des biblischen Zeugnisses (entspricht)«,[6] warum wird dann nicht diese dargestellt, sondern werden Sätze aus dem Zusammenhang gerissen? Dass der Mensch ein Gemeinschaftswesen ist, ist ja nun keineswegs eine genuin biblische Einsicht. So lehrten es schon Aristoteles wie auch die Verhaltensforschung, die Psychologie und Biologie.

Die Spannung zwischen historischem Befund und theologischer Wertung wird dann nicht nur nicht reflektiert, sondern einfach ausgeblendet. Beispielhaft zeigt dies Jürgen Ebach in seinen »Alttestamentliche(n) Notizen« zu dieser »Orientierungshilfe«, wenn er fordert, dass die Aufgabe der Exegese heute darin bestehen sollte, dem traditionellen kirchlichen Familienbild »die

[5] Zwischen Autonomie und Angewiesenheit, a. a. O., vgl. besonders 54–71.

[6] Ebd., 54.

theologische Legitimierung zu entziehen«.[7] Das heutige kirchliche Verständnis von Ehe und Familie, so seine Überzeugung, gehe nämlich »nicht auf die Bibel zurück, sondern auf das Bürgertum des 18. und des 19. Jahrhunderts«.[8] Demgegenüber sei seitens des Alten Testaments daran zu erinnern, »dass es da [im AT] für viele scheinbar heute neue Familien- und Lebensformen Vor-Bilder gibt«. Im Einzelnen werden dann aufgeführt:

> »Da haben Menschen mehr als eine Mutter wie etwa Mose mit seiner leiblichen Mutter und der ägyptischen Prinzessin als Adoptivmutter. Da gibt es die als eine Art ›Leihmutter‹ fungierenden Sklavinnen Saras und dann Rahels und Leas, die die Jakobfamilie als Patchworkfamilie erkennen lassen; da gibt es im Zusammenhang der Schwagerpflicht auch ›Samenspender‹.«[9]

Welche theologische Orientierung sollen solcherart historisch bedingte »Vor-Bilder« denn heute bieten? Wenn ein Kind in einer Patchworkfamilie lebt und unter der Trennung eines leiblichen Elternteils leidet: »Hab dich nicht so, dem Ismael ging es auch nicht besser als dir«? Sollten Kirche und Theologie in der Diskussion um Samenbanken, um künstliche Befruchtung und Leihmutterschaft jetzt etwa auf das Leviratsgesetz des Alten Testaments verweisen? Das hat aus meiner Sicht mit einer wissenschaftlichen Exegese nichts zu tun, sondern widerspricht dem, was Jürgen Ebach in seinen Notizen methodisch selbst für die Auslegung fordert. Für die Frage, welche Aussagen der Bibel heute noch Geltung beanspruchen können, formuliert er völlig richtig: »Das Kriterium sollte jedenfalls nicht das weithin übliche sein, nämlich aus der Bibel das gelten zu lassen, was man auch ohne sie für richtig hält.«[10]

Doch zurück zur Frage nach einer theologischen Anthropologie des Alten Testaments. Diese Aufgabe ist selbstverständlich auch von der alttestamentlichen Wissenschaft zu leisten, aber nicht in Partnerschaft mit anderen profanen Geisteswissenschaften, sondern in Auseinandersetzung mit der Theologie als Ganzer. Das Alte Testament als theologische Disziplin gibt es nur in diesem Kontext, und zwar noch genauer nur im Kontext einer christlichen Theologie. Das gilt in gleichem Maße auch für jede theologische Anthropologie des Alten Testaments. Aber genau diese Bestimmung des Alten Testaments als theologische Disziplin stellt ein ganz eigenes Problem dar. Ich kann dies hier gar nicht ausführen, sondern nur in wenigen Sätzen um-

---

7 Jürgen Ebach, Alttestamentliche Notizen zur »Orientierungshilfe« des Rates der EKD zum Thema »Familie«, in: Die Orientierungshilfe der EKD in der Kontroverse, Dokumentation der EKD 2013, 51–53, 51.

8 Ebd.

9 Ebd.

10 A.a.O., 52.

reißen. Es ist geradezu fahrlässig, wenn seitens der alttestamentlichen Wissenschaft davon ausgegangen würde, dass alles das, was sie mit dem Etikett »theologisch« versieht, schon allein wegen dieser Bezeichnung für Kirche und Theologie theologische Relevanz besitzt. Das Alte Testament gilt zwar immer noch als Teil der christlichen Bibel, gehört damit zu den Bekenntnisschriften der Kirche. Aber das Bekenntnis zu dem Alten Testament als normativ für den christlichen Glauben ist – abgesehen von fundamental christlichen Kreisen – mehr ein Bekenntnis mit dem Mund, vielleicht noch mit dem Herzen, aber sehr viel weniger ein Bekenntnis aufgrund theologisch hermeneutischer Reflexionen. Es genügt an dieser Stelle an Friedrich D. E. Schleiermachers Beurteilung des Alten Testaments als Teil des biblischen Kanons zu erinnern.

In der ersten Ausgabe seiner »Glaubenslehre« von 1821/22 im Lehrstück »Von der Heiligen Schrift« (§§ 147–150) erklärte er diese ohne Unterscheidung in Altes und Neues Testament entsprechend dem reformierten Bekenntnis als durch den Heiligen Geist eingegeben und deshalb »ihrem Ursprunge nach *authentisch* und als Norm für die christliche Lehre *zureichend*« (§ 149).[11] In der zweiten Auflage von 1830/31 zum gleichen Lehrstück (§§ 128–131) nimmt er das Alte Testament nachdrücklich von diesem Urteil aus und formuliert in einem Zusatz (§ 132):

> »Die alttestamentischen Schriften verdanken ihre Stelle in unserer Bibel teils den Berufungen der neutestamentischen auf sie, teils dem geschichtlichen Zusammenhang des christlichen Gottesdienstes mit der jüdischen Synagoge, ohne daß sie deshalb die normale Dignität oder die Eingebung der neutestamentischen teilen.«

Zwar bleibt für ihn das Alte Testament, da es zur Geschichte des Christentums gehört, Teil der theologischen Ausbildung. Für die christliche Lehre und den christlichen Glauben besitzt es aber kaum noch Bedeutung, wie er in der *Kurze(n) Darstellung des theologischen Studiums* von 1830 in § 115 ausführt:

> »Daß der jüdische Kodex keine normale Darstellung eigentümlich christlicher Glaubenssätze enthalte, wird wohl bald anerkannt sein. Deshalb aber ist es nicht nötig – wiewohl es auch zulässig bleiben muß –, von dem altkirchlichen Gebrauch abzuweichen, der das Alte Testament mit dem Neuen zu einem Ganzen als Bibel vereinigt.«[12]

---

[11] F. D. E. SCHLEIERMACHER, Theologische Schriften (hg. von KURT NOWAK), Berlin 1983, 375.

[12] A. a. O., 406.

Dieses Urteil kann überhaupt nicht verwundern, denn Schleiermacher zieht mit diesem nur die Konsequenzen aus der Entwicklung des Alten Testaments als eigenständige historisch-kritisch forschende Disziplin von der Aufklärung bis zu seiner Zeit.

Im Zuge der Aufklärung hatten sich die biblischen Fächer nicht nur aus der Vormundschaft der christlichen Dogmatik befreit, sondern im Zuge der historischen Auslegung hatte das Alte Testament auch seine Selbstständigkeit gegenüber dem Neuen Testament gewonnen. Dies war allerdings mit dem Preis seines Bedeutungsverlustes für den christlichen Glauben verbunden. Rolf Rendtorff hat diesen Tatbestand als den eigentlichen Traditionsbruch der »modernen historisch-kritischen Bibelwissenschaft« mit dem Schriftverständnis der Kirche bis in die Zeit der Reformation gebrandmarkt. Er hat deshalb die Rückkehr »zum Ernstnehmen und zum Verständnis« des Bibeltextes als kanonisch vorgegebene Einheit gefordert.[13] Abgesehen davon, dass sich der Traditionsbruch weniger an der Frage des Kanons, sondern vielmehr an der Frage vollzogen hat, in welcher Weise die Bibel als Gotteswort verstanden werden kann, wird mit einer solchen Forderung natürlich »das Kind mit dem Bade ausgeschüttet«. Es kann in der wissenschaftlichen Theologie kein Zurück hinter die historisch-kritische Erforschung der biblischen Texte geben. Aber die Frage bleibt, ob sich die alttestamentliche Wissenschaft in ihren theologischen Fragestellungen allein auf eine deskriptive Ebene zurückziehen kann. Die Mehrheit sieht das so.[14] Zweifellos hat die deskriptive Darstellung einer theologischen Anthropologie den Vorteil, dass kein Bereich des Alten Testaments von vornherein ausgeblendet werden muss, sondern der Zusammenhang mit der historischen Anthropologie erhalten werden kann. Die Gefahr aber besteht, dass es sich bei einer solchen Anthropologie am Ende, wenn nicht um die Privatanschauung der jeweiligen Verfasser, doch nur um eine religionsgeschichtliche Darstellung handelt.

Ich wage deshalb die These, dass ohne das Ringen und den Streit mit den beiden für den christlichen Glauben wesentlichen Disziplinen, Neues Testament und Dogmatik, das Alte Testament keine Relevanz in Theologie und Kirche gewinnen kann. Oder, anders ausgedrückt, wenn die alttestamentliche Wissenschaft nicht selbst für die Normativität theologischer Aussagen des Alten Testaments streitet, sondern dies den anderen theologischen Disziplinen überlässt, dann kann sie die hermeneutische Frage gar nicht ausblenden.

---

13 Rolf Rendtorff, Theologie des Alten Testaments, Band 1: Kanonische Grundlegung, Neukirchen-Vluyn 1999, 2.

14 Vgl. Andreas Wagner (Hg.), Anthropologische Aufbrüche. Alttestamentliche und interdisziplinäre Zugänge zur historischen Anthropologie, FRLANT 232, Göttingen 2009.

Natürlich muss man hierzu als Erstes seine theologischen Prämissen offenlegen, weil sonst nicht klar ist, von welchem Standpunkt aus man um das Alte Testament als theologische Disziplin ringt.

Mit Wilfried Härle teile ich die Überzeugung, dass »der christliche Glaube nicht davon lebt, dass Gott in seiner Offenbarung Buch geworden ist, sondern davon, dass er in Jesus Christus Mensch geworden ist«.[15] Aber ohne den Glauben an Gott den Schöpfer fehlt jeder Christologie das Fundament. Deshalb füge ich als Alttestamentler hinzu: Mein christlicher Glaube lebt auch von der Überzeugung, dass Gott den Menschen in dieser Welt zu seinem Ebenbild erschaffen hat, damit er diese Welt gestalte und bewahre. Deshalb steht derjenige, der Theologie treibt, immer in der Verantwortung, nicht nur nach Gottes Willen für seine Zeit zu fragen, sondern diesen auch biblisch fundiert für seine Zeit auszulegen.

Theologische Auslegung geschah und geschieht nie ohne die Bewertung der biblischen Texte. Um mit Martin Luther zu sprechen: »Man muß nicht allein darauf sehen, ob es Gottes Wort sei, ob Gott geredet habe, sondern vielmehr, zu wem es geredet sei, ob es dich betreffe oder einen anderen.«[16] Die Unterscheidung zwischen »Gesetz und Evangelium«, »Kern und Schale« bzw. Kerygma und Paränese, wie sie sich im Laufe der Theologiegeschichte herausgebildet hat,[17] halte ich noch immer für einen brauchbaren Leitfaden. Allerdings ist diese Unterscheidung gesamtbiblisch zu denken, und es kann nicht einfach kategorial der eine Begriff dem Alten Testament und der andere dem Neuen zugeordnet werden.

Die Grundlagen einer theologischen Anthropologie des Alten Testaments lassen sich deshalb nur anhand von Gewichtungen und Differenzierungen sowie im Diskurs mit anderen Fächern der Theologie formulieren. Man kann einen solchen Prozess durchaus in Anlehnung an eine der hermeneutischen Prämissen Hermann Timms als »Archäologie des Geistes« verstehen. Seiner Überzeugung nach ist es »das Verdienst der ›Goethezeit‹«, die beiden Seiten dieser *Archäologie* »durch die Allianz von Hermeneutik und Poetik produktiv verbunden zu haben«. Es ist die Unterscheidung zwischen der »historisch-

---

15 WILFRIED HÄRLE, Die Orientierungshilfe (OH) der EKD »Zwischen Autonomie und Angewiesenheit« – Eine kritische Stellungnahme in konstruktiver Absicht, in: Die Orientierungshilfe der EKD in der Kontroverse, Dokumentation der EKD 2013, 12–16, hier 13.

16 Eine Unterrichtung, wie sich die Christen in Mosen sollen schicken (1525), zitiert nach RUDOLF SMEND, Das Alte Testament im Protestantismus, Grundtexte zur Kirchen- und Theologiegeschichte 3, Neukirchen-Vluyn 1995, 36.

17 Vgl. dazu HENNING GRAF REVENTLOW, Epochen der Bibelauslegung, Band 4: Von der Aufklärung bis zum 20. Jahrhundert, München 2001, 18–25.142–147.

genetischen« Frage nach dem, was *am* Anfang war, und der »logisch-performativen«, welche Sinngebung sich *im* Anfang offenbart. Gerade wenn der Theologie droht, ihr Fundament zu verlieren, genügt es eben nicht, allein die historische und intellektuelle Frage zu stellen. Vielmehr hat sie das Wagnis des neuen Übersetzens einzugehen, »damit, was *am* Anfang war, *im* Anfang werden kann«.[18]

2. Grundlegung

2.1 Der Horizont der Fragestellung

Im Eingang zu dem Artikel »Mensch. Systematisch-theologisch« formuliert Traugott Koch in der Theologischen Realenzyklopädie:

> »Die theologische Lehre vom Menschen hat nur *ein* Thema, daß der Mensch sich, wahrhaft vor sich selbst, nicht ohne Gott verstehen kann – und daß der Mensch das dennoch, sich selbst gründlich mißverstehend, tun kann: sich ohne Gott verstehen und folglich sich selbst verabsolutieren.«[19]

Wenn dies *das* Thema der theologischen Lehre vom Menschen ist, dann sollte es die Aufgabe einer theologischen Anthropologie des Alten Testament sein, dieses Thema entsprechend an der hebräischen Bibel zu entfalten.

Nach Hans Walter Wolff ist der Einsatzpunkt für eine alttestamentliche Anthropologie dort zu suchen, »wo innerhalb der Texte selbst erkennbar nach dem Menschen gefragt wird«.[20]

Bekanntermaßen ist die Frage »Was ist der Mensch?« im Alten Testament dreimal *expressis verbis* formuliert: Ps 8,5; Ps 144,3; Hi 7,17. Das mag Zufall sein, zumal die Frage nach dem Menschen implizit auch hinter anderen Texten steht. Aber diese drei Fragen in ihrem jeweiligen Kontext kurz zu betrachten, macht insofern Sinn, als an ihnen wesentliche Grundlagen einer theologischen Anthropologie des Alten Testaments dargelegt werden können. Die Frage *Was ist der Mensch?* ist an keiner dieser Stellen beziehungslos gebraucht, sondern jeweils mit einem die Frage bestimmenden Nachsatz verbunden: »dass du seiner gedenkst [...], dass du dich seiner annimmst; dass du ihn groß achtest, dass du auf ihn dein Augenmerk richtest« (Ps 8,5; 144,3; Hiob 7,17). In allen Fällen bildet Gott das Subjekt dieses Nachsatzes. Die Frage

---

[18] Hermann Timm, Dichtung des Anfangs, München 1996, 7 ff. (Zitate: 8 f.).

[19] Traugott Koch, Art.: Mensch IX. Systematisch-theologisch, TRE, Band 22, Berlin/New York, 1992, 548–567, hier 548.

[20] Hans Walter Wolff, Anthropologie des Alten Testaments, München 1973, 17.

geht also weder einseitig vom Menschen aus, noch lässt sich ihre Beantwortung auf den Menschen selbst beschränken. Schon Gerhard von Rad hatte in seiner Theologie des Alten Testaments betont, dass nicht nur die Weltsicht Israels, sondern vor allem auch seine Vorstellung vom Menschen »letztlich nur von der Besonderheit seines Gottesglaubens her zu begreifen sind«.[21]

Die Kontexte, in denen die Frage hier aufgeworfen wird, weisen auf die entscheidenden Textbereiche hin, in denen die Frage nach dem Menschen im Alten Testament theologisch reflektiert wird: Schöpfung, Weisheit und Gebet.

2.2 Psalm 8

Psalm 8 stellt die Frage nach dem Menschen im »Horizont der Schöpfung«.

»Wenn ich deine Himmel sehe, das Werk deiner Finger,
Mond und Sterne, die du bereitet hast;
Was ist der Mensch, dass du seiner gedenkst,
das Menschenkind, dass du dich seiner annimmst?« (V. 4+5).

Angesichts der Macht Gottes und der Größe seiner Schöpfung folgt hier nicht, wie eigentlich zu erwarten, eine Aussage über die Macht- und Hilflosigkeit des Menschen, sondern im Gegenteil lautet die Antwort:

»Wenig von Gott ließest du ihm fehlen,
kröntest ihn mit Hoheit und Ehre« (V. 6).

Es besteht weitgehend Einigkeit darin, dass dieser Psalm in deutlicher Parallele zur Aussage der »Gottesebenbildlichkeit« in Gen 1 steht. Von einer literarischen Abhängigkeit zwischen beiden Texten kann allerdings nicht die Rede sein. An keiner Stelle finden sich dieselben Begriffe, sondern allenfalls vergleichbare. Dies spricht eher für die Annahme, dass beide Texte in der Kontinuität tempeltheologischen Denkens stehen. In diesem gehörten die Aussagen über die »Herrlichkeitsbegabung« des Menschen von Anfang an zum »dogmatischen« Grundbestand, und sie sind an beiden Stellen, wie Hermann Spieckermann zu Ps 8 festgestellt hat, »durch das königliche Element überhöht worden«.[22]

Traditionsgeschichtlich wird hinter dieser Aussage ein Stück altorientalischer Königsideologie sichtbar. Alle hier verwendeten Begriffe weisen in diesen Bereich. Der König allein ist mit den Insignien eines Herrschers ausgestattet. Ihm gebühren »Ehre« und »Hoheit«. Seiner Macht muss sich alles

---

[21] Gerhard von Rad, Theologie des Alten Testaments, Band 2: Die Theologie der prophetischen Überlieferungen Israels, München [4]1965, 369.

[22] Hermann Spieckermann, Heilsgegenwart. Eine Theologie der Psalmen, FRLANT 148, Göttingen 1989, 238.

unterwerfen. Es ist wenig, was ihm an einem Gott fehlt und mangelt, gilt doch der König im Alten Orient ohnehin aufgrund seiner Geburt oder durch Adoption als Gottes Sohn.[23] Traditionsgeschichtlich wird eine ursprünglich allein dem König zugemessene Anschauung auf die gesamte Menschheit übertragen. Man nennt diesen Prozess hilfsweise »Demokratisierung« bzw. »Demotisierung«. Diese Transformation darf allerdings nicht dahingehend missverstanden werden, dass anstelle einer infrage gestellten Institution nun die Menschheit als solche tritt. Vielmehr ist dieser Psalm von der Überzeugung geprägt, dass jeder Mensch schöpfungstheologisch, *per creationem*, König ist. Der Mensch übernimmt also keine Ersatzfunktion, sondern seine königliche Begabung und Ausstattung sind Gaben des Schöpfers. Nicht der alttestamentlichen Auffassung, nach der auch die vergöttlichten Herrscher nur Menschen sind (vgl. Ez 28; Ps 82), wird hiermit widersprochen, sondern die grundsätzliche Trennung von König und Menschheit wird durch die Ansicht aufgebrochen, dass in der Schöpfung alle Menschen gleich geachtet und gleich geehrt sind.

Die herausgehobene und scheinbar überhöhte Stellung des Menschen lässt sich allein theologisch verifizieren. Sie gründet nicht in der Welterfahrung des Menschen, sondern in seiner Kulterfahrung, im Gottesdienst. Dort, wo der Mensch um Gottes Gegenwart weiß, wo er sich gewiss sein darf, dass Gott als Schöpfer die Welt und ihre Ordnungen erhält, da erfährt der Mensch Gottes Nähe als die ihm als Mensch übertragene und verantwortete Würde. Innerhalb der schöpfungstheologischen Aussagen von Gen 1 und Ps 8 darf sich der Mensch seines sinnvollen Daseins sicher sein.

2.3 Psalm 144

Völlig anders stellt sich hingegen die Antwort dar, wenn die Frage nach dem Menschen angesichts eigener Welterfahrungen gestellt wird. Ps 144, hinter dem eine späte Nachdichtung auf der Grundlage mehrerer Psalmen vermutet wird, zitiert offensichtlich die Frage aus Ps 8,5:

»Herr, was ist der Mensch, dass du seiner achtest,
das Menschenkind, dass du seiner gedenkst?« (V. 3).

Aber die ursprüngliche Antwort teilt dieser Psalm dann schon nicht mehr. Er findet die Antwort vielmehr in einer mehrfach im Psalter belegten Aussage:

---

23 Vgl. Ernst-Joachim Waschke, Die Bedeutung der Königstheologie für die Vorstellung der Gottesebenbildlichkeit, in: A. Wagner (Hg.), Anthropologische Aufbrüche, a. a. O., 235–252.

»Der Mensch gleicht einem Hauch,
seine Tage sind wie vorüberziehende Schatten« (V. 4; vgl. Ps 39,6.12; 62,10; 102,12).

Sicher lässt dies den Schluss zu, »daß Ps 8 zum überkommenen, zitablen Traditionsbestand gehörte«.[24] Noch deutlicher zeigt diese Stelle allerdings, dass sich eine Anthropologie, wie sie in Ps 8 und Gen 1 formuliert worden ist, allein im Hymnus und in der Lehre des Priesters als schöpfungstheologisch relevant erweist. Wird der Mensch in den Kontext eigener Welterfahrungen gestellt, dann wird er direkt oder indirekt mit seiner Vergänglichkeit konfrontiert. Es offenbart sich, so könnte man zugespitzt sagen, seine zweite Seite, die seiner körperlichen Konstitution. Der Mensch ist ein hinfälliges Wesen, als אדם von der אדמה genommen, kehrt er zu ihr zurück. So wie Ps 8 auf Gen 1 verweist, so verweist Ps 144 auf Gen 2. Der Mensch ist aus dem »Staub vom Ackerboden« erschaffen, und seine Zeit reicht so lange, wie Gottes Odem ihn belebt (vgl. Gen 2,7; 3,19). So fragt etwa der Prediger nach dem Unterschied zwischen Mensch und Tier und kommt zu dem Schluss, es gibt keinen:

»Wie dieses, so sterben auch jene,
und einen Odem haben sie alle.
Der Mensch hat vor dem Tier keinen Vorzug« (3,19).

Hinter diesen Aussagen verbirgt sich ein tiefes, schöpfungstheologisches Problem, das neben Gen 2 und 3 vor allem die spätere Weisheit bewegt hat. Ps 8 hatte diese Seite des Menschen zwar nicht negiert, aber sie wurde im Kontext dieses Psalms nicht zum Thema. In den Psalmen findet es allerdings dort seinen eigenen Ausdruck, wo der Beter, in den Widersprüchen seiner Welt verstrickt, Gott Not und Elend klagt. Es sind konventionelle Vorstellungen und Metaphern, in denen der Beter seine Not zum Ausdruck bringt und welche die Sprache der Gebets- und Klagelieder des Psalters bestimmen. Zumeist aber weiß sich der Beter trotz seiner Klagen in Gott geborgen. Es ist »sein Gott«, zu dem er sich wendet; Gott ist seine Burg, sein Fels und sein Retter (vgl. Ps 18,3). Dass Gott auf den Menschen Acht hat und dass er an ihn denkt, diese Aussage behält für den Beter trotz aller negativen Widerfahrnisse ihren positiven Sinn. Die Existenz des Beters und seine Welt mit ihren tödlichen Bedrohungen können ihm zur Frage werden, nicht aber sein Gott. Von ihm erwartet der Beter ja die Antwort, durch die seine Not und sein Elend begrenzt und geheilt werden. Ps 8,5 und 144,3 können durchaus als Belege dafür stehen, dass die ganz konkrete Frage *Was ist der Mensch?* nicht allein in der späten Weisheit reflektiert, sondern auch in den Psalmen zur Sprache gebracht worden ist. Was aber in Sonderheit die Weisheit des Hiobbuches

---

[24] Hermann Spieckermann, Heilsgegenwart, 238.

von den Psalmen unterscheidet, ist die Skepsis, mit der diese Frage dann betrachtet worden ist.

2.4 Hiob 7

Auch in der ersten Rede Hiobs (6,1–7,21) scheint die Frage von Ps 8,5 aufgenommen zu sein. Doch eine positive Bindung an die Aussage dieses Psalms findet sich nicht. Der nähere Kontext stellt, ähnlich wie Ps 144, die Hinfälligkeit und Vergänglichkeit des Menschen vor Augen. Angesichts seiner Leiden wünscht Hiob sich den Tod (VV. 12 ff.):

»Ich zerfließe, lebe ja nicht auf immer.
Lass ab von mir, denn meine Tage sind nur ein Hauch« (V. 16).

Aber aus dieser Situation heraus wendet sich Hiob nicht wie der Beter an Gottes Gnade und Barmherzigkeit. Er verlangt nach Gerechtigkeit, und so wird ihm die Frage nach dem Menschen zur Anklage.

»Was ist der Mensch, dass du ihn groß achtest,
dass du auf ihn dein Augenmerk richtest;
dass du ihn heimsuchst jeden Morgen,
jeden Augenblick ihn auf die Probe stellst?« (VV. 17 f.).

Im Vergleich zu Ps 8 ist hier »ein hymnisches Motiv [...] unter Beibehaltung der Worte [...] in ein empörerisches (verwandelt)«.[25] Sprachlich angezeigt findet sich dieser Umbruch in dem Verb »heimsuchen« (פקד), das nicht wie in Ps 8 auf Gottes heilvolle Zuwendung intendiert, sondern sein richtendes und strafendes Wirken beinhaltet. Auch das Verb »jemand groß achten bzw. großziehen« (גדל) scheint in diesem Zusammenhang nur noch von negativer Wertigkeit zu sein. Warum nämlich macht Gott den Menschen groß, wenn er ihn dann doch nur am Boden zerstören will?

Gott erscheint Hiob nur noch als ein »Menschenwächter« (נצר האדם, 7,20), und zu Unrecht fühlt er sich observiert: »Bin ich denn ein Meer oder ein Meeresungeheuer«, d. h., gehöre ich zu den Chaosmächten, »dass du eine Wache gegen mich stellst?«, fragt er in 7,12. Der Mensch ist Mensch nach Gottes Willen, gemäß seiner Schöpfung. Gott aber, so scheint es Hiob, überfordert ihn; er nimmt seine eigene Schöpfung nicht ernst, so dass Hiob ihn ständig an diese erinnern muss. Hiob appelliert an Gott als seinen Schöpfer, aber anders als die Beter der Psalmen weigert er sich, »in diesem Gott seinen Gott zu sehen«.[26]

---

25 J. L. Seeligmann, Voraussetzungen der Midraschexegese, in: Congress Volume Copenhagen 1953, VT. S 1, Leiden 1953, 150–181, 156.

26 Gerhard von Rad, Weisheit in Israel, Neukirchen-Vluyn 1970, 277.

3. Schlussfolgerungen

Es mag Zufall sein, aber die dreimal im Alten Testament belegte Frage *Was ist der Mensch?* verweist mit ihrem jeweiligen Kontext selbst auf die Grundlagen einer theologischen Anthropologie.

Der Mensch ist nach dem Alten Testament das von Gott erschaffene, in seiner schöpfungstheologischen Stellung von Gott anerkannte Geschöpf. Er ist damit nicht das »freie«, sich selbst definierende Wesen, sondern seine Funktion in der Welt ist von der Schöpfung her bestimmt. Als »königliche« Herrschaft, wie sie Ps 8 und Gen 1 voraussetzen, ist sie immer nur Herrschaft in der von Gott vorgegebenen Ordnung und in der Nachahmung des von Gott selbst praktizierten Regiments. Für das Verständnis des *dominium terrae* ist deshalb nicht allein die konkrete Bedeutung der für die Herrschaft verwendeten Verben entscheidend. Nur wenn das göttliche Diktum »Und siehe, es war sehr gut« (Gen 1,31), Bestand hat, dann hat sich der Mensch in der Funktion der Ebenbildlichkeit bewährt. Die Vorstellung ist, wie es schon Gerhard von Rad völlig richtig gesehen hat, viel weniger anthropozentrisch als theozentrisch.[27] An der von Gott vorgegebenen Schöpfungsordnung hat sich der Mensch zu bewähren. Der Mensch kann nach alttestamentlicher Auffassung die Gottesebenbildlichkeit nicht verlieren, aber er kann sie missbrauchen und damit sich selbst diskreditieren.

Dies aber ist genau das Thema der durch die späte Weisheit geprägten Erzählungen der biblischen Urgeschichte, auf die Ps 144 und Hi 7 verweisen. In der Erzählung von der Erschaffung des Menschen aus dem »Staub des Ackerboden« (Gen 2) und in der Erzählung von der Erlangung der Gottgleichheit durch das »Wissen um Gut und Böse« (Gen 3) wird eine ganz andere Vorstellung vom Menschen erfasst. Es ist der, der im Wissen um seine Geschöpflichkeit zugleich seine Hinfälligkeit und seine Begrenztheit erfährt und der in Ermangelung, den Widerspruch und Graben zwischen Schöpfer und Geschöpf selbst überwinden zu können, notwendig gegen den Schöpfer wie auch gegen seine eigene Geschöpflichkeit rebelliert.

Der Mensch im Kontext dieser spät weisheitlichen Texte wird jedenfalls an keiner Stelle von Gott als eine Art »König« gewürdigt, sondern sein Streben und Hang zu Macht, Gewalt und Maßlosigkeit wird nach diesen Erzählungen radikal infrage gestellt.

Im Gesamtzusammenhang der biblischen Urgeschichte aber bilden die Aussagen von der Gottesebenbildlichkeit und von dem Willen des Menschen,

---

27 Gerhard von Rad, Theologie des Alten Testaments, Band 1: Die Theologie der geschichtlichen Überlieferungen Israels, München ^{5}1966, 159.

Gott gleich zu werden, zwei Seiten einer Medaille: Beide kennzeichnen den Menschen in seiner ganzen Widersprüchlichkeit, und beide Seiten sind für die alttestamentliche Anthropologie von gleichem Gewicht.

Am Schluss sei noch einmal die eingangs zitierte Definition Traugott Kochs in Erinnerung gerufen:

> »Die theologische Lehre vom Menschen hat nur *ein* Thema, daß der Mensch sich, wahrhaft vor sich selbst, nicht ohne Gott verstehen kann – und daß der Mensch das dennoch, sich selbst gründlich mißverstehend, tun kann: sich ohne Gott verstehen und folglich sich selbst verabsolutieren«.[28]

Diese systematisch-theologische Definition lässt sich gut am Alten Testament verifizieren. Sie an den Texten des Alten Testaments für unsere Zeit neu auszulegen, wäre eine lohnende Aufgabe der alttestamentlichen Exegese im Diskurs mit den anderen theologischen Fächern.

---

[28] Traugott Koch, Art.: Mensch, a.a.O., 548.

Autorenverzeichnis

Prof. Dr. Markus Buntfuss, geb. 1964. Studium der Ev. Theologie in Tübingen und München. Promotion zum Dr. theol. und Habilitation an der LMU München. Seit 2006 Inhaber des Lehrstuhls für Systematische Theologie an der Augustana-Hochschule in Neuendettelsau. Erster Vorstand des Instituts persönlichkeit+ethik.
Publikationen (Auswahl): Tradition und Innovation. Die Funktion der Metapher in der theologischen Theoriesprache (Berlin/New York 1997); Die Erscheinungsform des Christentums. Zur ästhetischen Neugestaltung der Religionstheologie bei Herder, Wackenroder und De Wette (Berlin/New York 2004).
Schwerpunkte: Protestantische Theologie unter den Bedingungen der Moderne; die ästhetische Transformation des neuzeitlichen Christentums; Theologische Ästhetik und Theologie der Kultur; Theologische Anthropologie und Christologie; Metapherntheorie, Hermeneutik und Sprachphilosophie.

Prof. Dr. Jörg Dierken, geb. 1959. Studium der Ev. Theologie in Göttingen und Heidelberg. Promotion zum Dr. theol. in Heidelberg, Habilitation in Frankfurt am Main. 1995–2010 Professor für Systematische Theologie in Hamburg, seit 2010 an der MLU Halle-Wittenberg. Erster Vorsitzender der Internationalen Schleiermacher-Gesellschaft.
Publikationen (Auswahl): Ganzheit und Kontrafaktizität. Religion in der Sphäre des Sozialen (Tübingen 2014); Fortschritte in der Geschichte der Religion? Aneignung einer Denkfigur der Aufklärung (Leipzig 2012); Glaube und Lehre im modernen Protestantismus (Tübingen 1996).
Schwerpunkte: Theorie der Religion(en); Religion und Gesellschaft; Religionsphilosophie (mit bes. Akzent bei der Deutschen Klassik).

Prof. Dr. Wilhelm Gräb, geb. 1948 in Säckingen/Rhein 1968–1972. Studium der Theologie und Philosophie in Bethel/Bielefeld, Göttingen und Heidelberg; 1972–1988 Promotion und Habilitation, Wiss. Assistent an der Universität Göttingen; 1988–1993 Pfarrer in Göttingen; 1993–1999 Professor für Praktische Theologie an der Ruhr-Universität Bochum; seit 1999 Professor für Praktische Theologie an der Humboldt-Universität zu Berlin, Leiter des Instituts für Religionssoziologie; seit 2001 Universitätsprediger; seit 2011 Extraordinary Professor, Theological Faculty, University of Stellenbosch, RSA.
Publikationen (Auswahl): Humanität und Christentumsgeschichte. Der Geschichtsbegriff Schleiermachers, 1980; Lebensgeschichten – Lebensentwürfe – Sinndeutung. Eine Praktische Theologie gelebter Religion, 2002; Sinn fürs Unendliche. Religion in der Mediengesellschaft, 2002; Sinnfragen. Transformationen des Religiösen in der modernen Kultur, 2006; Predigtlehre. Über religiöse Rede, 2013.

PROF. DR. HANS-GÜNTER HEIMBROCK, geb. 1948. 1976 Promotion; wissenschaftlicher Assistent an der Pädagogischen Hochschule Neuss; 1980 Habilitation für das Fach Praktische Theologie. Nach akademischen Zwischenstationen in Oldenburg, Duisburg und Köln 1986 Berufung auf das Ordinariat für Religionspsychologie an der Universität Groningen, Niederlande. Von 1990 bis 2013 Prof. für Praktische Theologie am Fachbereich Evangelische Theologie der Goethe-Universität Frankfurt am Main.
Mitglied der Wissenschaftlichen Gesellschaft für Theologie, des International Seminar on Religious Education and Values (ISREV), der Deutschen Gesellschaft für Pastoralpsychologie (DGfP), der International Academy of Practical Theology und der Akademie der Royal Norwegian Society of Sciences and Letters (Det Kongelige Norske Videnskabers Selskab).
Mitherausgeber der internationalen Buchreihen Research in Contemporary Religion, (Vandenhoeck & Ruprecht) und Religious Diversity and Education in Europe (Waxmann).
Forschungsschwerpunkte: Praktische Theologie als Empirische Theologie; Homiletik auf phänomenologischer Basis; Religionsdidaktik im Kontext Europas; auf diesen Feldern zahlreiche Veröffentlichungen (http://www.uni-frankfurt.de/41092927/ver).

PROF. DR. DR. KLAAS HUIZING, geb. 1958, Niederländer, hat einen Lehrstuhl für Evangelische Theologie an der Universität Würzburg, seit 2007 ist er Chefredakteur und seit 2015 Herausgeber des Kulturmagazins OPUS, seit 1993 PEN-Mitglied. Er hat bisher dreizehn Monografien und zwölf Romane veröffentlicht, einige davon wurden in sechs Sprachen übersetzt. Für ein Jahr war er Stipendiat im Künstlerhaus Villa Concordia in Bamberg. Die Inszenierung seines Theaterstücks nach dem Roman *In Schrebers Garten* gewann den Hauptpreis der Bayerischen Theatertage 2011.
Letzte Veröffentlichungen: Bruderland, Saarbrücken 2014, Ästhetische Theologie, 679 S., Gütersloh 2015. Im Juli erscheint seine Ethik der Scham, 520 S., Gütersloh 2016.

DR. IRIS KREILE, geb. 1962. Studium der Ev. Theologie in Marburg, Heidelberg und München; Kirchliche Examen der Ev.-Luth. Kirche in Bayern. Promotion 1995 in München. Pfarrerin in Aschaffenburg. Lehrtätigkeit an der Julius-Maximilians-Universität Würzburg.
Schwerpunkte: Weisheitstheologie, Genderfragen und Poetische Theologie.

PROF. DR. JOACHIM KUNSTMANN, geb. 1961. Studium der Ev. Theologie in Erlangen, Hamburg und München. Nach Vikariat und Pfarramt Promotion in Systematischer Theologie zum Dr. theol. an der LMU München, Habilitation in Praktischer Theologie an der Universität Bayreuth. Seit 2001 Professur für Evangelische Religionspädagogik und Didaktik des Religionsunterrichts an der Pädagogischen Hochschule in Weingarten (Württemberg).

Wichtigste Publikationen: Religion und Bildung. Zur ästhetischen Signatur religiöser Bildungsprozesse, Gütersloh/Freiburg 2002; Religionspädagogik, Tübingen [2]2010; Rückkehr der Religion. Glaube, Gott und Kirche neu verstehen, Gütersloh 2010; Leben eben! Religion für Sinnsucher – eine Anleitung, Gütersloh 2013.
Schwerpunkte: Religion, Ästhetik und Bildung; Religionspädagogik; Christentum in der modernen Gesellschaft.

DR. MATTHIAS MORGENROTH, Jahrgang 1972, Germanist und evangelischer Theologe. Promotion 2002 in München, Autor zahlreicher Sach- und Kinderbücher, arbeitet als Reporter und BR-Redakteur für den Bayerischen Rundfunk mit dem Schwerpunk Spiritualität und moderne Ausdrucksformen der Religion. Er lebt mit seiner Familie in München.
Veröffentlichungen (Auswahl): Weihnachts-Christentum, Moderner Religiosität auf der Spur (Gütersloh 2002); Kleine Transzendenzen, Festschrift für Hermann Timm zum 65. Geburtstag (hg. mit Christian Bendrath/Klaas Huizing/Markus Buntfuß, Münster u. a. 2003); Heiligabendreligion. Von unserer Sehnsucht nach Weihnachten (München 2003); Sternenfänger in dunkler Nacht. Von biblischen Abenteuern (München 2005); Die Adventsbande (Lahr 2009); Du und ich – Zusammen sind wir stark (Lahr 2011); Der Sohn des Alchimisten. Ein Abenteuer auf dem Jakobsweg (München 2011); Was glaubt Bayern? Weltanschauungen von A–Z (Hg., Würzburg 2013); Jörg Zink. Eine Biographie (Gütersloh 2013).

DR. MARIANNE SCHRÖTER, geb. 1969. Studium der Ev. Theologie. Promotion zur Dr. theol. in Systematischer Theologie 2008 in Halle an der Saale. Lehraufträge an der Theologischen Fakultät der Martin-Luther-Universität und der Johann Wolfgang Goethe-Universität Frankfurt am Main. Geschäftsführerin der Stiftung LEUCOREA in Lutherstadt Wittenberg. Zusammen mit Christian Senkel (s. u.) Leitung des Landesgraduiertenkollegs *Kulturelle Wirkungen der Reformation*.
Publikationen (Auswahl): Aufklärung durch Historisierung. Johann Salomo Semlers Hermeneutik des Christentums, Berlin/Boston 2012; Handbuch der Bibelhermeneutiken, hg. von Oda Wischmeyer, Marianne Schröter et al., Berlin/Boston 2015; Das Verhältnis von Theologie und Religionswissenschaft bei Rudolf Otto, in: Jörg Lauster, Roderich Barth u. a. (Hg.): Rudolf Otto. Theologie – Religionsphilosophie – Religionsgeschichte, Berlin/Boston 2014, 511–522.
Schwerpunkte: Theologie im Zeitalter von Pietismus und Aufklärung; Theorie der Religion; Protestantische Theologie in der Moderne; Hermeneutik und Hermeneutikgeschichte.

PD DR. CHRISTIAN SENKEL, geb. 1965. Studium der Ev. Theologie in München. Promotion zum Dr. theol. in München. Habilitation für Systematische Theologie in Halle/Saale. Wissenschaftlicher Mitarbeiter des Rektoratsbeauftragten für das Reformationsjubiläum 2017 an der Martin-Luther-Universität Halle-Wittenberg. Zusammen mit Ma-

rianne Schröter (s. o.) Leitung des Landesgraduiertenkollegs Kulturelle Wirkungen der Reformation. Von 2004 bis 2011 Mitglied der Ethikkommission der Medizinischen Fakultät in Halle.
Publikationen (Auswahl): Autorisierung. Das Zitat im Theologischen Sprachdenken (Weinheim u. a. 2004); Patriotismus und Protestantismus (Tübingen 2015).
Schwerpunkte: Hermeneutik – Texttheorie – Schrift; Transformationen des neuzeitlichen Christentums, insbesondere ethisch und ästhetisch; Literaturgeschichte des Christentums; Lutherbilder seit der Aufklärung; Medizin- und Medienethik.

PROF. DR. ANNE M. STEINMEIER, geb. 1957. Studium der Ev. Theologie in Bethel, Tübingen und Hamburg. Promotion und Habilitation in Hamburg. Professorin für Praktische Theologie an der Martin-Luther-Universität Halle-Wittenberg. Geschäftsführende Herausgeberin der Zeitschrift *Wege zum Menschen.*
Mitgliedschaften: DGfP (Deutsche Gesellschaft für Pastoralpsychologie), Sektion Tiefenpsychologie; igt (Internationale Gesellschaft für Tiefenpsychologie e. V.).
Publikationen (u. a.): Schöpfungsräume. Auf dem Weg einer Praktischen Theologie als Kunst der Hoffnung, Gütersloh 2003 (vom Borromäusverein, Bonn, und dem St. Michaelsbund, München, als »religiöses Buch« des Monats Juni 2003 ausgezeichnet). Kunst der Seelsorge. Religion, Kunst und Psychoanalyse im Diskurs, Göttingen 2011. Individualität und Expression im Tanz, in: Wilhelm Gräb, Lars Charbonnier (Hg.), Wer lebt mich? Die Praxis der Individualität zwischen Fremd- und Selbstbestimmung, Berlin 2015, S. 200–269.

PROF. DR. ERNST-JOACHIM WASCHKE, geb. 1949. Studium der Ev. Theologie in Greifswald und Jena. 1979 Promotion in Leipzig, 1987 Habilitation für Altes Testament in Greifswald. 1988–1990 Hochschuldozent für Altes Testament und Palästinakunde in Greifswald. Seit 1990/91 Lehrstuhlinhaber für Altes Testament in Halle-Wittenberg. 1992–2006 Mitglied des wiss. Beirats des Ev. Instituts für die Altertumskunde des Heiligen Landes (Hannover); 1996–2015 Mitglied der Kammer für Theologie der EKD (Hannover); seit 2008 Vorstandsvorsitzender der Stiftung LEUCOREA Wittenberg; seit 2011 Rektoratsbeauftragter der Martin-Luther-Universität Halle-Wittenberg für das Reformationsjubiläum 2017.
Schwerpunkte: Messianismus, Anthropologie, Theologie des Alten Testaments; langjähriger Herausgeber der ZAW; kooperatives DFG-Projekt mit der Judaistik in Halle bzw. Hamburg.